Dr. Robin Stern

Nie wieder Opfer sein!

Dr. Robin Stern

Nie wieder Opfer sein!

Wie Sie versteckte emotionale Manipulationen erkennen und abwenden

Aus dem amerikanischen Englisch übersetzt von Susanne Engelhardt

KOMPLETTMEDIA

MIX
Aus verantwortungsvollen Quellen
FSC® C129413

Die amerikanische Originalausgabe ist 2007 bei Harmony Books erschienen, ein Imprint der Crown Publishing Group, ein Unternehmensbereich der Penguin Random House LLC.

Titel der Originalausgabe: The Gaslight-Effect

2023, München
1. Auflage
www.komplett-media.de
ISBN Print: 978-3-8312-0622-3
Auch als E-Book erhältlich

Umschlaggestaltung: FAVORITBUERO, München
Lektorat: Redaktionsbüro Diana Napolitano, Augsburg
Satz und Layout: Daniel Förster, Belgern
Druck: Couleurs Print & More

Printed in the EU

MEINER FAMILIE DAMALS
Meinen liebevollen Eltern, Rosalind und David Stern,
die mir beibrachten, an Menschen zu glauben.
Meinem großartigen Bruder, Eric Stern,
dessen Klarheit und Überzeugung
mir nach wie vor Kraft geben.

MEINER FAMILIE HEUTE
Meinem Schatz, Frank Moretti, dessen
Liebe und Unterstützung
mein Schreiben in jeder Hinsicht ermöglicht haben.
Meinen geliebten, wunderbaren Kindern, Scott und Melissa,
die meine große Freude sind, Tag für Tag!

ALLEN PATIENTEN, STUDENTEN
UND JUNGEN MENSCHEN,
DENEN ICH ALS MENTORIN BEIGESTANDEN HABE ...
mit denen ich ein Stück weit gegangen bin,
und von denen ich so viel gelernt habe.

INHALT

Einleitung
Der Zeitpunkt ist gekommen 11

Gaslighting in den Medien................................ 17
Der Gaslight-Effekt – zehn Jahre danach.................... 20

Kapitel 1
Was ist Gaslighting? 23

Den Gaslight-Effekt verstehen.............................. 26
Wie ich den Gaslight-Effekt entdeckte...................... 31
Gaslighting: Die Abwärtsspirale 34
Die drei Phasen beim Gaslighting: Ein verschlungener Pfad 38
Die drei Typen des Gaslighters 41
Gaslighting: Die neue Epidemie 54
Die Kultur des Gaslightings................................ 58
Einen neuen Weg finden 60

Kapitel 2
Der Gaslight-Tango 63

Wie läuft der Gaslight-Tango ab? 66
Warum tanzen wir mit? 69
Ihre Rolle beim Tango 76
Die Empathiefalle 81

Kapitel 3
Phase 1: »Wovon redest du eigentlich?« 89

Der Eintritt in Phase 1: Ein entscheidender Wendepunkt 91
Wer spinnt hier – die oder ich? 97
Wenn Kritik zur Waffe wird. 103
Die Erklärungsfalle in Phase 1 107
Den Gaslight-Tango vermeiden 115
Den Tanz unterbrechen 118

Kapitel 4
Phase 2: »Vielleicht hast du ja recht?« 127

Von Phase 1 zu Phase 2 130
Das Verhalten der drei Gaslighter-Typen in Phase 2 136
Die Erklärungsfalle in Phase 2. 153
Die Verhandlungsfalle 159
Wie Sie sich aus Phase 2 befreien 164

Kapitel 5
Phase 3: »Alles meine Schuld!« 183

Von Phase 2 zu Phase 3 188
Phase 3: Wenn die Niederlage sich normal anfühlt 190
Das Verhalten der drei Gaslighter-Typen in Phase 3 193
Warum bleiben wir? 204
Die Erschaffung Ihrer neuen Welt 220

Kapitel 6
Den Gashahn zudrehen 223

Die Entscheidung zum Beenden des Gaslightings treffen....... 225
Schreiten Sie zur Tat, beenden Sie das Gaslighting:
Ein Sechs-Punkte-Plan. 231
Den Gashahn zudrehen 245
Welcher Schritt kommt als Nächstes? 272

Kapitel 7
Soll ich gehen oder bleiben? 275

Sich Zeit nehmen für einen Entschluss 278

Kapitel 8
Ein gaslight-freies Leben 303

Ihre nächsten Schritte 303
Schreiben Sie auf, wie Sie zukünftig reagieren wollen 312
Die Zukunft bedenken 314
Die richtige Perspektive wahren 317
Auf zu neuen Ufern! 320

Anhang A
Lernen Sie Ihre Gefühle kennen 327

Eine Liste mit »Gefühlswörtern« erstellen. 327
Finden Sie Ihre Stimme wieder 329
Zeichnen oder malen Sie Ihre Gefühle 331

Anhang B
Machen Sie sich ein Bild von Ihrer Beziehung 333

Wie steht es um Ihre gegenwärtige Beziehung? 334
Wie steht es um Ihre frühere Beziehung? 335
Wie steht es um Ihre zukünftige Beziehung?. 336
Wie steht es ohne die Gaslighting-Beziehung um Ihre Zukunft? 337
Wie bewerten Sie Ihre Beziehung? 338

Anhang C
Geben Sie auf sich acht. 341

Welche Ernährung bei Stress und Depressionen? 341
Nahrungsergänzungen bei Stress und Depressionen. 342
Schlafen gibt Kraft und hebt die Stimmung 343
Bewegung gibt Kraft und hebt die Stimmung. 344
Hormonelle Schwankungen und Antidepressiva 345

Danksagung 347

Einleitung

DER ZEITPUNKT IST GEKOMMEN

Heutzutage vergeht kaum ein Tag, an dem man nicht auf den Begriff »Gaslighter« trifft. Eine kurze Google-Suche, schon findet man Dutzende von Artikeln: »Diese acht Anzeichen zeigen Ihnen, dass Ihr Partner ein Gaslighter ist«, »Ist sich ein Gaslighter bewusst, was er tut?«, »Gaslighting: Die Tricks, die jeder kennen sollte«. Im Online-Wörterbuch »Urban Dictionary« findet sich ein Eintrag zu »Gaslighter«. Sogar der 45. Präsident der Vereinigten Staaten, Donald Trump, wurde als Gaslighter bezeichnet.

Doch als ich das Buch *Nie wieder Opfer sein!* schrieb, war der Begriff noch völlig unbekannt, obwohl das Phänomen an sich weitverbreitet war. Beim Gaslighting, schrieb ich, handelt es sich um eine emotionale Manipulation, bei der ein Gaslighter versucht, Sie davon zu überzeugen, dass Sie Ihr Verhalten oder Ihre Beweggründe falsch erinnern, falsch verstehen oder falsch interpretieren. So sät er Zweifel, weshalb Sie sich verletzlich und verwirrt vorkommen. Der Gaslighter kann ein Mann oder eine Frau sein, ein Ehe- oder Lebenspartner, ein

Chef oder Kollege, ein Eltern- oder Geschwisterteil. Wer auch immer es ist, er hat die Fähigkeit, Sie dazu zu bringen, Ihre Wahrnehmung infrage zu stellen, um die Beziehung am Laufen zu halten.

In meinen Augen ist diese gemeinsame Verantwortung das wesentliche Merkmal des Gaslightings. Es ist nicht nur ein emotionaler Missbrauch. Es handelt sich um eine von beiden Seiten erschaffene Beziehung – die ich als Gaslight-Tango bezeichne. Dafür ist die aktive Teilnahme zweier Personen nötig. Es stimmt, der Gaslighter bringt sein Opfer dazu, an seiner eigenen Wahrnehmung der Wirklichkeit zu zweifeln. Aber das Opfer ist auch darauf aus, den Gaslighter dazu zu bringen, es so zu sehen, wie es gesehen werden will.

»Du bist so schlampig!«, sagt der Gaslighter beispielsweise. Statt darüber zu lachen und zu sagen: »Das siehst aber nur du so«, sieht sich das Gaslighting-Opfer gezwungen, sich zu verteidigen: »Bin ich nicht!« Weil ihm der Gaslighter so viel bedeutet, kann das Opfer keine Ruhe finden, bis es ihn davon überzeugt hat, dass es nicht schlampig war.

»Ich verstehe nicht, wie du so verschwenderisch mit deinem Geld umgehen kannst«, sagt vielleicht ein anderer Gaslighter. Ein Nichtopfer könnte beiläufig antworten »Jeder wie er will, und außerdem ist es mein Geld«, und sich dann wieder den eigenen Geschäften zuwenden. Ein Gaslighting-Opfer aber würde Stunden mit zermürbenden Selbstzweifeln verbringen und sich verzweifelt fragen, ob der Gaslighter nicht doch recht hat.

Manchmal ist die Strafe, der eine Frau als Gaslighting-Opfer ausgesetzt ist, höher als bloße Missbilligung. Vielleicht ziehen sie und der Gaslighter gemeinsam Kinder groß, und das Opfer fühlt sich finanziell oder emotional nicht in der Lage, eine alleinerziehende Mutter zu sein. Vielleicht handelt es sich bei dem Gaslighter auch um den Arbeitgeber, und das

Opfer fürchtet berufliche Nachteile, wenn es sich dem Chef wiedersetzt oder den Job hinwirft. Vielleicht ist der Gaslighter ein Verwandter oder eine alte Freundin, und das Opfer fürchtet sich vor Auswirkungen in der Familie oder im sozialen Umfeld.

Der Gaslighter kann seinem Opfer auch mit dem drohen, was ich als »emotionalen GAU« bezeichne – dann hagelt es Beleidigungen, wird mit Selbstmord gedroht oder ein schrecklicher Kampf angekündigt – etwas so Furchtbares, dass das Opfer nahezu alles tut, um es zu vermeiden.

Wie auch immer die Strafe ausfällt, das Gaslighting findet nur statt, wenn beide Parteien mitmachen. Der Mensch, der zum Gaslighter wird, ist verantwortlich für sein Handeln. Aber auch eine Frau, die zum Gaslighting-Opfer wird, ist verantwortlich für ihr Handeln. Ihre Verletzlichkeit entspringt dem Bedürfnis, den Gaslighter zu verklären, seine Zustimmung zu erlangen und die Beziehung um jeden Preis aufrechtzuerhalten. (Wenn der Gaslighter körperliche Gewalt androht oder ausübt, hat die betroffene Frau natürlich einen anderen Grund, sich verletzlich zu fühlen. Dann geht es nicht vorrangig darum, das Gaslighting zu beenden, sondern ihre Sicherheit und die ihrer Kinder zu gewährleisten.)

Diese beiderseitige Teilnahme ist die gute Neuigkeit, denn sie bedeutet, dass man als eine solche Frau die Schlüssel zum eigenen Gefängnis in Händen hat. Sobald sie versteht, was vorgeht, kann sie den Mut und den Willen in sich finden, die verzerrten Darstellungen des Gaslighters zurückzuweisen, die einen verrückt machen. Und sie kann sich stur an ihre eigene Realität halten. Denn wenn sie der eigenen Perspektive vertrauen kann, braucht sie nicht länger Bestätigung von außen, ob vom Gaslighter oder sonst jemandem. Wenn man Gaslighting auf den Einzelnen bezogen betrachtet – also in der Liebe, in Freundschaften, am Arbeitsplatz oder in der

Familie, bin ich noch immer von dieser Formulierung überzeugt. Der »Gaslight-Tango« ist der Kern des Gaslightings – der Tanz zweier Menschen, von denen jeder die Teilnahme des anderen braucht.

Ausgangspunkt für das Buch war die weite Verbreitung des Gaslightings im Leben meiner Patienten, meiner Freundinnen – und in meinem eigenen. Ich hatte den Gaslight-Effekt immer und immer wieder beobachtet, ein heimtückisches Verhaltensmuster, welches das Selbstwertgefühl auch der selbstbewusstesten Frau aushöhlen konnte – eines, das zum Ende meiner ersten Ehe geführt hatte. Die von Gaslighting betroffenen Frauen – ob nun Patienten oder Freundinnen – waren durchweg kompetent, stark, kultiviert und attraktiv. Aber irgendwie hatten sie sich in Beziehungen verstrickt – ob nun zu Hause, in der Arbeit oder innerhalb der Familie –, aus denen sie anscheinend nicht herauskamen, auch wenn ihre Selbstwahrnehmung immer mehr ausgehöhlt wurde.

In seiner harmlosesten Form führt Gaslighting dazu, dass Frauen sich unwohl fühlen und sich fragen, warum es immer darauf hinauszulaufen scheint, dass sie sich irren. Oder warum sie nicht wirklich glücklich mit ihren Partnern werden, die doch so »gute Kerle« sind. Im schlimmsten Fall führt Gaslighting zu schweren Depressionen. Dann bleiben von einer ehemals starken, energischen Frau nur noch ein Häufchen Elend und jede Menge Selbsthass. Es erstaunte mich jedenfalls immer wieder – sowohl als Therapeutin wie auch im Privatleben –, zu erleben, welch lähmende Selbstzweifel Gaslighting verursachen kann.

Ich suchte nach einem Weg, um das Muster hinter dieser besonderen Form des Missbrauchs zu erkennen, von dem ich bisher weder in Ratgebern noch in der Fachliteratur gelesen hatte. Inspiriert hat mich letztlich der Film *Gaslight* (zu Deutsch: *Das Haus der Lady Alquist*) aus dem Jahr 1944, in dem

Ingrid Bergmann, Charles Boyer und Joseph Cotton die Hauptrollen spielen. In dem Film überzeugt der romantische Held, gespielt von Boyer, Ingrid Bergmann nach und nach davon, dass sie verrückt ist. So fragt er sie nach einer Brosche, die er ihr geschenkt hat, und beobachtet, wie sie darunter leidet, die Brosche nicht mehr in ihrer Handtasche zu finden, obwohl sie davon überzeugt war, sie dort hineingetan zu haben – dabei hat Boyer sie selbst herausgeholt. »Ach Liebes, du bist einfach zu vergesslich«, behauptet er. »Ich bin *nicht* vergesslich«, behauptet daraufhin die von Bergmann gespielte Frau. Doch nur zu bald beginnt sie, eher Boyers Version der Geschehnisse Glauben zu schenken als ihrer eigenen. Sie ist unfähig, ihrer Erinnerung und ihrer Wahrnehmung zu trauen.

In dem Film versucht Boyer ganz bewusst, den Wahnsinn herbeizuführen, um an Bergmanns Erbe zu kommen. Sie davon zu überzeugen, dass sie ihrer eigenen Wahrnehmung nicht trauen kann, macht sie allmählich verrückt. Im wahren Leben sind Gaslighter sich des eigenen Verhaltens selten so bewusst. Sowohl Gaslighter als auch Opfer scheinen aus einem Zwang heraus zu handeln. Sie sind in einem todernsten »Gaslight-Tango« gefangen, der von seinem verzerrten Blick auf sie und ihrer wachsenden Überzeugung lebt, er habe recht. Ich konnte kein anderes Buch ausfindig machen, das dieses spezielle Missbrauchsmuster erforscht, zumindest keines, das dieses Muster deutlich aufzeigt und Betroffenen gezielte Ratschläge gibt, um den Bann zu brechen und ihre Selbstachtung wiederzufinden. Also gab ich dem Phänomen einen Namen, schrieb das Buch – und war erstaunt über die vielen Reaktionen.

Eine neue Patientin nach der anderen kam in meine Praxis und bestand darauf, dass mein Buch irgendwie genau ihre Situation erfasste. »Woher wussten Sie, was ich durchmache?«, fragten viele. »Ich dachte, ich sei die Einzige!« Freundinnen, deren Beziehung ich für glücklich gehalten hatte, gestanden mir, dass auch sie unter Gaslighting litten – oder in früheren Beziehungen darunter gelitten hatten, in der Arbeit oder in der Familie. Kollegen dankten mir dafür, diesem Phänomen einen Namen gegeben zu haben, sodass sie jetzt mit ihren Patienten darüber sprechen konnten. Das vormals namenlose Phänomen schien weiter verbreitet zu sein, als selbst ich das angenommen hatte.

Kurz nach Erscheinen des Buchs begann ich mit Beratungen für Facebook, zusammen mit meinem Kollegen Marc Brackett, der das Center for Emotional Intelligence leitete, das Zentrum für emotionale Intelligenz, das sich an der Universität Yale befindet. Damals steckten die sozialen Medien noch in den Kinderschuhen, und bei Facebook sorgte man sich, dass sensible junge Menschen der Gefahr von Cyber-Mobbing ausgesetzt sein könnten. Marc und ich befragten Dutzende Jugendliche und junge Erwachsene, um eine Online-Plattform zu entwickeln, auf der man über die vielen verschiedenen Formen von Mobbing berichten konnte. Dazu gehören das Streuen von Gerüchten, fiese oder respektlose Bemerkungen, Stalken und offene Drohungen.

Diese Arbeit und unsere Unterrichtstätigkeit zu emotionaler Intelligenz, die uns in Schulen überall im Land führte, erbrachten noch mehr Beweise für die schädlichen Auswirkungen von Gaslighting. Marc und ich bekamen zahllose Geschichten von Jugendlichen zu hören, die nicht nur unter dem Gaslighting einer Person, sondern Dutzender ihrer Freunde und Facebook-Kontakte litten. Da bezeichnete eine junge Frau ihre Freundin als »überempfindlich«, weil sie sich über eine Kränkung geärgert hatte, und dann »likten« das 20 oder 30 andere oder posteten noch mehr Kritik. Die zerstörerische Wirkung des Gaslightings vervielfachte sich, weil das Opfer sich nicht nur der Manipulation durch den Gaslighter ausgesetzt sah, sondern auch glauben musste, dass »alle Bekannten« und mehrere Dutzend Fremde sie ebenfalls für »überempfindlich« hielten.

Aus unserem Projekt ging Facebooks *Bully Prevention Hub* hervor, im deutschen Facebook als *Hub zur Vorbeugung von Mobbing* bezeichnet. Hier haben Jugendliche die Möglichkeit, einen Missbrauch zu melden, und Eltern und Lehrern kann es als Gesprächshilfe dienen. Es machte mich sehr betroffen, wie oft Gaslighting die bevorzugte Waffe beim Mobbing war. Mit das Schlimmste am Gaslighting ist, dass es so schwer zu erkennen ist. Man spürt Selbstzweifel und Verwirrung – aber warum? Weshalb stellt man sich plötzlich so infrage? Wie kommt es, dass ein Mensch, der einem eigentlich zugetan sein sollte, uns dazu bringt, uns wie ein Häufchen Elend zu fühlen?

Beim Gaslighting handelt es sich um eine Art verdecktes Mobbing. Oft ist der Gaslighter der Ehemann, eine gute Freundin oder ein Familienmitglied und besteht darauf, einen zu lieben, obwohl er uns gleichzeitig untergräbt. Sie *wissen*, dass etwas nicht stimmt – aber Sie können es einfach nicht benennen. Der Ausdruck »Gaslighting« gibt dieser Art Missbrauch einen Namen. Das befähigt Sie, klar zu sehen, was Ihr Partner, Ihre Tante Martha oder Ihre angeblich beste Freundin *wirklich* tun. Das sagen Marc und ich auch immer unseren Studenten: Was einen Namen hat, kann bekämpft werden.

Gaslighting in den Medien

In den Jahren nach der Veröffentlichung meines Buchs sah ich gelegentlich Artikel, in denen der Begriff auftauchte. In der Zeitschrift *The Week* wurden beispielsweise in einer Besprechung des Films *Zero Dark Thirty* bestimmte Verhörmethoden als eine Art Gaslighting bezeichnet – wenn bei einem

Verhör selbstverständlich auf Vorfälle Bezug genommen wird, die nie stattgefunden haben. So wird der Gefangene dazu gebracht, an seiner eigenen Erinnerung zu zweifeln. Der Fragensteller weiß genau, dass kaum etwas einen Menschen so verunsichert wie Zweifel an der eigenen Wirklichkeitswahrnehmung. Er weiß, dass Gaslighting den Willen eines Menschen schneller brechen kann als körperliche Misshandlung.

In der Zwischenzeit wurden in einer Reihe von Blogs die Begriffe Gaslighting und Mobbing miteinander verlinkt, sowohl im Hinblick auf persönliche Beziehungen als auch auf die Arbeit. »Ist Gaslighting eine geschlechtsspezifische Form von Mobbing am Arbeitsplatz?«, fragt Juraprofessor David Yamada in seinem Blog *Minding the Workplace*. In zahlreichen Blogs von Selbsthilfegruppen ist darüber zu lesen, wie wichtig es ist, einen Gaslighter zu erkennen und sich ihm zu widersetzen. Der Ausdruck »Gaslighting« ist in der deutschen Wikipedia definiert, wo auch mein Buch als weiterführende Lektüre angeführt wird.

2016 war das Jahr, in dem Gaslighting wirklich ins öffentliche Bewusstsein rückte. Im März dieses Jahres behauptete der Comedian und Moderator John Oliver, der für den Fernsehsender HBO arbeitet, Donald Trump habe ihn mittels Gaslighting manipuliert. Auf den ersten Blick schien die Sache eindeutig. Donald Trump ließ wissen, dass er eine Einladung zu Olivers Late-Night-Talkshow ausgeschlagen habe. »John Oliver hat seine Leute bei mir anrufen lassen, um mich zu seiner sehr langweiligen Talkshow einzuladen, die sich kein Mensch ansieht«, twitterte Trump. »Ich sagte ›NEIN DANKE‹. Reine Zeit- und Energieverschwendung!«

Und jetzt das entscheidende Detail: Es gab gar keine solche Einladung. John Oliver hatte gar kein Interesse daran, Trump als Gast in seiner Talkshow zu haben. Warum hätte er ihn da einladen sollen?

Als Oliver versuchte, das Missverständnis aus dem Weg zu räumen, trieb Trump es noch bunter. In einem Radiointerview behauptete er steif und fest, er sei nicht nur einmal, sondern gleich vier- oder fünfmal eingeladen worden.

Man sollte meinen, dass Oliver daraufhin den Twitter-Eintrag einfach bei der Begrüßung seiner Gäste in der nächsten Sendung erwähnen und mit seinem Team herzlich darüber lachen würde. Stattdessen habe er seine Wahrnehmung der Wirklichkeit infrage gestellt, gestand Oliver. Trump schien sich seiner Sache so sicher zu sein. Vielleicht *hatte* Oliver ihn ja eingeladen.

»Es hat mich wirklich verunsichert, Ziel einer solch selbstsicheren Lüge zu sein«, sagte Oliver während seiner Talkshow. »Ich habe sogar nachgeforscht, um sicherzugehen, dass niemand ihn versehentlich eingeladen hatte. Hatte aber natürlich niemand.«

John Oliver – Comedian, Talkshow-Moderator und linksliberaler Kommentator – legte keinerlei Wert auf Donald Trumps Zustimmung. Es war ihm egal, was Trump von ihm dachte oder wie sie zukünftig zueinander stehen würden. Trump hatte keinerlei Einfluss auf ihn, weder in emotionaler noch familiärer oder finanzieller Hinsicht. Und nach allem, was man sieht, ist John Oliver ein selbstbewusster Mann, der eine gefestigte Wahrnehmung der Wirklichkeit hat.

Und dennoch war es Trump gelungen, ihn an seiner Erinnerung von etwas so Eindeutigem zweifeln zu lassen wie der Tatsache, ob er Trump nun in seine Show eingeladen hatte oder nicht. Dazu schrieb Melissa Jeltsen, Chefreporterin bei der *Huffington Post*:

»Trumps Behauptung wurde mit einem solchen Elan vorgetragen, dass Oliver an der Wahrheit zu zweifeln begann, obwohl er wusste, dass Trump log. Eine solche Macht hat Gaslighting.«

Jeltsen hatte für diesen Artikel ein Interview mit mir gemacht. Darin bestätigte ich ihr, dass Trumps Verhalten gegenüber Oliver und anderen Gaslighting wie aus dem Lehrbuch war. »Wenn man nicht die Verantwortung für sein Handeln übernimmt oder die Verantwortung auf andere abwälzt oder versucht, die Glaubwürdigkeit desjenigen zu untergraben, der einen zu diesem Handeln befragt, dann handelt es sich um eine Form von Gaslighting«, hatte ich ihr gesagt.

Plötzlich begegnete einem dieser Begriff überall: beim Fernsehsender CNN, in den Zeitschriften *Teen Vogue* und *Salon* und in Dutzenden von Posts im Internet, in den sozialen Medien und in Blogs. Plötzlich war Gaslighting in aller Munde.

Der Gaslight-Effekt – zehn Jahre danach

Als mir der Verlag mitteilte, dass man eine Neuauflage von *The Gaslight Effect* plane, war das für mich die Gelegenheit, das Buch noch einmal gegenzulesen, das ich zehn Jahre zuvor geschrieben hatte. Wie beurteilte ich das Buch inzwischen – vor dem Hintergrund meiner Erfahrungen als Therapeutin, meiner Tätigkeit als Beraterin bei Facebook und meiner Arbeit am Yale Center for Emotional Intelligence?

Ich las es noch einmal und bin erfreut, sagen zu können, dass ich es immer noch stichhaltig finde. Ich sehe keinen Bedarf, etwas daran zu überarbeiten. Im Vergleich zu der Zeit vor zehn Jahren fällt mir eines noch mehr auf: Je größer die Überzeugung – und vielleicht auch der Narzissmus – eines Menschen, desto selbstverständlicher hält er an seiner Wirklichkeit fest. Er ist unabhängig davon, wie viele Menschen sein Verständnis der Fakten hinterfragen. Dieser Narzissmus ist ein Schutz dagegen, andere Menschen zu ernst zu nehmen oder sich um ihre Ansichten zu scheren. Ein Narzisst wird vielleicht zornig, wenn andere seine Ansichten nicht teilen – viele Gaslighter reagieren so. Aber er wird nicht zornig, weil er an seiner grundsätzlichen Wahrnehmung zweifelt, sondern weil er es nicht erträgt, nicht die totale Kontrolle zu haben. Mit anderen Worten: Einem Gaslighter kann man nicht mit Gaslighting kommen – zumindest nicht, solange er selbst als Gaslighter auftritt.

Uns anderen jedoch fällt es schwer, unsere Weltsicht aufrechtzuerhalten. Wir stellen infrage, ob wir uns sicher sind darüber, was wir gesehen oder gehört haben. Bescheidenheit und Selbsterkenntnis machen uns auf eine Weise angreifbar, wie es dem Narzissten nicht passieren könnte. Uns wurde von klein auf beigebracht, dass die Ansichten anderer manchmal zutreffender sind als unsere eigenen. Wenn wir jemanden oft genug wiederholen hören, »schwarz ist weiß« oder »oben ist unten«, fällt es schwer, sich nicht zu fragen, ob diese Person nicht doch etwas weiß, das wir nicht wissen.

In meinem Buch verweise ich auf eine Hilfe, die ich noch immer für verlässlich halte: Ich rate dazu, auf die »Flugbegleiter« zu achten. Genau wie das Verhalten der Flugbegleiter uns offenbart, ob das Schlingern des Fliegers nur einer kleinen Turbulenz geschuldet ist oder eine echte Katastrophe ankündigt, so helfen diverse Flugbegleiter Ihnen auch im wahren Leben zu sehen, ob der neue Partner nur einen schlechten Tag hat oder sein Verhalten einem Muster folgt. Wenn Sie damit angefangen haben, Ihre eigene Realität infrage zu stellen, können Ihre Flugbegleiter – Familie, Freunde oder auch ein Therapeut – Ihnen helfen, zu einer genauen Einschätzung zu gelangen.

Genauso können wir vielleicht im Hinblick auf politisches oder soziales Gaslighting zu unseren gegenseitigen Flugbegleitern werden. Es ist an uns, die Nachrichtenquellen zu finden, denen wir vertrauen, die Analysen, auf die wir uns verlassen wollen, die Tatsachen, die einer genauen Prüfung standhalten. Das kann niemand allein leisten – wir brauchen sowohl die »Experten«, denen wir glauben, als auch die Freunde, Nachbarn, Familienmitglieder und Kollegen, deren Ansichten wir schätzen. Gaslighting wirkt zutiefst destabilisierend. Vielleicht braucht es wirklich »ein ganzes Dorf«, um auf solidem Grund zu stehen.

Ringen Sie aber persönlich mit einer Form von Gaslighting in Ihrem Privatleben, wird das Buch *Nie wieder Opfer sein!* Ihnen dabei helfen, die Hintergründe zu verstehen, zu analysieren und schließlich freizukommen. Das kann bedeuten, dass Sie eine Beziehung von innen heraus umgestalten oder sie ein für alle Mal beenden. Mein gesamtes Berufsleben habe ich dem Ziel gewidmet, Menschen dabei zu helfen, ihr Leben mitfühlend, effektiv, produktiv und erfüllend zu gestalten. Aber das ist nicht möglich, wenn man in einer Gaslighting-Beziehung steckt, sein eigenes Verhalten dauerhaft hinterfragt und sich ständig für angebliches Versagen entschuldigt. Wie ich bereits vor zehn Jahren schrieb:

»Sie haben genug Kraft, um sich von dem Gaslight-Effekt zu befreien. Der erste Schritt besteht darin, sich die eigene Rolle beim Gaslighting bewusst zu machen. Inwiefern führen Ihr Verhalten, Ihre Wünsche und Fantasien dazu, den Gaslighter zu verklären und von ihm anerkannt werden zu wollen?«

So beginnt Ihre Reise. Das Buch *Nie wieder Opfer sein!* soll Ihnen helfen und Ihnen bei jedem Schritt zur Seite stehen. Es gehört Mut dazu, sich auf diese Reise zu begeben. Ich bin gespannt auf alles, was Sie dabei lernen werden.

Robin Stern,
im August 2017

Kapitel 1

WAS IST GASLIGHTING?

Katie ist freundlich und optimistisch. Wer sie trifft, dem schenkt sie ein Lächeln. Als Außendienstmitarbeiterin hat sie oft mit fremden Menschen zu tun, was ihr sehr gefällt. Sie ist eine attraktive Endzwanzigerin, die ihren jetzigen Freund Brian erst nach langem Suchen gefunden hat.

Brian kann der liebe, rücksichtsvolle Beschützer sein, aber er ist auch ein ängstlicher, besorgter Mann, der Unbekannten mit Argwohn begegnet. Wenn beide zusammen ausgehen, gibt Katie sich offen und kontaktfreudig. Sie kommt schnell ins Gespräch, ob mit dem Mann, der nach dem Weg fragt, oder der Frau, deren Hund ihr vor die Füße läuft. Brian aber spart nicht mit Kritik. Sieht sie denn nicht, dass die Leute über sie lachen? Sie denkt, anderen gefallen diese Plaudereien, aber die verdrehen bloß die Augen und fragen sich, warum Katie so geschwätzig ist. Und der Kerl, der nach dem Weg gefragt hat? Der wollte sie doch bloß anbaggern – sie hätte mal sehen sollen, wie er ihr hinterhergegafft hat, kaum hatte sie sich umgedreht. Außerdem ist ein solches Verhalten total respektlos ihm gegenüber. Er ist schließlich ihr Freund. Was glaubt sie denn, wie er sich fühlt, wenn sie jedem Typ, der vorbeikommt, schöne Augen macht?

Anfangs lacht Katie noch über Brians Gejammer. Sie ist doch schon immer so, sagt sie ihm, und sie ist einfach gern freundlich. Aber nach Wochen unerbittlicher Kritik beginnt sie, an sich zu zweifeln. Vielleicht lachen und gaffen die Leute ja *wirklich* hinter ihrem Rücken. Vielleicht flirtet sie ja *wirklich* dreist vor den Augen ihres Freundes – wie gemein, den Mann, der sie liebt, so zu behandeln!

Irgendwann weiß Katie nicht mehr, wie sie sich verhalten soll. Sie will nicht auf ihre offene, freundliche Art gegenüber anderen verzichten – aber jedes Mal, wenn sie jetzt einem Fremden zulächelt, fragt sie sich, was Brian wohl denken würde.

Liz arbeitet in einer Spitzenposition in der Werbung. Eine elegante Frau Ende 40, die seit 20 Jahren glücklich verheiratet ist und keine Kinder hat. Sie hat hart für ihre Karriere gearbeitet. Jetzt scheint sie ihrem Ziel nahe zu sein, denn sie steht kurz davor, das New Yorker Büro der Firma zu übernehmen.

In letzter Minute bekommt jedoch ein anderer den Job. Liz schluckt ihren Stolz herunter und bietet sich an, ihm beizustehen. Zuerst scheint der neue Chef auch charmant und dankbar zu sein. Doch bald merkt Liz, dass sie bei wichtigen Entscheidungen außen vor gelassen und nicht mehr zu den wichtigen Meetings eingeladen wird. Gerüchten zufolge wird den Kunden erzählt, sie wolle nicht mehr mit ihnen zusammenarbeiten. Man solle sich lieber direkt an den neuen Chef wenden. Als sie sich bei den Kollegen beschwert, schauen die sie nur befremdet an. »Aber er lobt dich immer in den Himmel«, heißt es. »Warum sollte er so was Nettes sagen, wenn er dich auf dem Kicker hat?«

Schließlich stellt Liz ihren Chef zur Rede, der eine plausible Erklärung für jeden Vorfall hat. »Hör mal«, sagt er am Ende des Treffens, »ich glaube, du nimmst dir das viel zu sehr zu Herzen – das ist ja fast schon paranoid. Willst du dir ein paar Tage freinehmen, um den Stress abzubauen?«

Liz kommt sich total unfähig vor. Sie *weiß*, dass sie sabotiert wird – aber warum ist sie die Einzige, die das zu merken scheint?

Mitchell ist Mitte 20 und studiert Elektrotechnik. Er ist groß, schlaksig und obendrein schüchtern. Er ist seit Langem auf Partnersuche, aber endlich hat er eine Frau kennengelernt, die er wirklich mag. Eines Tages weist seine Freundin dezent darauf hin, dass Mitchell sich immer noch wie ein kleiner Junge kleidet. Mitchell ist gekränkt, doch er versteht, was sie meint. Schon ist er im nächsten Kaufhaus, wo er sich von einem Personal Shopper eine komplette Garderobe zusammenstellen lässt. In dieser Kleidung fühlt er sich wie ein neuer Mensch – weltgewandt und attraktiv –, und er genießt die bewundernden Blicke der Frauen auf der Busfahrt nach Hause.

Doch als er die neuen Kleider zum sonntäglichen Abendessen bei seinen Eltern trägt, platzt seine Mutter fast vor Lachen. »Ach, Mitchell, das ist ja gar nichts für dich – du siehst lächerlich aus«, sagt sie. »Wenn du das nächste Mal einkaufen gehst, Kind, dann sag mir bitte Bescheid.« Als Mitchell verletzt reagiert und eine Entschuldigung verlangt, schüttelt sie traurig den Kopf. »Ich wollte dir nur helfen«, sagt sie. »Und ich finde, *du* solltest dich entschuldigen für diesen Tonfall.«

Mitchell ist verwirrt. Ihm gefällt seine neue Kleidung – aber vielleicht sieht er *wirklich* lächerlich aus. Und war er tatsächlich grob zu seiner Mutter?

Den Gaslight-Effekt verstehen

Katie, Liz und Mitchell haben eins gemeinsam. Sie alle leiden unter dem Gaslight-Effekt. Zu diesem Effekt kommt es zwischen zwei Menschen: einem Gaslighter, also »Gasanzünder«, der einwandfrei funktionieren muss, um den Sinn für sein eigenes Selbst zu bewahren und sich weiter seiner Macht über andere zu versichern. Und dem Gaslightee, also »Angezündeten«, der dem Gaslighter erlaubt, Einfluss auf seine Wirklichkeitswahrnehmung zu nehmen, weil er ihn verklärt und seine Zustimmung sucht. Diese zwei können beiden Geschlechtern angehören, und Gaslighting kann in jeder Art Beziehung vorkommen. Aber ich werde den Gaslighter mit »er« bezeichnen und den Gaslightee mit »sie«, weil ich diese Konstellation am häufigsten in meinem Berufsleben antreffe. Wir werden eine ganze Reihe von Beziehungen näher betrachten – zu Freunden, Familie und Kollegen. Aber im Zentrum wird doch die Beziehung zwischen Mann und Frau stehen.

So besteht Katies Freund zum Beispiel darauf, dass es auf der Welt gefährlich zugeht und dass Katies Verhalten unangemessen und taktlos ist. Wenn er gestresst ist oder sich bedroht fühlt, dann *muss* er in diesen Punkten recht haben, und er muss Katie dazu bringen, ihm zuzustimmen. Katie legt Wert auf ihre Beziehung und will Brian nicht verlieren. Also fängt sie an, die Dinge von seinem Standpunkt aus zu betrachten. Vielleicht lachen die Leute ja *wirklich* über sie. Vielleicht flirtet sie *wirklich* zu gern. So fängt es an mit dem Gaslighting.

Auch Liz' Chef beharrt darauf, dass er ihr wirklich zugetan ist. Bedenken habe sie nur, weil sie paranoid ist. Liz möchte, dass ihr Chef eine gute Meinung von ihr hat. Schließlich geht es um ihre Karriere. Also zweifelt sie allmählich an ihrer eigenen Wahrnehmung und versucht, sich seine zu eigen zu machen. Aber die Ansichten ihres Chefs ergeben für Liz keinen Sinn. Wenn er wirklich nicht versucht, sie zu sabotieren, warum verpasst sie dann all die Meetings? Warum rufen ihre Kunden sie dann nicht mehr zurück? Warum ist sie dann so verwirrt und besorgt? Liz ist so treuherzig, dass sie sich einfach niemanden vorstellen kann, der so offenkundig manipuliert, wie ihr Chef es anscheinend tut. Es muss also an ihr liegen, denn was sonst könnte eine solch fürchterliche Behandlung rechtfertigen? Sie wünscht sich verzweifelt, ihr Chef möge recht haben. Eigentlich aber weiß sie, dass es nicht so ist. Liz ist völlig verunsichert darüber, was sie sieht und zu wissen meint. Bei ihr ist das Gaslighting in vollem Gang.

Mitchells Mutter beharrt auf dem Recht, ihrem Sohn alles sagen zu dürfen, was sie will. Und wenn er widerspricht, ist das unhöflich. Mitchell möchte in seiner Mutter gern einen guten, liebevollen Menschen sehen und nicht jemanden, der gemeine Sachen zu ihm sagt. Wenn sie ihn verletzt, dann gibt er sich die Schuld daran, nicht ihr. Mutter und Sohn sind sich einig: Die Mutter hat recht, Mitchell hat unrecht. Zusammen arbeiten sie so am Gaslight-Effekt.

Natürlich hätten Katie, Liz und Mitchell andere Möglichkeiten. Katie könnte die negativen Kommentare ihres Freundes einfach überhören oder ihn bitten, sie zu unterlassen. Als letzte Möglichkeit könnte sie auch mit ihm Schluss machen. Liz könnte sich sagen: »O Mann, der neue Chef ist ein hartes Stück Arbeit. Mit seinem Geschleime hat er vielleicht alle anderen hier hinters Licht geführt – aber nicht mich!« Mitchell könnte seelenruhig verlangen, »Sorry, Mom, aber du schuldest *mir* eine Entschuldigung.« Alle drei könnten beschließen, dass sie im Grunde bereit wären, mit dem Missfallen der Gaslighter zu leben. Selbst wissen sie schließlich, dass sie gute, tüchtige und liebenswerte Menschen sind, und das ist ja wohl entscheidend.

Wären unsere drei Betroffenen in der Lage, diese Haltung einzunehmen, dann gäbe es kein Gaslighting. Die Gaslighter würden vielleicht immer noch schlecht handeln, doch ihr Verhalten hätte nicht länger solch schädliche Auswirkungen. Gaslighting funktioniert nur, wenn man glaubt, was der Gaslighter sagt, und wenn man will, dass er gut von einem denkt.

Aber Gaslighting ist heimtückisch. Es spielt mit unseren schlimmsten Ängsten, unseren furchtsamsten Gedanken, unserem sehnlichen Wunsch danach, verstanden, geschätzt und geliebt zu werden. Wenn jemand, den wir respektieren oder lieben, sehr sicher in seinen Aussagen ist – insbesondere wenn ein Körnchen Wahrheit in seinen Worten steckt oder wenn er einen wunden Punkt bei uns trifft, dann kann es sehr schwer sein, ihm nicht zu glauben. Und wenn wir den Gaslighter auch noch verklären – wenn wir in ihm die Liebe unseres Lebens, einen bewundernswerten Chef oder ein wunderbares Elternteil sehen wollen –, dann fällt es noch schwerer, am eigenen Sinn für die Wirklichkeit festzuhalten. Der Gaslighter muss einfach recht haben, und wir wollen seine Anerkennung erlangen. Und so geht das Gaslighting immer weiter.

Es kann durchaus sein, dass keiner von beiden sich bewusst ist, was da abläuft. Der Gaslighter mag aufrichtig jedes Wort glauben, das er an sein Opfer richtet, oder ernsthaft überzeugt sein, es vor sich selbst zu schützen. Vergessen Sie nicht, dass er von seinen eigenen Bedürfnissen angetrieben wird. Der Gaslighter mag wie ein starker, mächtiger Mann erscheinen, oder er wirkt wie ein unsicherer kleiner Junge, der einen Trotzanfall kriegt. Auf jeden Fall *fühlt* er sich schwach und machtlos. Um sich stark und sicher zu fühlen, *muss* er beweisen, dass er recht hat. Er *muss* sein Gegenüber dazu bringen, ihm zuzustimmen.

Das Opfer dagegen hat ihn längst verklärt und sehnt sich nach seiner Anerkennung, obwohl ihm das vielleicht gar nicht bewusst ist. Aber wenn auch nur ein kleiner Zweifel daran besteht, für sich genommen nicht gut genug zu sein – wenn nur ein klitzekleiner Teil des Opfers den Eindruck hat, es brauche die Liebe und die Anerkennung des Gaslighters, um glücklich zu sein, dann ist es empfänglich für das Gaslighting. Und ein Gaslighter wird diese Verletzlichkeit ausnützen, damit man an sich zweifelt, immer und immer wieder.

SIND SIE OPFER VON GASLIGHTING?

Schalten Sie Ihr Frühwarnsystem ein. Achten Sie auf diese 20 verräterischen Anzeichen. Um von Gaslighting sprechen zu können, müssen nicht all diese Erfahrungen oder Gefühle zutreffen. Aber wenn Sie sich in einem der Punkte wiederfinden, schauen Sie genauer hin.

1. Sie kritisieren sich ständig im Nachhinein selbst.
2. Sie fragen sich ein Dutzend Mal am Tag: »Bin ich zu empfindlich?«
3. Bei der Arbeit sind Sie oft konfus oder überdreht.
4. Sie entschuldigen sich ständig bei anderen, ob Mutter, Vater, Freund oder Chef.
5. Sie fragen sich oft, ob Sie als Partnerin, Ehefrau, Mitarbeiterin, Freundin oder Tochter »gut genug« sind.
6. Sie können nicht verstehen, warum Sie nicht glücklicher sind, obwohl Ihr Leben doch eigentlich gut läuft.
7. Sie kaufen sich Kleidung, Möbel oder andere Dinge für den persönlichen Gebrauch, denken dabei ständig an

Ihren Partner und fragen sich, was ihm wohl gefallen würde, statt zu fragen, was Sie selbst toll finden.

8. Sie entschuldigen das Verhalten Ihres Partners ständig gegenüber Freunden und Familie.
9. Sie halten Neuigkeiten vor Freunden und Familie zurück, damit Sie nichts erklären oder sich entschuldigen müssen.
10. Irgendetwas stimmt ganz und gar nicht, das wissen Sie. Aber Sie können es nicht benennen, auch nicht vor sich selbst.
11. Lieber lügen Sie, als Sticheleien und verdrehte Wirklichkeit zu ertragen.
12. Es fällt Ihnen schwer, einfache Entscheidungen zu treffen.
13. Sie denken zweimal nach, bevor Sie bestimmte, scheinbar harmlose Gesprächsthemen anschneiden.
14. Bevor Ihr Partner nach Hause kommt, checken Sie in Gedanken eine Liste, ob Sie an diesem Tag etwas falsch gemacht haben.
15. Sie haben das Gefühl, früher ein anderer Mensch gewesen zu sein – zuversichtlicher, lebenslustiger, entspannter.
16. Sie sprechen lieber mit der Sekretärin als mit Ihrem Mann, damit Sie ihm nicht Sachen sagen müssen, die ihn aufregen könnten.
17. Sie haben das Gefühl, nichts richtig zu machen.
18. Ihre Kinder versuchen, Sie vor Ihrem Partner zu schützen.
19. Sie sind plötzlich wütend auf Leute, mit denen Sie immer gut ausgekommen sind.
20. Sie sind verzweifelt und deprimiert.

Wie ich den Gaslight-Effekt entdeckte

Als Therapeutin betreibe ich seit 20 Jahren eine Privatpraxis. Außerdem bin ich in der Lehre tätig, coache Führungskräfte, arbeite als Beraterin und bin Mitglied des Woodhull Institute for Ethical Leadership. Dort entwickle ich Förderprogramme für Frauen jeden Alters. In allen Bereichen treffe ich ständig Frauen, die stark, klug und erfolgreich sind. Aber immer wieder die gleiche Geschichte: Irgendwie steckten viele dieser selbstbewussten, leistungsorientierten Frauen in zermürbenden und destruktiven Beziehungen fest. Kollegen und Freunde fanden sie tüchtig, doch sie hielten sich irgendwann für inkompetent – sie trauten ihren Fähigkeiten und ihrer eigenen Wahrnehmung nicht mehr.

Diese Geschichten hatten etwas unangenehm Vertrautes. Nach und nach merkte ich, dass sie mich nicht nur beruflich betrafen. Sie waren auch das Echo von Erfahrungen, die meine Freundinnen und ich gemacht hatten. Dabei ging es immer um die Beziehung einer anscheinend starken Frau zu einem anderen Menschen, ob Partner, Ehemann, Freundin, Kollege, Chef oder Familienmitglied. Der oder die andere brachte sie dazu, ihren Sinn für die Realität infrage zu stellen. Und das ängstigte, verwirrte und deprimierte die Frauen. Diese Beziehungen waren umso auffälliger, als die Frauen ihr Leben eigentlich im Griff zu haben schienen. Aber immer gab es da einen bestimmten Menschen – Partner, Chef oder Verwandten –, dessen Anerkennung sie zu erlangen versuchten, auch wenn er sie schlecht und schlechter behandelte. Irgendwann fand ich eine passende Bezeichnung für diesen schmerzlichen Zustand: Gaslight-Effekt, nach dem Film *Das Haus der Lady Alquist*, der im Original *Gaslight* heißt.

In dem Filmklassiker von 1944 geht es um Paula, eine junge Opernsängerin (gespielt von Ingrid Bergmann). Sie heiratet Gregory, einen charismatischen, geheimnisvollen älteren Mann (gespielt von Charles Boyer). Ohne dass Paula es merkt, versucht ihr Ehemann, sie in den Wahnsinn zu treiben, damit er an ihr Erbe kommt. Ständig redet er ihr ein, sie sei krank und schwach. Er verändert Dinge im Haushalt und gibt ihr die Schuld daran. Besonders hinterhältig ist, dass er die Gaszufuhr manipuliert, woraufhin das Gaslicht ohne erkennbaren Grund flackert. Unter dem Bann dieses teuflischen Plans glaubt Paula allmählich, sie sei verrückt. Aus Verwirrung und Angst reagiert sie hysterisch und wird damit genau zu der zerbrechlichen und orientierungslosen Person, die sie laut ihres Mannes ist. Eine tückische Abwärtsspirale: Je stärker sie an sich zweifelt, desto verwirrter und hysterischer wird sie. Sie will unbedingt, dass ihr Mann ihr glaubt und ihr sagt, dass er sie liebt. Doch er weigert sich und beharrt darauf, sie sei wahnsinnig. Sie erlangt ihre Durchsetzungskraft erst wieder, als ein Inspector von Scotland Yard ihr versichert, dass auch er das Flackern des Gaslichts sieht.

Wie der Film zeigt, sind beim Gaslighting immer zwei Personen involviert. Gregory muss Paula verführen, um Macht und Kontrolle über sie zu haben. Aber Paula will auch verführt werden. Sie verklärt diesen starken, gut aussehenden Mann, und sie versucht krampfhaft zu glauben, er werde sie umsorgen und beschützen. Anfangs will sie seine Bosheit nicht wahrhaben. Sie will lieber das romantische Bild des perfekten Ehemanns behalten. Ihre Unsicherheit und ihr Wunsch, ihn zu verklären, sind der perfekte Nährboden für seine Manipulationen.

Im Film ist der Gaslighter auf etwas Konkretes aus. Er will seine Frau bewusst in den Wahnsinn treiben, weil er an ihr Erbe kommen will. Im echten Leben ist kaum ein Gaslighter so diabolisch – obwohl die Folgen seines Verhaltens wirklich schlimm sein können. Aus seiner Sicht geht es jedoch nur darum, sich zu schützen. Ein Gaslighter hat eine solch schadhafte Wahrnehmung seiner selbst, dass er es nicht ertragen kann, wenn man seine Sichtweise infrage stellt. Wie auch immer er die Welt sieht, so müssen auch andere sie sehen – sonst ist er das Opfer unerträglicher Ängste.

Stellen Sie sich vor, Sie lächeln einen anderen auf einer Party an, und dem Gaslighter an Ihrer Seite behagt das nicht. Ein Mann, der nichts mit Gaslighting am Hut hat, würde vielleicht sagen: »Ich bin halt schnell eifersüchtig« oder »Ich weiß, dass du nichts gemacht hast, Liebling, aber ich flippe aus, wenn ich sehe, dass du mit anderen Kerlen flirtest«. Er ist bereit, wenigstens in Betracht zu ziehen, dass sein Unbehagen von der Situation oder seiner eigenen Unsicherheit herrührt. Selbst wenn Sie geflirtet *hätten* – hemmungslos geflirtet hätten –, könnte ein Nicht-Gaslighter vermutlich erkennen, dass Sie ihn mit Ihrem Verhalten, so anstößig er es auch finden mag, nicht verletzen wollten, auch wenn er Sie vielleicht bitten wird, damit aufzuhören.

Der Gaslighter dagegen wird nie auf die Idee kommen, dass seine Eifersucht, Unsicherheit und Paranoia eine Rolle spielen könnten. Er hält an seiner eigenen Erklärung fest: Er muss darunter leiden, dass Sie einem anderen schöne Augen machen. Es reicht ihm nicht, das erkannt zu haben. Er muss Sie auch dazu bringen, ihm zuzustimmen. Tun Sie das nicht, müssen Sie stundenlang Wut, Kälte, verletzte Gefühle oder auch scheinbar berechtigte Kritik ertragen (»Warum kannst du denn nicht sehen, wie sehr du mich verletzt? Sind dir meine Gefühle etwa total egal?«)

Dennoch bedarf es beim Gaslighting immer eines willigen Opfers. Gebraucht wird jemand, der den Gaslighter verklärt und verzweifelt um seine Anerkennung ringt. Sollten Sie für

Gaslighting nicht anfällig sein, tun Sie die Kritik Ihres eifersüchtigen Freundes vermutlich achselzuckend und lachend ab, wenn er Ihnen fälschlicherweise vorwirft, ständig zu flirten. Aber was, wenn Sie es nicht ertragen, dass er Sie in einem so schlechten Licht sieht? Dann fangen Sie vielleicht an, sich zu rechtfertigen, um ihn dazu zu bringen, *seine* Meinung zu ändern. (»Ich habe nicht geflirtet, Schatz. Das war ein ganz neutrales Lächeln.«) So sehr der Gaslighter will, dass seine Freundin sich entschuldigt, so sehr bemüht sie sich um seine Anerkennung. Irgendwann ist sie vielleicht zu allem bereit, um es ihrem Freund recht zu machen – und akzeptiert dann sogar seine negative, kritische Haltung ihr gegenüber.

Gaslighting: Die Abwärtsspirale

Gaslighting entwickelt sich oft schrittweise. Anfangs ist es meist relativ harmlos – vielleicht bemerkt man es nicht einmal. Angenommen, Ihr Freund wirft Ihnen vor, Sie lassen ihn absichtlich schlecht dastehen, weil Sie zu spät zum Empfang seines Arbeitgebers kommen. Dann führen Sie das auf seine Nervosität zurück oder nehmen an, er meine es nicht ernst. Vielleicht fragen Sie sich auch wirklich, ob Sie versucht haben, ihn schlecht dastehen zu lassen. Aber dabei belassen Sie es.

Irgendwann aber nimmt das Gaslighting einen größeren Raum in Ihrem Leben ein. Es beschäftigt Sie gedanklich und bestimmt Ihre Gefühle. Schließlich stecken Sie in einer tiefen Depression und sind unfähig, sich an den Menschen zu erinnern, der Sie einst waren und der eigene Standpunkte und Ansichten hatte.

Natürlich müssen Sie nicht zwangsweise alle drei Phasen durchlaufen. Aber viele Frauen erleben das Gaslighting als eine Abwärtsspirale.

Phase 1: Unglaube

In dieser ersten Phase will man es nicht wahrhaben. Der Gaslighter sagt etwas Ungeheuerliches: »Dieser Typ, der nach dem Weg gefragt hat, wollte dich nur ins Bett kriegen!« Sie trauen Ihren Ohren nicht. Haben Sie ihn falsch verstanden? Oder vielleicht er Sie? Oder hat er nur einen Witz gemacht? Die Bemerkung ist so lächerlich, dass Sie sie vielleicht einfach ignorieren. Oder aber Sie versuchen, den Fehler richtigzustellen, aber ohne großen Elan. Oder Sie verwickeln sich in einen langen Streit, sind sich aber Ihres eigenen Standpunkts nach wie vor sicher. Obwohl Sie gern hätten, dass der Gaslighter Ihnen zustimmt, sehnen Sie sich noch nicht verzweifelt danach.

Katie befindet sich wochenlang in dieser Phase. Sie versucht immer wieder, ihren Freund davon zu überzeugen, dass er falschliegt mit seinem Urteil über sie und andere, dass sie mit niemandem flirtet und niemand mit ihr flirtet. Manchmal hat Katie das Gefühl, ihn fast so weit zu haben, sie zu verstehen – aber so richtig tut er es nie. Sie macht sich Sorgen: War er es? War sie es? Er kann so lieb sein, wenn alles gut läuft. Warum ist er dann manchmal so komisch? Sie sehen, dass diese relativ leichte Form des Gaslightings verwirren, frustrieren und verunsichern kann.

Phase 2: Abwehr

In der zweiten Phase überwiegt das Bedürfnis, sich zu verteidigen. Sie suchen nach Beweisen, um dem Gaslighter zu zeigen, dass er falsch liegt. Sie streiten wie besessen mit ihm, oft in Gedanken. Sie versuchen verzweifelt, seine Anerkennung zu erlangen.

Liz befindet sich in dieser Phase 2. Sie kann nur an eins denken: Ihr Chef soll die Dinge so sehen wie sie. Nach dem

Meeting geht sie jedes Gespräch mit dem Chef immer wieder durch – auf dem Weg zur Arbeit, beim Mittagessen mit Freunden, vor dem Einschlafen. Sie *muss* einen Weg finden, um ihn zu überzeugen. Vielleicht hält er dann mehr von ihr, und alles wird wieder gut.

Auch Mitchell ist in Phase 2. Weil er seine Mutter so verklärt, will ein Teil von ihm wirklich, dass sie recht hat. Also gut, denkt Mitchell sich nach der Auseinandersetzung mit der Mutter. Ich war wohl wirklich ein bisschen grob. Er fühlt sich elend, weil er so ein schlechter Sohn ist. Aber wenigstens muss er sich nicht elend fühlen, weil er eine schlechte Mutter hat. Er kann weiter versuchen, ihre Zustimmung zu erlangen, ohne sich ihr gemeines Verhalten eingestehen zu müssen.

Dass man die zweite Phase erreicht hat, erkennt man, wenn man sich häufig wie besessen fühlt, manchmal auch verzweifelt. Man ist sich nicht länger sicher, die Zustimmung des Gaslighters erlangen zu können – aber man hat die Hoffnung noch nicht aufgegeben.

Phase 3: Depression

Gaslighting der Phase 3, also Gaslighting dritten Grades, ist am schwierigsten, hier herrscht die Depression. Man versucht mit aller Macht zu beweisen, dass der Gaslighter richtig liegt. Dann kann man es ihm vielleicht recht machen und *endlich* seine Anerkennung gewinnen. Allerdings ist Phase 3 anstrengend, weshalb man oft zu erschöpft zum Streiten ist.

Meine Patientin Melanie steckte tief in Phase 3. Melanie war eine hinreißende Frau von etwa 35 Jahren, die Marktanalysen für ein großes New Yorker Unternehmen erstellte. Als sie das erste Mal zu mir kam, hätte ich sie jedoch kaum für eine leitende Angestellte gehalten. In einem sackartigen Pulli kauerte sie auf der Sofakante und schluchzte unkontrollierbar.

Der Vorfall, der zu ihrem Besuch bei mir geführt hatte, war ein Einkauf im Supermarkt. Sie war die Gänge entlanggehastet und hatte Lebensmittel für die Dinnerparty kaufen wollen, die sie am Abend für ihren Mann und seine Kollegen geben wollte. Jordan hatte sie gebeten, ihre Spezialität zuzubereiten, gegrillte Lachssteaks. Er hatte betont, dass seine Freunde gesundheitsbewusst seien und Wildlachs erwarten würden. Doch als Melanie zur Fischtheke kam, gab es dort nur Lachs aus Aquakulturen. Sie hatte zwei Möglichkeiten: den minderwertigen Fisch kaufen oder einen anderen Hauptgang planen.

»Ich fing einfach an zu zittern«, erzählte sie mir, als das Schluchzen nachließ. »Ich konnte nur daran denken, wie enttäuscht Jordan sein würde. Sein Gesicht, wenn ich ihm erzählen würde, dass ich keinen Wildlachs finden konnte, dass es einfach keinen gab. Die vorwurfsvollen Fragen: ›Warst du mal wieder zu spät dran, Melanie? Du hast das doch schon mal gekocht, du weißt doch, welche Zutaten man braucht. Ist dir dieser Abend so egal? Ich hab dir doch gesagt, wie wichtig er für mich ist. Was war *dir* denn wieder so wichtig, dass du dich nicht richtig um das Essen kümmern konntest? Das würde ich wirklich gern wissen.‹«

Melanie atmete tief ein und griff sich ein Kleenex. »Diese Fragerei hört einfach nicht auf. Ich habe versucht, darüber zu lachen, alles zu erklären, ich habe mich sogar entschuldigt. Ich habe versucht zu *beweisen*, dass es manchmal anders kommt – aber er glaubt mir einfach nicht.« Sie sank noch tiefer in sich zusammen und zog den Pulli fest um sich. »Wahrscheinlich hat er recht. Ich war immer so organisiert und so souverän. Aber selbst ich kann sehen, was für ein Chaos ich immer anrichte. Ich weiß nicht, warum ich nichts mehr auf die Reihe kriege. Nichts klappt mehr!«

Melanie war ein extremes Beispiel für den Gaslight-Effekt – sie hatte den negativen Blick des Gaslighters auf sie so vollständig übernommen, dass sie keinen Zugang mehr zu ihrem wahren Selbst hatte. In gewisser Weise hatte Melanie recht: Sie war wirklich zu der hilflosen, inkompetenten Frau geworden, die ihr Mann in ihr sah. Sie hatte ihn zu sehr verklärt und zu sehr versucht, seine Anerkennung zu gewinnen. Sie ergriff nun sogar für ihn Partei, wenn er ihr etwas vorwarf, das definitiv nicht stimmte – im vorliegenden Fall, bei den Vorbereitungen geschlampt zu haben. Es war leichter, nachzugeben und Jordan beizupflichten, als der Tatsache ins Auge zu sehen, dass er mies war und sie seine uneingeschränkte Anerkennung wohl nie erlangen würde. Dabei brauchte sie die doch für ihr Selbstwertgefühl – oder meinte, sie zu brauchen.

Die drei Phasen beim Gaslighting: Ein verschlungener Pfad

Die drei Etappen sind keineswegs obligatorisch. Es gibt Menschen, die ihr Leben lang in Phase 1 verweilen. Entweder tun sie das in einer einzigen Beziehung oder in einer Reihe frustrierender Freundschaften, Beziehungen oder Arbeitsverhältnisse. Sie erleben immer und immer wieder die gleiche Art Auseinandersetzung. Und wenn eine Beziehung zu unerträglich wird, beenden sie sie einfach. Und schon geht die Suche nach einem anderen Gaslighter los, um das Ritual von Neuem zu beginnen.

Andere Menschen ringen dauerhaft mit den Dämonen der zweiten Phase. Sie funktionieren vielleicht noch, aber gedanklich und emotional sind sie durch das Gaslighting ausgebrannt. Wir haben vermutlich alle mindestens eine Freundin, die über nichts anderes reden kann als ihren durchgeknallten Chef, ihre nervige Mutter oder ihren gefühllosen Freund. Wenn sie in Phase 2 feststeckt, kann sie diese Gespräche immer und immer wieder führen. Selbst wenn all ihre anderen Beziehungen großartig sind, wirkt das Gaslighting doch wie ein stetes Gift.

Manchmal alterniert eine Beziehung – insbesondere in Phase 2. Die Partner wechseln sich in der Rolle des Gaslighters ab oder tauschen die Rollen ganz. Dann hat der eine vielleicht die »Erlaubnis«, den Partner im emotionalen Bereich unter Druck zu setzen. Er legt dann beispielsweise fest, was der Partner »wirklich meint«, wenn er etwas sagt oder tut, was Ersterem nicht passt. Der andere darf dafür vielleicht über das soziale Verhalten bestimmen und Ersterem vorwerfen, er rede zu viel auf Partys oder berühre die Gäste unangenehm mit seinen politischen Ansichten. Beide versuchen ständig, recht zu behalten oder die Zustimmung des jeweils anderen zu erlangen – aber in verschiedenen Bereichen.

Manchmal läuft eine Partnerschaft auch monate- oder jahrelang gut, bevor das Gaslighting einsetzt. Oder es kommt nur gelegentlich zum Gaslighting. Es mag auch die eine oder andere Krise geben, aber im Grunde ist die Beziehung stabil. Dann verliert der Mann seinen Job, der Freund lässt sich scheiden oder die Mutter leidet unter dem Älterwerden. Jetzt setzt das Gaslighting ernsthaft ein, denn jetzt fühlt der Gaslighter sich bedroht und verlegt sich aufs Gaslighting, um Einfluss auszuüben. Vielleicht fühlt man sich aber auch *selbst* bedroht, weshalb man sich plötzlich noch verzweifelter nach der Zustimmung des Gaslighters sehnt. Diese Verzweiflung gibt dem Gaslighter aber das Gefühl, machtlos zu sein. Also unterstreicht er seinen Machtanspruch, indem er Sie als sein Opfer zwingt einzusehen, dass er recht hat und Sie unrecht – mit was auch immer. Und so fängt das Gaslighting an.

Vielleicht haben Sie eine Freundin, die ihren Mann, ihr Kind oder eine andere Freundin jahrelang durch Gaslighting drangsaliert hat, nicht aber Sie. Da Sie nicht bemerkt haben, was in dieser anderen Zweierbeziehung vor sich ging, haben Sie womöglich Partei für Ihre Freundin ergriffen und sich ihr verbunden gefühlt, indem Sie ihr zustimmten. Dann verlässt der Ehemann sie, das Kind wächst heran, oder die andere Freundin wird der Sache überdrüssig. Und plötzlich hat Ihre Freundin kein anderes Opfer für das Gaslighting mehr als *Sie*. Da Sie es gewohnt sind, sich ihren Klagen anzuschließen, vergehen vielleicht Wochen oder sogar Monate, bevor Sie merken, dass dieses neue Verhalten Ihnen gar nicht gefällt.

Wenn das Gaslighting von jemandem ausgeht, dem man seit Jahren vertraut, höhlt einen das noch stärker aus als eine Beziehung, die von Anfang an unter diesen Vorzeichen steht. Wenn das Vertrauen eine solide Basis hat, ist es umso befremdlicher, wenn man plötzlich schlecht behandelt wird – und man wird noch anfälliger für Selbstkritik. Denn wie könnte der oder die andere das Problem sein? Es muss schon an einem selbst liegen.

In jedem Fall kann es beim Gaslighting ersten oder zweiten Grades bleiben. Oder man wechselt zwischen beiden hin und her – was schmerzlich genug ist. Erreicht das Gaslighting aber Phase 3, können die Folgen verheerend sein. An diesem Punkt erscheint alles hoffnungslos. Man ist unfähig, auch nur die kleinste Entscheidung zu treffen, und irrt orientierungslos umher. Man erinnert sich kaum noch, wer man vor Beginn des Gaslightings einmal war. Man weiß nur, dass irgendetwas ganz und gar nicht stimmt – vermutlich mit einem selbst. Wäre man nämlich ein *guter*, ein *fähiger* Mensch, würde man doch auch die Zustimmung des Gaslighters erlangen.

Nachdem ich Dutzende Frauen behandelt habe, die mit diesem Verhaltensmuster kämpfen, und es auch am eigenen Leib erfahren habe, kann ich bestätigen, dass der Gaslight-Effekt wahrlich selbstzerstörerisch ist. Der schlimmste Moment ist vielleicht der, wenn man erkennt, wie weit man sich entfernt hat von seinem *wahren* Selbst. Selbstbewusstsein, Selbstvertrauen, Perspektiven, Mut – alles dahin. Noch schlimmer: Man verliert seine Lebensfreude. Nur noch eines zählt, die Anerkennung durch den Gaslighter. Und in Phase 3 ahnt man allmählich, dass es die nie geben wird.

Die drei Typen des Gaslighters

Gaslighting hat viele Gesichter. Manchmal sieht es wie ein Missbrauch aus, manchmal aber auch, als sei der Partner ein guter Kerl oder sogar ein romantischer Lover. Deshalb hier ein paar Hinweise darauf, welche Formen das Gaslighting annehmen kann.

1. Der Glamour-Typ erschafft eine Welt nur für Sie

Stellen Sie sich vor, Ihr Freund hat Sie seit zwei Wochen nicht angerufen, obwohl Sie ihm mehrere Nachrichten hinterlassen haben. Dann taucht er auf, im Gepäck Ihre Lieblingsblumen, eine Flasche Champagner und eine Einladung zu einem Wochenende auf dem Land. Sie sind wütend und frustriert. Wo war er? Warum hat er sich nicht gemeldet? Er weigert sich zuzugeben, dass es nicht okay ist, so ganz ohne Erklärung wegzubleiben. Er will, dass Sie sich mit ihm auf das romantische Stelldichein freuen, das er organisiert hat. Wie alle Gaslighter verzerrt er die Wirklichkeit und verlangt, dass Sie mit dieser verzerrten Sichtweise einverstanden sind. Er tut so, als sei nichts Ungewöhnliches vorgefallen, als seien *Sie* unvernünftig, weil Sie sich so aufregen. Der Glamour und die Romantik verschleiern, wie gemein er sich verhält und wie bekümmert Sie waren.

So jemanden bezeichne ich als »Glamour-Gaslighter«. Manche Männer geben ständig diesen Typ Gaslighter. Andere, wie Katies Freund Brian, versuchen mit dieser Rolle nur gelegentlich zu punkten, zum Beispiel nach einem besonders aufwühlenden Streit. Diese glamouröse Form des Gaslightings ist auf jeden Fall sehr verwirrend – man *weiß*, dass etwas nicht stimmt, aber wer steht nicht auf Romantik? Und weil er nicht einsehen will, dass es ein Problem gibt, tun halt Sie so, als sei alles in Ordnung.

Wenn ich rückblickend an die Beziehung denke, die ich einmal mit einem Glamour-Gaslighter hatte, kommt es mir vor, als hätte er mich verzaubert, sodass ich eine verwunschene Welt betrat, in der mein Geliebter und ich das glücklichste Paar der Welt waren. Am Anfang einer Beziehung zeigt der Gaslighter sich häufig von seiner besten, charmantesten Seite. Eben jene Eigenschaften, die später Probleme bereiten, können ihm in diesem frühen Stadium helfen, einen guten Eindruck zu hinterlassen. Er zeigt deutlich, dass er einen für die bezauberndste Frau der Welt hält, die einzige, die ihn je verstanden hat, die Märchenprinzessin, die sein Leben auf wundersame Weise verändert. Im Gegenzug wird auch er Ihr Leben verändern, lässt er durchblicken, er wird Sie mit Beweisen seiner Zuneigung überschütten, Sie an traumhafte Orte entführen und Sie überwältigen – mit Geschenken, intimen Geständnissen oder sexueller Zuwendung in einer Intensität, die Sie vorher nie erlebt haben. Sie fühlen sich ihm nahe, wundervoll und besonders. Er leuchtet, und Sie leuchten mit ihm. Wer glaubt, dass es etwas Magisches hat, sich zu verlieben – und wer von uns glaubt das nicht manchmal? –, wird den Glamour-Gaslighter für den attraktivsten Mann der Welt halten. Denn diese Magie ist seine Spezialität.

Aber was stimmt nicht mit dieser Vorstellung?

Sicher hat es etwas Magisches, sich zu verlieben, und es liegt mir fern, Sie davon abzuhalten, Ihre neue Liebe zu genießen. Allerdings sind die Männer, die am besten darin sind, diese »Magie« zu entfalten, manchmal auch diejenigen, die sich vorrangig für die *Theorie* einer Beziehung interessieren. Sie haben viel Übung darin, den richtigen Rahmen für ihre romantischen Dramen zu schaffen – sie brauchen nur die richtige Hauptdarstellerin. Wenn die dann des Weges kommt, wird ihr nur noch das Skript überreicht, und schon geht es los mit der Inszenierung. Das kann eine Zeit lang ganz schön aufregend sein – die schicken Restaurants, die romantischen Gesten, die intimen Momente, der Sex. Diese Art Mann gefällt sich in der Rolle des Hauptdarstellers.

Selbst in dieser frühen, glamourösen Phase gibt es manchmal erste Anzeichen für Probleme. Die lassen Sie lieber außer Acht, weil ja alles andere so toll ist. Als Katie und Brian frisch zusammen waren, war Katie ganz begeistert von Brians romantischen Gesten – er schenkte ihr Blumen oder massierte sie liebevoll. Gleichzeitig störte es sie, dass er ihr regelmäßig vorwarf, so kokett oder naiv zu sein. Weil sie die romantische Seite aber so genoss, redete sie sich ein, die Anschuldigungen seien nicht so ernst gemeint. Die würden verschwinden, sobald Brian sie besser kannte. Vielleicht hatte sie ihn ja auch falsch verstanden.

In anderen Beziehungen dieser Art ist vielleicht tatsächlich alles perfekt, bis die erste Unstimmigkeit auftritt – er wirft ihr zum ersten Mal etwas vor, das sie nicht getan hat, und erwartet ihre Zustimmung. Die Romantik mag noch Wochen oder sogar Monate überwiegen, bevor er wieder mit einer Anschuldigung kommt oder *ihr* vorwirft, sich darüber aufzuregen, dass er zwei Wochen abgetaucht ist und sich nicht gemeldet hat. Inzwischen genießt man aber die Romantik so sehr, dass man an der Beziehung festhält, obwohl einem das schlechte

Benehmen oder das Gaslighting nicht gefallen. Man hofft verzweifelt, die Romantik zurückzubekommen.

Als ich einer Patientin zuhörte, die ihr wachsendes Unwohlsein angesichts ihrer Beziehung zu einem solchen Glamour-Gaslighter beschrieb, sah ich eine dieser Schneekugeln vor mir, die eine zerbrechliche Szenerie umschließen. Die Landschaft ist so schön – bis die Kugel zerbricht. Dann ist die ganze kleine Welt zerstört, und es gibt keine Möglichkeit, sie wieder zusammenzusetzen.

Insbesondere in Phase 1 ist es oft so, dass sich das Gaslighting mit zärtlichen Perioden abwechselt. Deshalb kann man das Problem noch nicht wirklich erkennen. Vielleicht hassen Sie das Gaslighting auch, nehmen es aber in Kauf, weil Sie ja dafür Nähe und menschliche Wärme kriegen. Wenn man wie Katie längere Zeit allein war oder zusammen mit dem Gaslighter Kinder hat, fürchtet man sich vielleicht vor dem Gedanken an eine Trennung – auch wenn die Beziehung schlecht läuft. Diese Dynamik macht die guten Momente natürlich umso kostbarer. »Siehst du«, sagte Katie sich jedes Mal, wenn ihr zunehmend schlecht gelaunter Freund ihr Rosen schenkte, sie massierte oder ihr einen Flakon ihres Lieblingsparfums mitbrachte. »Er liebt mich wirklich. Sicher wird alles andere auch besser.«

Mittlerweile ist Katies Selbstwahrnehmung aber ziemlich ausgehöhlt. Allmählich sieht sie sich mit den Augen ihres Freundes – übereifrig, ständig am Flirten, lächerlich – und verzichtet zunehmend auf ihre so freundliche Art.

Manchmal folgen die schönen Momente direkt im Anschluss an die schlechten. Ein Gaslighter kann Ihnen stundenlang Vorwürfe wegen Ihres falschen Verhaltens machen. Kurz bevor Sie in Tränen ausbrechen, entschuldigt er sich dann überschwänglich. »Bitte verzeih mir – du weißt doch, wie ich manchmal bin«, sagt er dann vielleicht. »Ich kann nur den Gedanken nicht ertragen, dich zu verlieren.« Um die frühere Vertraulichkeit wiederherzustellen, setzt er auf Geschenke, Sex oder andere Aufmerksamkeiten – und Sie reagieren darauf haltlos erleichtert. Das ist nicht falsch – er *ist* ja toll! Und je aufwühlender das bösartige Verhalten ist, desto willkommener sind die schönen Momente, die anscheinend alles wettmachen und den Zauber der Anfangszeit wiederherstellen. Manche Frauen hoffen Monate, Jahre oder das ganze Leben auf diese Rückkehr in die Vergangenheit.

Glamour und Romantik können auf vielerlei Art eine Rolle in Beziehungen spielen, und nicht immer muss das schlecht sein. Wenn aber Ihr Partner die Romantik nutzt, um Sie von Ihren Gefühlen abzulenken – wenn er Ihnen Blumen schenkt, damit Sie sein Zuspätkommen nicht beanstanden, wenn er Sie vor seinen Freunden beschimpft und sofort ein extravagantes Kompliment hinterherschickt, das Ihnen den Atem raubt und Sie an der Richtigkeit Ihrer eigenen Wahrnehmung zweifeln lässt – dann haben Sie es mit einem Glamour-Gaslighter zu tun.

Ist Ihr Partner ein Glamour-Gaslighter? Sehen Sie selbst, ob Ihnen die Punkte auf der Checkliste bekannt vorkommen.

SIND SIE AN EINEN GLAMOUR-GASLIGHTER GERATEN?

Einige Punkte auf dieser Liste sind negativ, viele jedoch neutral oder positiv. Hegen Sie aber den Verdacht, Ihr Partner könne Sie mit seinen Aktionen von Ihren Zweifeln ablenken wollen, dann können auch die positiven Punkte ein Hinweis auf Gaslighting sein.

- Kommt es Ihnen oft so vor, als lebten Sie beide in Ihrer eigenen kleinen Welt?
- Würden Sie von Ihrem Partner sagen, er sei «der romantischste Mann, den es je gab«?
- Folgen auf Ihre Auseinandersetzungen üblicherweise Momente großer Nähe oder romantische Gesten, also tolle Geschenke, mehr Intimität, besserer Sex?
- Ist man in Ihrem Freundeskreis beeindruckt davon, wie romantisch Ihr Partner ist?
- Finden Ihre Bekannten diese Romantik komisch?
- Passt Ihr Eindruck von Ihrem Partner nicht zu dem Eindruck, den Ihre Bekannten von ihm haben?
- Verhält er sich privat ganz anders als in der Öffentlichkeit?
- Gehört er zu der Sorte Mann, der einfach jeden Anwesenden umgarnen muss?
- Haben Sie manchmal den Eindruck, dass er über ein ganzes Repertoire an romantischen Ideen verfügt, die nicht unbedingt zu Ihrer Laune, Ihrem Geschmack oder Ihrer gemeinsamen Geschichte passen?
- Besteht er auch auf die Romantik – in sexueller oder anderer Hinsicht wenn Sie nicht in Stimmung sind?
- Sehen Sie eine auffällige Diskrepanz zwischen den Anfangstagen der Beziehung und dem jetzigen Zustand?

PS: Nicht nur Partner mit Hang zur Romantik können Glamour-Gaslighter sein. Viele Chefs, Kollegen oder auch Freunde und Verwandte können uns in eine Traumwelt entführen. Der Preis dafür ist das Gaslighting, was wir aber lieber ignorieren. Handelt es sich beim Gaslighter um einen Mann, und bei Ihnen um eine Frau, setzt er vielleicht in jeder Situation seine sexuelle Ausstrahlung ein, auch wenn sich eine intime Beziehung nie und nimmer ergeben wird. Mit anderen Worten: Hier besteht das Gaslighting in seinem Beharren darauf, dass Sie so tun müssen, als stünden Sie beide am Beginn einer romantischen Beziehung. Dabei *wissen* Sie bereits, dass diese Beziehung nicht wirklich romantisch ist.

Haben Sie eine Freundin, die zum Typ Glamour-Gaslighter gehört? Dann heißt es vielleicht, Sie beide gegen die ganze Welt. Oder sie kommt mit dem Versprechen »ewiger Freundschaft«. Oder sie schmeichelt Ihnen mit der Behauptung, Sie beide seien etwas ganz besonderes: So werden Sie geködert, um sich mit dem Gaslighting abzufinden. Und wenn Sie dann einmal den üblichen Sonntagsbrunch wegen eines Notfalls in der Familie absagen, wirft sie Ihnen vor, sie absichtlich zu hintergehen und die Freundschaft nicht zu respektieren. Wenn auch Sie das Ideal der »ewigen Freundschaft« hochhalten, dann können ihre Versuche Sie überzeugen. Sie *dachten*, Sie würden sich einer anderen Sache widmen, aber vielleicht haben Sie sie ja *tatsächlich* hintergangen.

Verwandte, die in das Schema des Glamour-Gaslighters passen, verklären möglicherweise die Familie. Man ermuntert Sie, sich als Teil eines besonderen Clans zu fühlen. Gleichzeitig wollen diese Verwandten Sie dazu bringen, sich ihren verqueren Ansichten über Sie anzuschließen. Vielleicht bekommen Sie Aussagen wie die folgenden zu hören: »Musst du immer so einen Wirbel machen!« oder »Ich verstehe nicht, warum du nicht kreativ bist, so wie deine Schwester«. Statt stillschweigend darüber hinwegzugehen oder den Spieß umzudrehen, glauben Sie alles, weil Sie unbedingt zur Familie gehören wollen. Und Ihre Zustimmung scheint der Preis für diese Zugehörigkeit zu sein. Oder Sie sollen sich mit einem Geschwisterteil, Elternteil oder anderem Verwandten gegen den Rest der Familie verbünden, als würden Sie beide eine eigene Welt teilen, die sonst niemand versteht. Auch damit will man Sie ködern. Und wenn der Glamour-Gaslighter dann darauf besteht, dass Sie sich seiner Meinung anschließen, dann lenken Sie ein. »Du bist so ein Schussel«, sagt da die Mutter, Schwester oder Lieblingscousine. Sie teilen diese Einschätzung nicht, sind genau genommen sogar beleidigt. Aber dieses Wirgefühl behagt Ihnen. Also halten Sie sich auch für ein *bisschen* schusselig, weil dann das Band bestehen bleibt.

Man sieht, dass in allen Beispielen das Gaslighting nach der gleichen Masche abläuft: Jemand anderes besteht darauf, dass Sie sich einer Ansicht anschließen, von der Sie wissen, dass sie nicht wahr ist. Was tun Sie? Sie versuchen, sich vom Gegenteil zu überzeugen, um die Anerkennung Ihres Gegenübers zu erlangen. Sie wollen die Beziehung erhalten, weil es sich gut anfühlt. Sie sind etwas Besonderes, Sie werden geliebt, Sie sind tüchtig. Ihr Verlangen nach Anerkennung von außen lässt Sie in dieser Abhängigkeit ausharren.

2. Der Good-Guy-Gaslighter: Was stimmt bloß nicht?

Meine Patientin Sondra war durcheinander. Sondra war Mitte 30, eine rothaarige Frau mit auffallend grünen Augen. Auf den ersten Blick schien sie die perfekte Ehe und das perfekte Leben zu führen. Sie und ihr »perfekter Ehemann« hatten drei hübsche Kinder. Sie liebte ihren Job als Sozialarbeiterin. Sie war umgeben von Freunden und Kollegen. Obwohl sie und Peter – ebenfalls ein Sozialarbeiter – wie alle berufstätigen Eltern viel um die Ohren hatten, war Sondra immer stolz darauf gewesen, dass sie alles gemeinsam machten, auch den Haushalt und die Kinder.

Aber Sondra war zunehmend unzufrieden – und das ohne ersichtlichen Grund, wie sie mir versicherte. Ihren Gefühlszustand beschrieb sie als »erstarrt«. In den letzten drei Jahren war sie sich immer »kälter und kälter« vorgekommen, als ob nichts mehr wirklich zähle. Auf meine Frage, wann sie das letzte Mal so richtig fröhlich gewesen sei, blickte sie bekümmert drein. Der Ausdruck wich schnell der üblichen, maskenhaften Ruhe. »Ich kann mich wirklich nicht erinnern«, sagte sie mir. »Ist das ein schlechtes Zeichen?«

Im Lauf unserer Gespräche begann Sondra, etwas anders über ihren Mann zu sprechen. Ich bekam mit, dass er sich ihr und den Kindern gegenüber oft nett verhielt. Und in mancherlei Hinsicht konnte man sagen, dass Sondra ihren Willen bekommen hatte. Aber ich erkannte auch, dass Peter aufbrausend war und dass seine Familie sich alle Mühe gab, ihn möglichst nicht zu provozieren. Obwohl Sondra bereit war, ihm Paroli zu bieten, wusste sie nie, wann es zum Streit kommen würde und wann nicht. Aufgrund dieser ständigen Wachsamkeit war sie ausgelaugt, auch wenn Peter einmal nicht austickte. Obwohl sie darauf beharrte, eine gute Ehe zu führen, schienen die Konfrontationen mit Peter sie zu erschöpfen und zu bedrücken.

»Mal angenommen, ich muss abends zu einem Treffen mit Kollegen«, erzählte sie mir. »Peter hat am gleichen Abend ebenfalls einen beruflichen Termin. Und wir haben einfach niemanden für die Kinder. Dann geht es stundenlang hin und her, wessen Treffen wichtiger ist. Und irgendwann fühle ich mich dann nur noch ausgelaugt. Peter sagt dann immer so Sachen wie: ›Bist du sicher, dass du da hinmusst? Du zerbrichst dir doch immer den Kopf wegen irgendwelcher Kleinigkeiten.‹ Oder: ›Denk doch mal an das Treffen neulich. Da dachtest du auch, du musst hin. Musstest du aber gar nicht. Bist du sicher, dass das hier nicht auch so ein Fall ist?‹ Am Ende ›gewinne‹ ich vielleicht sogar und darf gehen. Dann sieht Peter mich an, nach dem Motto: ›Na, zufrieden? Du hast schließlich gewonnen!‹ Aber ich bin dann nie zufrieden. Nur erschöpft.«

Sondra, schien es mir, hatte es mit einem Gaslighter vom Typ »Good Guy« zu tun. Dieser Typ will unbedingt vernünftig und »gut« wirken, ist aber trotzdem zwanghaft darauf angewiesen, seinen Kopf durchzusetzen. Mein alter Freund und Kollege, der Psychotherapeut Lester Lenoff, hat dafür den treffenden Ausdruck »vorgetäuschte Übereinstimmung« geprägt. Nach außen wirkt etwas wie Zustimmung, aber dahinter verbirgt sich Geringschätzung. Es *schien*, als respektiere Peter Sondra. Aber die ganze Zeit deutete er an, sie wisse vielleicht gar nicht, wovon sie spreche, oder sie mache sich vielleicht einfach zu viele Gedanken. Im Grunde spürte Sondra diesen Mangel an Respekt und Achtung in der Diskussion – und deshalb war sie auch frustriert, ob sie sich nun durchsetzte oder nicht.

Haben Sie es mit einem Typ dieses Kalibers zu tun, wird Sie das oft verwirren. Irgendwie spüren Sie vielleicht, dass Sie abgespeist oder übergangen werden – dass Ihre Wünsche und Bedürfnisse nie wirklich eine Rolle spielen. Aber man kann nie genau benennen, was hier nicht stimmt. Wer hatte nicht schon mit Menschen zu tun, bei denen sich etwas einfach »falsch« anfühlte. Auch wenn wir nicht genau sagen konnten, was. Der Chef, der uns anscheinend eine positive Beurteilung gibt. Trotzdem sind wir völlig verunsichert. Die Freundin, die schon so viel für uns getan hat – aber irgendwie findet man einfach nicht die Zeit, sie zu treffen. Der Partner, den wir »eigentlich« anhimmeln müssten und der theoretisch so toll ist – und doch stört uns etwas an ihm. Die Verwandte, die eine wahre Heilige ist – und doch verlassen wir ihr Haus immer schlecht gelaunt und deprimiert.

Oft sind diese verwirrenden Erfahrungen ein Hinweis auf Gaslighting: Ihr Wirklichkeitssinn wird untergraben oder geleugnet. Dahinter steht ein Gaslighter, der zwanghaft recht haben muss. Aus solch einem Gespräch nehmen Sie keinen positiven Impuls mit, sondern den unterschwelligen Vorwurf »Ich hab recht und du nicht!«. Und dann geben Sie mal wieder nach, ohne genau zu wissen, warum. Oder Sie bekommen, was Sie wollen, sind aber nicht zufrieden. Sie sind sich zwar nicht sicher, worüber Sie sich beschweren sollten, merken aber, dass etwas nicht stimmt. Wie Sondra fühlen Sie sich erstarrt, ohnmächtig und unglücklich. Und das »Warum« nicht zu kennen deprimiert Sie noch mehr.

Die Erklärung ist ganz einfach. Der Gaslighter ist vollauf damit beschäftigt, seine rechthaberische Sicht zu verteidigen. Er *muss* hier und da nett sein. Aber nicht, weil er Sie *mag*. Er versucht nur verzweifelt, sich zu beweisen, was für ein guter Kerl er ist – ein »Good Guy«. Deshalb fühlen Sie sich einsam, ohne zu wissen, warum. Aber Sie wollen unbedingt eine gute Meinung von ihm haben, und er soll eine gute Meinung von Ihnen haben. Also ignorieren Sie Ihren Frust. Vielleicht machen Sie es sogar wie Sondra: Wer »erstarrt« ist, fühlt nichts.

SIND SIE AN EINEN GOOD-GUY-GASLIGHTER GERATEN?

- Arbeitet er zielstrebig daran, Ihnen und anderen gefällig zu sein?
- Bietet er Hilfe, Unterstützung oder Kompromisse an, die bei Ihnen irgendwie Frust oder eine vage Unzufriedenheit auslösen?

- Ist er bereit, mit Ihnen Absprachen zu Haushalt, Freizeit und Arbeit zu treffen, und doch haben Sie das Gefühl, nie wirklich »gehört« zu werden (obwohl Sie vermutlich bekommen haben, worum Sie baten?).
- Haben Sie das Gefühl, nie ganz das zu bekommen, was Sie wollen, ohne genau benennen zu können, worüber Sie sich eigentlich beschweren müssten?
- Würden Sie Ihre Partnerschaft als richtig gut beschreiben und sich doch im Allgemeinen irgendwie matt, teilnahmslos oder entmutigt finden?
- Fragt er Sie, wie Ihr Tag war, hört Ihnen aufmerksam zu und klingt mitfühlend, und Sie fühlen sich nach den meisten dieser Gespräche trotzdem vage schlechter als vorher?

3. Der »Tyrannisator«: Zuständig für Schikanen, Schuldgefühle und Liebesentzug

Verbirgt sich das Gaslighting hinter viel Glamour oder vorgetäuschter Gutmütigkeit, ist es oft schwer zu erkennen. Denn ein Großteil des zugehörigen Verhaltens wäre unter anderen Umständen ja sehr willkommen. Eine andere Art des Gaslightings ist jedoch eindeutig problematisch: Brüllen, Sticheleien, Ausgrenzung, Mobbing und jede Art von Bestrafung und/oder Einschüchterung. Es mag alle möglichen Gründe geben, ein solch unerfreuliches Verhalten hinzunehmen – Sie halten diesen Mann für Ihren Seelenverwandten, Sie denken, er sei Ihren Kindern ein guter Vater, Sie glauben, seine Kritik an Ihnen sei berechtigt. Aber eigentlich wissen Sie auch, dass Sie so nicht behandelt werden wollen.

Manchmal alterniert dieses problematische Verhalten mit der Glamour-Version oder dem Good Guy. Oder aber es ist so dominant, dass man diese Art Gaslighter als »Tyrannisator« bezeichnen kann. Melanies Mann Jordan ist zum Beispiel ein klassischer Vertreter dieses Typs. Als Melanie den Wildlachs für das Abendessen nicht finden konnte, schrie er sie an und drangsalierte sie mit zahllosen Fragen, auf die sie keine Antwort hatte. Dann sprach er stundenlang kein Wort mit ihr. So reagierte er immer, wenn ihm etwas an ihr nicht gefiel, und inzwischen zermürbten diese Attacken Melanie. Sie versuchte schon lange nicht mehr, sich zu rechtfertigen, wohl aber, seine Liebe zu gewinnen. Sie dachte immer noch, dass Jordans Anerkennung beweisen würde, was für eine starke, kluge, kompetente Frau sie doch war. Diese Frau verdiente ein gutes und schönes Leben. Jordans Zurückweisung dagegen war der ultimative Beweis, dass sie wertlos war.

Haben auch Sie es mit einem Gaslighter vom Typ Tyrannisator zu tun? Sehen Sie selbst, ob Ihnen folgende Situationen bekannt vorkommen.

SIND SIE AN EINEN TYRANNISATOR GERATEN?

- Demütigt er Sie oder behandelt Sie verächtlich, sowohl vor anderen als auch unter vier Augen?
- Nutzt er Schweigen als Waffe, um sich durchzusetzen oder Sie zu bestrafen, wenn ihm etwas missfällt?
- Kriegt er regelmäßig oder gelegentlich Wutanfälle?
- Haben Sie in seiner Gegenwart oder bei dem Gedanken an ihn Angst?

- Haben Sie das Gefühl, er verhöhnt Sie, entweder offen oder mit einem nachgeschobenen »war nur Spaß« oder »kleiner Scherz«?
- Droht er offen damit, Sie zu verlassen, wenn ihm etwas an Ihnen missfällt? Oder deutet er an, dass er Sie verlassen könnte?
- Weckt er regelmäßig oder gelegentlich Ihre schlimmsten Ängste in Bezug auf sich selbst? Nach dem Motto »Jetzt geht das wieder los – dass du immer so fordernd sein musst!« oder »Siehst du – du bist genau wie deine Mutter!«.

An einen Tyrannisator zu geraten kann, gelinde gesagt, eine Herausforderung sein. Damit Ihre Partnerschaft besser wird, müssen Sie beide an zweierlei arbeiten: dem Gaslighting und den Einschüchterungen, die auch ohne das Gaslighting unerfreulich genug sind. Der Tyrannisator müsste seine Einstellung zu Beziehungen ändern – und Sie müssten an Ihrer Fähigkeit arbeiten, seinen Drohungen zu widerstehen. Denn es geht darum, nicht immer gleich nachzugeben, um dem Unerfreulichen aus dem Weg zu gehen.

Gaslighting: Die neue Epidemie

Warum ist das Gaslighting so weitverbreitet? Warum stecken so viele kluge, starke Frauen in lähmenden Beziehungen fest, im Vergleich zu denen Ehen aus Fernsehserien der Fünfziger geradezu fortschrittlich wirken? Warum kämpfen so viele Männer und Frauen damit, sich von eindeutig manipulativen und oft auch grausamen Arbeitgebern, Familienmitgliedern, Ehepartnern und Freundschaften zu lösen? Warum ist es so schwer geworden, die Wahrheit über diese Beziehungen zu erkennen?

Ich glaube, es gibt drei Hauptgründe für grassierendes Gaslighting. Es handelt sich um eine Reihe wichtiger Erkenntnisse, die unsere Kultur betreffen und über unsere persönlichen Gründe hinausreichen, aus denen wir in Gaslighting-Beziehungen ausharren.

Der tief greifende Wandel in der Rolle der Frau – und die Gegenreaktion darauf

Beim Betrachten der Beziehungen zwischen Männern und Frauen – sowohl romantischer als auch beruflicher Natur – darf man nicht vergessen, dass sich die Rolle der Frau rasch und unversehens gewandelt hat. Das letzte Mal hat sich die Rolle der Frau drastisch im Zweiten Weltkrieg verändert, als viele Frauen plötzlich zu Arbeitskräften wurden, um die Stellen der Männer zu besetzen, die zum Kriegsdienst eingezogen wurden. Die Antwort Hollywoods auf die neue wirtschaftliche Macht der Frauen bestand in der Produktion diverser »Gaslight«-Filme, zu denen eben auch der Film mit diesem Originaltitel zählt, mit Ingrid Bergman und Charles Boyer in den Hauptrollen. Da schaffen es dann kraftstrotzende Charmebolzen, starken, aber verletzlichen Frauen die eigene Perspektive auszureden. Diese Art Beziehung schien die abrupten Veränderungen in den Erwartungen und Erfahrungen beider Geschlechter widerzuspiegeln. In den Vierzigern genauso wie heute hatten Frauen plötzlich privat und beruflich eine neue Unabhängigkeit – ein Rollenwandel, den sie genau wie die Männer bedrohlich finden mochten. Trotz der neuen Freiheit zu arbeiten, ins Büro zu gehen und ganz allgemein am öffentlichen Leben teilzuhaben, wünschten viele Frauen sich bis zu einem gewissen Punkt eine traditionelle Partnerschaft – einen starken Mann, der ihnen Halt und Orientierung bot. Und viele Männer fühlten sich latent bedroht von den neuen Forderungen der Frauen nach Gleichberechtigung in Partnerschaft und Beruf.

Darauf reagierten manche Männer meiner Meinung nach mit dem Versuch, eben die starken, klugen Frauen zu kontrollieren, zu denen sie sich hingezogen fühlten. Und manche Frauen reagierten mit einer gezielten »Umprogrammierung« ihrer selbst. Sie suchten die starke Schulter nicht nur in emotionaler Hinsicht, sondern auch als Hilfe zur Selbstwahrnehmung – »wo ist mein Platz auf dieser Welt?« So entstand eine komplette Generation Gaslighter auf der einen, Gaslighting-Opfer auf der anderen Seite.

Paradoxerweise hat auch die Frauenbewegung, die mehr Freiheiten brachte, den Druck auf viele von uns erhöht, stark, erfolgreich und unabhängig zu sein – die Art Frau also, die theoretisch gegen jede Form des Missbrauchs immun ist. Weshalb sich Frauen doppelt schämen, wenn ihre Beziehung von Gaslighting oder anderen Formen emotionalen Missbrauchs betroffen ist: zum einen, weil sie eine schlechte Beziehung führen, zum anderen, weil sie ihre selbst gesteckten Ziele wie Stärke und Unabhängigkeit nicht erreichen. Welche Ironie: Da sind eben die Ideen, die sie als Frau unterstützen sollten, für viele Frauen der Grund, nicht um Hilfe zu bitten.

Individualismus nimmt zu – und führt zu mehr Isolation

Traditionelle Gesellschaften mochten nicht viele Möglichkeiten der persönlichen Entfaltung bieten, aber sie versorgten die meisten Menschen mit einem dichten Beziehungsgeflecht.

Ich will nicht behaupten, dass Frauen in ihrer Ehe nicht auch isoliert sein konnten. Aber sie hatten tendenziell Zugang zu weitverzweigten Familienkreisen. Und zu sozialen Ritualen, die sie zu einem Teil des großen Ganzen machten. Selbst noch in der modernen Industriegesellschaft hatten sowohl Männer als auch Frauen viel mehr Zugang zu sozialen Netzwerken – Verbände, Vereine, Kirchen, Volksgruppen. Das war noch vor wenigen Jahrzehnten so. Bis zu einem bestimmten Punkt waren Menschen Teil einer größeren Gemeinschaft, in der jeder Einzelne – sogar der Ehepartner oder Arbeitgeber – in einem übergeordneten Zusammenhang gesehen werden konnte.

Bei dem jetzigen hohen Grad an Mobilität und dem Konsumdenken in der Gesellschaft neigen wir dazu, uns sozial zu isolieren. Wir verbringen viele Stunden in der Arbeit, oft mit wechselnden Kollegen, und unsere Freizeit verbringen wir in der Regel zurückgezogen – mit dem Partner oder einigen wenigen Freunden statt in der Kirchengemeinde, im Verein oder beim Gemeindetreff. In diesem Kontext kann ein Einzelner enormen Einfluss ausüben, denn wir sind abgeschnitten von Informationsquellen und Orientierungshilfen. Da wird der Partner zur anscheinend einzigen Quelle der Zuwendung, der Arbeitgeber scheint fast unbegrenzte Macht über den Zugang zu Wertschätzung zu haben, die Freundin ist vielleicht einer der wenigen Sozialkontakte in einem geschäftigen und isolierten Dasein. Also konzentriert sich unser Bedürfnis nach Anerkennung auf diese Beziehungen. Sie sollen vervollständigen oder definieren, wer oder was wir sind. In traditionellen Gesellschaften hätten wir eine ganze Bandbreite an sozialen Kontakten, die uns helfen würden, uns stabil und verwurzelt zu fühlen. Heutzutage haben wir oft nur einen Menschen – Partner, Freundin oder Familienmitglied – zur Verfügung, wenn wir nach so tiefem Verständnis und Einblick suchen, wie sie eigentlich keine einzelne Beziehung bieten kann. Wir hungern nach der Bestätigung, dass wir gute, tüchtige, liebenswerte Menschen sind, leben aber in wachsender Isolation. Das macht uns überaus anfällig für Gaslighting.

Die Kultur des Gaslightings

Im aktuellen gesellschaftlichen Klima kann sich Gaslighting bestens ausbreiten. Die Menschen sind verunsichert. Wir alle werden ständig mit einer Flut an Nachrichten und Informationen bombardiert. Dass sie nicht korrekt sein könnten, ist uns nur zu bewusst. Es könnte sich jederzeit um »Fake News« oder »alternative Fakten« handeln. In einem solchen Klima ist man schnell verunsichert. Was soll man noch glauben? Deshalb ist jeder ein potenzielles Gaslighting-Opfer.

Ein Zwischenfall vom März 2016 zeigt, welch große Macht Gaslighting haben kann – und wie verbreitet es in unserer Kultur ist. Dem Wahlkampfmanager des damaligen Präsidentschaftskandidaten Donald Trump, Corey Lewandowski, wurde vorgeworfen, die Reporterin Michelle Fields vom Nachrichtenportal *Breitbart* am Arm gezerrt zu haben, als sie sich Trump näherte, um ihm eine Frage zu stellen. Der Zwischenfall wurde von Ben Terris bezeugt, einem Reporter der *Washington Post*. Später veröffentlichte die örtliche Polizei ein Video, das seine Aussage bestätigte. Daraufhin wurde Lewandowski wegen Körperverletzung angeklagt. Terris berichtete von dem Zwischenfall, doch die Geschichte sickerte auf Twitter durch, bevor sein Bericht veröffentlicht wurde. Trumps Wahlkampfteam beharrte hartnäckig darauf, dass der Zwischenfall nicht stattgefunden habe, dass die Reporterin »Wahnvorstellungen« habe und dass ein anderes Video die Geschichte widerlege.

Das war klassisches Gaslighting: Sowohl Fields, die angegriffen worden war, als auch Terris, der den Angriff aus nächster Nähe miterlebt und Fields im Anschluss beigestanden hatte, begannen, an ihrer eigenen Wahrnehmung zu zweifeln.

»Als ich letzte Woche mit Michelle Fields sprach«, schrieb Terris im November 2016, »sagte sie mir, dass sie damals sogar selbst angefangen habe, ihre Darstellung infrage zu stellen, trotz der blauen Flecken, die sie davongetragen hatte.« Terris gestand, dass auch er allmählich daran zweifelte, was er gesehen hatte. Sein Bericht über den Vorfall und dessen Nachspiel, veröffentlicht in der *Washington Post*, trug die Überschrift »Trumps Wahlkampagne führt Krieg gegen die Realität und lässt mich an meiner Wahrnehmung zweifeln«. Im Untertitel heißt es weiter: »Wie ein Vorfall im März zu monatelangem Gaslighting führte.«

Es ist schwierig genug, dem Gaslighting zu widerstehen, wenn es im Privatleben oder in der Beziehung stattfindet. Aber in diesem Fall hatten sich zahlreiche Politiker und einige Journalisten verbündet, um uns alle davon zu überzeugen, dass ein bestimmter Vorfall nie stattgefunden habe – trotz der Aussagen verlässlicher Augenzeugen und des Videos. Ihre Überzeugungskraft war so groß, dass selbst diejenigen, die den Zwischenfall selbst gesehen hatten, an ihrer eigenen Wahrnehmung zu zweifeln begannen – Gaslighting in Reinkultur als erschreckender Machtfaktor und Teil unserer Kultur.

Der Rückgriff auf Gaslighting zum Zweck der Politik ist verstörend genug. Doch das Problem reicht tiefer – es berührt selbst Aspekte unseres Lebens, die sehr persönlich zu sein scheinen. In Wahrheit werden sie aber zutiefst von einer Kultur beeinflusst, die uns ermutigt, an Vorstellungen zu glauben, die offensichtlich falsch sind.

So besteht die Werbung darauf, dass kein Mann eine Frau lieben könne, die nicht Größe 34 trägt und schön geschminkt ist. Aber ich weiß aus Erfahrung und durch Beobachtungen, dass dem nicht so ist. In der Schule wird meinen Kindern erzählt, dass Lernen um des Lernens willen gut sei. Aber man erinnert sie auch ständig daran, dass sie nicht auf das College ihrer Wahl können, wenn sie nicht die erforderlichen Noten haben. Politiker nennen uns einen Grund für ihr Vorgehen, ändern auf halbem Weg den Kurs und nennen uns einen anderen. Nie würden sie zugeben, dass die neue »Parteilinie« nicht die alte ist.

Das meine ich, wenn ich von einer Kultur des Gaslightings spreche. Statt ermutigt zu werden, die eigene Wirklichkeit zu entdecken oder zu erschaffen, bombardiert man uns mit dem zigfach neu formulierten Anspruch, unsere eigenen Erkenntnisse zu ignorieren und lieber das als unsere Meinung zu akzeptieren, was an Bedürfnissen oder Ansichten gerade angesagt ist.

Einen neuen Weg finden

Zum Glück gibt es einen Ausweg aus dem Problem des Gaslightings. Um sich aus diesem lähmenden Zustand zu befreien, gibt es eine einfache Lösung – die aber nicht einfach umzusetzen ist. Man muss erkennen, dass man bereits ein guter, tüchtiger und liebenswerter Mensch ist und gar keinen Partner braucht, der für Anerkennung sorgt. Das ist natürlich leichter gesagt, als getan. Aber wer erkennt, dass man die eigene Selbstwahrnehmung ganz allein definiert – dass man es als Mensch wert ist, geliebt zu werden, und zwar unabhängig von der Meinung eines Gaslighters –, der hat den ersten Schritt in Richtung Freiheit getan.

Hat man einmal erkannt, dass die Selbstwahrnehmung überhaupt nicht vom Gaslighter abhängt, ist man bereit, auf das Ende des Gaslightings zu bestehen. Und wer weiß, dass jeder ein Anrecht auf Liebe und ein gutes Leben hat, der kann auch Stellung beziehen: Entweder behandelt der Gaslighter einen korrekt, oder man geht. Statt Ausflüchte zu machen, sollte man der Wirklichkeit ins Gesicht sehen und sich weigern, der unerbittlichen Kritik des Gaslighters nachzugeben, seinem Verlangen nach Perfektion und seinen Manipulationen.

Das klingt jetzt vielleicht ein bisschen abschreckend, aber keine Angst. Ich werde Sie Schritt für Schritt durch das Prozedere leiten und Ihnen zeigen, wie man dem Gaslighting ein Ende setzt. Sind Sie einmal *bereit*, Ihre Beziehung zu beenden, können Sie in Ruhe entscheiden, ob Sie es auch *wollen*.

Bei Melanie hat es funktioniert. Nach und nach hat sie gelernt, in sich die kluge, freundliche und kompetente Frau zu sehen, die sie wirklich ist. Sie lernte, die verheerenden Auseinandersetzungen zu umgehen, bei denen es für sie nichts zu holen gab. Und sie lernte, die nörgelnde, kritische und verächtliche Stimme Ihres Mannes auszuschalten, sobald sie sie im Geiste hörte.

Als Melanie stärker wurde, begriff sie, wie sehr Jordan auf das Gaslighting fixiert war. Er musste einfach immer recht haben, auch auf Melanies Kosten. Nach einiger Zeit hörte sie auf, ihn zu verklären und Wert auf seine Anerkennung zu legen. Sie erkannte, dass sie viel zu wenig Liebe, Zuneigung und Kameradschaft von Jordan bekam, um eine Ehe lohnenswert zu machen. Sie verließ ihren Mann und ging schließlich eine neue, befriedigendere Beziehung ein.

Sie müssen nicht genauso entscheiden wie Melanie. Vielleicht stellen Sie fest, dass Sie anders mit dem Gaslighter umgehen können, sobald Sie nicht länger auf seine Zustimmung angewiesen sind. Und vielleicht ändert sich sein Verhalten ja im Gegensatz zu Jordans Verhalten auch. Wenn es sich bei dem Gaslighter in Ihrem Leben um ein Familienmitglied oder einen Arbeitgeber handelt, finden Sie vielleicht einen Weg, den Kontakt einzuschränken, ohne ihn ganz abzubrechen – Sie besuchen Ihre Mutter zum Beispiel nur, wenn Sie eine Freundin mitbringen können, oder Sie finden eine Möglichkeit, weniger eng mit dem beleidigenden Chef zu arbeiten. Oder Sie beschließen tatsächlich wie Melanie, dieser Beziehung ein für alle Mal ein Ende zu setzen.

Wie auch immer Ihre Entscheidung ausfällt, Sie haben genug Kraft, um sich von dem Gaslight-Effekt zu befreien. Der erste Schritt besteht darin, sich die eigene Rolle beim Gaslighting bewusst zu machen. Inwiefern führen Ihr Verhalten, Ihre Wünsche und Fantasien dazu, den Gaslighter zu verklären und von ihm anerkannt werden zu wollen? Schlagen wir also das zweite Kapitel auf und sehen uns den Gaslight-Tango genauer an.

Kapitel 2

DER GASLIGHT-TANGO

Trish war eine große, sportliche Frau Ende 20 mit langen blonden Haaren. Resolut und energiegeladen – und der geborene Streithahn, was sie selbst zugab. In der Highschool hatte sie dem Debattierklub angehört, im College hatte sie sich für die Studentenvertretung beworben, und weitergemacht hatte sie folgerichtig als erfolgreiche Prozessanwältin. Sie lebte vom Streiten, wie sie es nannte. Mit der Zeit aber waren die ständigen Auseinandersetzungen mit ihrem Mann zur Belastung für sie geworden. Sie suchte mich in der Hoffnung auf, ihr bei der Suche nach einem Ausweg zu helfen. Wie sollte sie mit ihrem zunehmend hitzköpfigen Mann Aaron fertigwerden? »Er denkt, er hat immer recht«, erklärte Trish mir kopfschüttelnd. Dieses Kopfschütteln kam immer, wenn sie anfing, ihren Mann zu kritisieren, wie ich bald erkannte. »Er merkt gar nicht, dass eigentlich immer *ich* recht habe!«

Bei diesen Worten lachte Trish. Ich sollte erkennen, dass sie scherzte. Ich spürte aber, dass in diesem Scherz mehr als nur ein Körnchen Wahrheit steckte. Trish legte großen Wert darauf, recht zu haben – und darauf, dass andere das auch merkten. Ein Motto wie »zwei Menschen, zwei Meinungen« oder »du hast recht, und ich hab meine Ruhe« war ihr völlig fremd.

Im Lauf weiterer Gespräche mit Trish erkannte ich, dass sie mit ziemlicher Gewissheit von Gaslighting betroffen war. Auch für ihren Mann, einen hoch angesehenen Anwalt wie sie selbst, war das Streiten eine Herzensangelegenheit. Bei jeder Meinungsverschiedenheit bombardierte er sie mit Fakten, um ihren Willen zu brechen. Als Frischverliebte hatten sie nämlich anscheinend beide die sprühenden Debatten und den anschließenden Versöhnungssex sehr genossen. Inzwischen aber fühlte Trish sich immer öfter ausgelaugt, wie sie mir gestand. »Ich kann doch nicht *immer* falsch liegen«, sagte sie einmal überraschend kleinlaut. »*So* dumm kann ich doch nicht sein.«

Nach und nach kristallisierte sich heraus, dass Trish nicht bloß das Opfer von Aarons heftigen Attacken war. Sie selbst nahm nämlich aktiv an diesem Gaslight-Tango teil – wenn auch unbewusst. So gern ihr Mann ihr Zahlen und Fakten »um die Ohren haute«, wie sie es ausdrückte, so gern untergrub sie seine Attacken mit Gegenargumenten und emotionalen Forderungen. Als ich sie fragte, was passieren würde, wenn sie einen Streit einfach mit den Worten abbräche »Ich verstehe zwar noch nicht, was du meinst, aber ich werde darüber nachdenken«, wäre sie fast explodiert.

»Sie verstehen das nicht!«, entgegnete sie hitzig und richtete ihre rechthaberische Energie plötzlich gegen *mich*. »Ich ertrage es nicht, dass Aaron mich für ein dummes Blondchen hält. Das ist das Schlimmste überhaupt – ich komme mir vor, als müsste ich aus der Haut fahren oder von einer Klippe springen oder das Haus einreißen oder sonst was tun, damit er endlich seine Meinung ändert. Ich kann das nicht einfach so stehen lassen – ich kann nicht!«

»Sie können nicht?«, hakte ich nach.

»*Nein!*«, rief Trish, und ihre Stimme klang höher und schriller als je zuvor. »Wenn er so schlecht von mir denkt – ich meine, er ist schließlich mein *Mann*. Warum hat er mich überhaupt *geheiratet*, wenn er so schlecht von mir denkt? Und was, wenn es auch noch wahr ist?«

Trishs Situation ist beispielhaft für viele von uns, die sich in den Gaslight-Tango hineinziehen lassen. Menschen, die zum Gaslighting-Opfer werden, haben oft schreckliche Angst davor, missverstanden zu werden. Trotz ihrer nachdrücklich zur Schau getragenen Zuversicht sind sie in Wahrheit extrem empfänglich für die Meinungen ihrer Angehörigen und Mitmenschen. Vor allem in ihrer Beziehung neigen sie dazu, dem geliebten Partner große Macht einzuräumen, weil sie ihm oder ihr die quasi übernatürliche Fähigkeit zusprechen, in sie »hineinzusehen« und sie »wirklich zu verstehen«.

Vor diesem Hintergrund kann es sich wie ein Todesstoß anfühlen, missverstanden zu werden. Dass Trishs Mann sie so »verkehrt« finden konnte, war für sie viel gravierender als eine kleine Unstimmigkeit oder eine abweichende Meinung. Das war ein verheerender Schlag für ihre Selbstwahrnehmung. Und dass sie Aaron so ausdrücklich missfiel, zog ihr den Boden unter den Füßen weg. Sie sah Aaron in einem völlig verklärten Licht, und jetzt sehnte sie sich verzweifelt nach seiner Anerkennung. Er sollte bestätigen, wie kompetent und intelligent sie war. Und genau das machte sie anfällig für Gaslighting.

Eine stete Quelle des Streits waren Trishs hohe Kreditkartenrechnungen, die sie allerdings immer mit ihrem Geld beglich. Sie neigte zu Spontankäufen und ging gern nach Büroschluss shoppen. Sie zahlte die Rechnungen immer rechtzeitig, aber sie häufte Monat für Monat gewisse Beträge an. Aaron war sparsamer, da er in bescheidenen Verhältnissen aufgewachsen war. Was für Trish ein vernünftiger Umgang mit Geld war, kam für ihn gefährlicher Verschwendung gleich. Als ich darauf verwies, dass seine Meinung ja eigentlich nicht zähle, da Trish die Schulden immer selbst beglich, starrte sie mich fassungslos an. »Aber wie kann man denn mit jemandem zusammenleben, der so schlecht von einem denkt?«, wandte sie ein. In diesem Streit mit ihrem Mann das letzte Wort zu haben – darauf zu bestehen, dass er ihrem Konzept zustimmte –, war ihr wichtiger als die Tatsache, dass er versuchte zu kontrollieren, wofür sie ihr Geld ausgab.

Bereits in Kapitel 1 haben wir gesehen, dass der Gaslighter jemand ist, der unbedingt recht behalten muss, um sein Selbstbild zu stärken und das Gefühl seiner Macht zu bewahren. Sein Opfer neigt dazu, ihn zu verklären und sich nach seiner Anerkennung zu sehnen. Trishs Versuch, von Aaron anerkannt zu werden, führte zu ihren ständigen Streitereien. Sie versuchte, ihn dazu zu bringen, ihre Ansichten zu teilen, besonders ihre Ansichten über sich selbst. Er konnte vielleicht keine Zugeständnisse machen, sie aber auch nicht. Obwohl Aaron den Machtkampf in der Regel für sich entschied, neigten beide gleichermaßen zum Streiten, denn Aaron wollte unbedingt recht haben und Trish wollte unbedingt anerkannt werden. Deshalb waren ihre Auseinandersetzungen so erbittert – und Trish war so erschöpft.

Wie läuft der Gaslight-Tango ab?

Auch wenn es von außen so aussehen mag, als sei Gaslighting das Werk eines Einzelnen, braucht es für eine solche Beziehung immer zwei aktive Teilnehmer. Das ist eigentlich eine gute Neuigkeit. Wenn Sie in Ihrer Beziehung unter Gaslighting leiden, können Sie vielleicht nicht das Verhalten des Gaslighters ändern, wohl aber Ihr eigenes. Noch einmal: Das ist nicht einfach, aber machbar. *Sie können dem Gaslighting ein Ende setzen, sobald Sie damit aufhören, recht haben oder den Gaslighter zur Vernunft bringen zu wollen. Spielen Sie einfach nicht mehr mit.*

Sehen wir uns die komplizierten Schritte beim Gaslight-Tango einmal näher an. Der Tanz beginnt in der Regel damit, dass der Gaslighter darauf beharrt, recht zu haben, obwohl Sie »tief drin« wissen, dass das falsch ist. Erinnern Sie sich an Katie aus dem ersten Kapitel? Ihr Freund Brian beharrte darauf, dass sie von lüsternen Gaffern umgeben sei. Sie jedoch fand die meisten Leute einfach freundlich. Und Liz' Chef behauptete immer, auf ihrer Seite zu sein, obwohl es offensichtlich war, dass er sie zu sabotieren versuchte. Und Mitchells Mutter beleidigte ihn angeblich nicht, obwohl der Klumpen in seinem Magen ein deutlicher Beweis für das Gegenteil war.

Jetzt kommt es natürlich ständig vor, dass Menschen nicht einer Meinung sind, die Wahrheit verdrehen und sich beschimpfen. Diese Erfahrungen sind also für sich genommen noch kein Gaslighting. Theoretisch könnte Katie einfach die Achseln zucken und sagen: »Für dich sind die Typen vielleicht Lüstlinge, in meinen Augen sind sie einfach nur freundlich. Und ich habe nicht vor, meine Meinung zu ändern.« Genauso gut hätte Liz ihrem Chef einen kritischen Blick zuwerfen können, als er seinen Charme anknipste, und sich denken können: »Hier stimmt doch was nicht. Das stinkt zum Himmel.« Und Mitchell hätte einfach sagen können: »Mom, ich finde es verletzend, dass du über mich lachst. Solange du das machst, rede ich nicht mit dir.« Wenn einer der Betroffenen in der Lage gewesen wäre, so zu antworten, gäbe es keinen Gaslight-Effekt.

Das soll nicht heißen, dass Katies Freund, Liz' Chef oder Mitchells Mutter sich anders verhalten hätten. Vielleicht hätten sie eingelenkt, vielleicht hätten sie aber auch auf stur geschaltet und noch verbissener reagiert. Dann hätten sowohl Katie als auch Liz und Mitchell vor der schweren Entscheidung gestanden, wie es weitergehen soll. Aber sie wären nicht von Gaslighting betroffen.

Zum Gaslighting kann es nur kommen, wenn ein Betroffener bewusst oder unbewusst versucht, dem Gaslighter entgegenzukommen oder ihn von der eigenen Sicht zu überzeugen. Denn der oder die Betroffene will unbedingt seine Zustimmung, um sich ganz zu fühlen.

Katie streitet mit Brian und beharrt darauf, dass sie *nicht* flirtet. Dann versucht sie, die Dinge von seinem Standpunkt aus zu betrachten, damit sie sich als gute, treue Partnerin sehen kann – als eine Frau, die nie vor den Augen ihres Freundes mit anderen flirten würde. Liz versucht, ihrem Chef all die Ärgernisse zu schildern, die ihr passiert sind. Dann versucht sie, sich davon zu überzeugen, dass ihr Chef recht hat – sie ist eben paranoid. Dadurch kann sie sich als gute und kompetente Angestellte fühlen, in deren Macht es steht, ihre berufliche Situation auf die Reihe zu kriegen. Mitchell versucht, seiner Mutter Kontra zu geben, damit sie freundlicher zu ihm ist. Als sie ihn daraufhin gemein findet, fürchtet er, sie könne recht haben. Alle drei Betroffenen *wissen* im Grunde, dass die Gaslighter ihnen etwas auftischen, das nicht plausibel klingt. Doch statt an der eigenen Wahrnehmung festzuhalten, wollen sie den Gaslighter für sich einnehmen, indem sie sich eine Überzeugung zulegen, der beide Seiten zustimmen können. Meist läuft es darauf hinaus, dass sie sich selbst zu verändern suchen, indem sie nachgeben.

Warum tanzen wir mit?

Weshalb verbiegen wir uns, um der Sicht des Gaslighters zu entsprechen? Dafür gibt es meiner Meinung nach zwei Gründe: die Angst vor einem emotionalen GAU und den Drang, mit dem Partner zu verschmelzen.

Die Angst vor dem emotionalen GAU

Die meisten Gaslighter scheinen über eine Geheimwaffe zu verfügen, eine Gefühlsexplosion, die alles im Umkreis plattmacht und wochenlang das Klima verseucht. Ein von Gaslighting Betroffener fürchtet, dass der Gaslighter diesen emotionalen GAU heraufbeschwört, wenn er zu sehr provoziert wird, etwas noch viel Schlimmeres als die ständige Mischung aus genervten Fragen und bissigen Bemerkungen. Dieser GAU ist eine solch schmerzliche Erfahrung, dass der Betroffene irgendwann alles tut, um ihn zu vermeiden.

Vielleicht kommt es nur ein einziges Mal zum GAU, vielleicht auch nie, aber die Angst davor ist manchmal schlimmer als das Vorkommnis an sich. Das Opfer hat schreckliche Angst, dass der Partner losbrüllt, es kritisiert oder sogar verlässt. Es ist fest überzeugt, am Boden zerstört zu sein, wenn seine Befürchtungen eintreten. »Es kommt einem vor, als müsse man sterben«, sagte mir einmal eine Patientin. Und auch meine Antwort, »aber Sie werden *nicht* sterben«, konnte sie nicht trösten. Brians Wut war für Katie dieser emotionale GAU. Nie wusste sie, wann er anfangen würde zu toben. Seine Wut ging mit viel Gebrüll einher, was Katie besonders beängstigend fand. Sie wusste, dass er sie nie schlagen würde. Aber allein seine laute, zornige Stimme machte ihr Angst. Nach einiger Zeit stimmte sie allem zu, was er sagte, um diesem Brüllen zu entgehen.

Wäre es Katie gelungen, nach außen nachzugeben, insgeheim aber an ihrem Wissen festzuhalten, dass sie *nicht* ständig flirtete, wäre sie den schlimmsten Auswüchsen des Gaslightings entkommen – dem Verlust ihres Selbstvertrauens, der Orientierungslosigkeit, der Depression. Aber in ihren Augen wäre sie dann nicht besser als ein Feigling, der dem Aggressor ständig Honig ums Maul strich. Außerdem wollte sie der Tatsache nicht ins Auge sehen, dass ihr Freund so übellaunig war – und damit so weit von dem Idealbild des Mannes entfernt, für den sie ihn einst gehalten hatte. Es gab also gewichtige Gründe für sie zu glauben, dass Brian recht hatte. Dann war nämlich sie nicht feige und er kein mieser Typ. In gewissem Maß war es Katie lieber, die Situation so zu interpretieren, dass sie dem Rat eines einfühlsamen Freundes folgte, statt einen starrköpfigen Freund zu haben. Also fragte Katie sich jedes Mal, wenn sie nachgab, ob er nicht doch recht hatte. Der Preis, den sie zahlte, um an diesen Ideen festzuhalten, war das Gaslighting – sie gestattete ihrem Freund, ihre Sicht auf die Welt und auf sich selbst festzulegen.

Liz' Chef drohte mit einem GAU anderer Art – beruflichem Versagen. Liz hing an ihrer anspruchsvollen Führungsposition und konnte den Gedanken nicht ertragen, sie zu verlieren. Außerdem befürchtete sie, ihr guter Ruf stünde auf dem Spiel. Was, wenn der Chef sie vor die Tür setzte und dann böse Gerüchte über sie in Umlauf brachte – über ihre Inkompetenz und ihre »Paranoia«? Wer würde sie dann noch einstellen? So, wie Katie sich nicht mit der Gängelei durch ihren Freund auseinandersetzen wollte, hatte auch Liz Angst, genauer darüber nachzudenken, wie viel Macht ihr Chef wirklich besaß und welche Möglichkeiten sie hatte. Je gemeiner ihr Chef sich also verhielt, desto mehr zweifelte sie an sich.

Der drohende GAU, der Mitchell lähmte, war sein schlechtes Gewissen. Solange er denken konnte, hatte Mitchell Angst davor gehabt, seine Mutter im Stich zu lassen, und gehofft, all die Enttäuschungen ihres Lebens wiedergutmachen zu können. Deshalb war er anfällig für ihr Gaslighting. Obwohl sie ihn selten direkt beschuldigte, sprachen ihre verletzten Blicke Bände. »Ich habe das Gefühl, ihr das Herz gebrochen zu haben«, sagte er mir bei einem besonders schmerzlichen Treffen. »Ich würde alles tun, um diesen Blick nicht sehen zu müssen und zu wissen, dass ich ihr Leid zugefügt habe.« Statt sich zu fragen, wie realistisch es war, dass er seine Mutter eines Tages glücklich machte, und ob er sich wirklich dafür aufopfern wollte, bestand Mitchell darauf, dass seine Mutter glücklich sein *könne* – wäre er ein besserer Sohn.

Manchmal geht der Gaslighter zu immer fieseren Reaktionen über – von bissigen Bemerkungen zu lautem Brüllen, von versteckten Schuldzuweisungen zu expliziten Anschuldigungen. Und wenn das Opfer Widerstand leistet, kann alles noch schlimmer werden – tägliches Brüllen, zerbrochenes Geschirr, Drohungen, das Opfer zu verlassen. Letzterem kommt es dann vielleicht so vor, dass allein der Gedanke an Widerstand einen Eklat verursacht. Es ist also nicht einmal sicher, in Gedanken zu protestieren. Da mag es einem schon als einzig sichere Alternative vorkommen, lieber gleich zu 100 Prozent nachzugeben.

Wenn von Gaslighting Betroffene versuchen, mir ihre Ängste zu schildern, gibt es oft zwei widersprüchliche Standpunkte. Einerseits erscheinen diese Ängste oft trivial, wenn man sie in Worte kleidet. Deshalb äußern Patienten immer wieder Scham und Selbstzweifel. »Ich weiß, das klingt jetzt gar nicht so wild …«, sagen sie dann. »Nur ein Idiot würde sich über so eine Kleinigkeit aufregen.« Oder: »Bestimmt ist das gar keine große Sache. Ich bin halt so ein Jammerlappen. Er sagt auch immer, ich soll nicht so empfindlich sein.«

Frage ich dagegen Betroffene, was wohl passiert, wenn sie den emotionalen GAU mit einem Schulterzucken quittieren oder einfach das Zimmer verlassen würden, beharren sie womöglich darauf, dass ich gar nicht nachvollziehen könne, wie schlimm das alles wirklich sei. »Aber dann brüllt er weiter«, sagte mir eine von ihnen. »Und wenn ich gehe oder ihm sage, er soll aufhören, brüllt er noch lauter.« Frage ich, was an dem Brüllen so beängstigend ist, ernte ich ein ungläubiges Starren. Es ist, als hätte die Geheimwaffe des Gaslighters – was auch immer sich dahinter verbirgt – wirklich die Macht, das Opfer zu vernichten und sein ganzes Dasein zu zerstören.

Ich weiß, dass es wirklich beängstigend sein kann, wenn der emotionale GAU droht. Tatsache ist jedoch, dass Brüllen Ihr Dasein nicht zerstört. Die Kritik ist nicht das Ende Ihres Lebens. Die Beleidigungen – so schmerzhaft sie auch sein mögen – werden Ihr Heim nicht zum Einsturz bringen. Ich weiß, man hat das Gefühl, als zerstöre dieser emotionale GAU uns – aber das tut er nicht. Und wenn Sie in der Lage sind, die Angst zu überwinden, die Sie zu ersticken droht und Ihr Denken beeinträchtigt, dann sind Sie vielleicht auch in der Lage, den Standpunkt des Gaslighters abzuschütteln. Sie glauben ihm nicht, und Sie streiten auch nicht mit ihm. Sie halten nur einfach an Ihrer inneren Überzeugung fest.

Sich bewusst zu machen, wie unerfreulich und schmerzvoll man den emotionalen GAU findet, ist folglich einer der ersten Schritte zur Befreiung aus einer Gaslight-Beziehung. Wenn Sie es hassen, angebrüllt zu werden, haben Sie das Recht zu verlangen, dass in Auseinandersetzungen nicht mehr gebrüllt wird. Einer anderen Frau macht die laute Stimme vielleicht nichts aus, Ihnen aber schon. Dann sind Sie halt empfindlich. Sie haben das Recht, Grenzen da zu

DIE GEHEIMEN WAFFEN DES GASLIGHTERS

Was finden Sie am schlimmsten? Der Gaslighter ist Experte darin, den wunden Punkt seines Opfers als Geheimwaffe zu verwenden.

- **Er könnte Sie an Ihre größten Ängste erinnern**

  »Du bist echt zu fett/kalt/empfindlich/schwierig ...«

- **Er könnte Ihnen mit totaler Vereinsamung drohen**

  »Dich wird nie mehr jemand lieben.«
  »Du wirst für den Rest deines Lebens allein bleiben.«
  »Niemand sonst wird sich mit dir abgeben.«

- **Er könnte andere belastete Beziehungen anführen**

  »Kein Wunder, dass du nicht mit deinen Eltern auskommst.«
  »Deshalb hat deine Freundin Suzi dich fallen gelassen.«
  »Kapierst du nicht, warum dein Chef dich nicht respektiert?«

- **Er könnte Ihre Ideale gegen Sie verwenden**

  »Geht es in der Ehe nicht um bedingungslose Liebe?«
  »Ich dachte, Freunde sind dazu da, einen zu unterstützen.«
  »Ein echter Profi könnte mit dem Ärger umgehen.«

- **Er könnte Sie dazu bringen, an Ihrer Wahrnehmung, Ihren Erinnerungen und Ihrem Realitätssinn zu zweifeln:**

  »Das habe ich nie gesagt – das bildest du dir nur ein.«
  »Du hast versprochen aufzupassen. Schon vergessen?«
  »Was du gesagt hast, hat meine Mutter echt verletzt.«
  »Die Gäste fanden dich dumm. Sie haben dich ausgelacht.«

setzen, wo *Sie* es wollen. Nicht da, wo irgendeine andere, »weniger empfindliche« Frau es will.

Gleichzeitig hilft die Erkenntnis, dass Brüllen nicht das Ende der Welt ist – allerdings soll das den Gaslighter nicht ermächtigen weiterzubrüllen, sondern Sie sollen nicht jedes Mal sofort nachgeben, wenn wieder Gebrüll droht. Es ist sicher nicht schön, sich von einem laut brüllenden Mann zurückzuziehen, die Tür des Arbeitszimmers hinter sich zuzumachen oder sogar das Haus zu verlassen. Und Ihr Sichentziehen mag eine noch heftigere Reaktion auslösen. Aber es ist wichtig, nicht das Gefühl zu haben, dass der Partner über eine solch mächtige Waffe verfügt, mit der er einen letztlich immer zum Einlenken zwingen kann.

In Kapitel 6 beschäftigen wir uns näher mit den Techniken, um diese Grenzen zu setzen und ihr Selbstwertgefühl zu stärken – das ist der Anfang vom Ende des Gaslightings. Zuerst aber möchte ich den zweiten Grund betrachten, weshalb so viele unter uns die eigenen Ansichten aufgeben und den Gaslight-Tango mittanzen.

Der Drang zur Verschmelzung

Diejenigen unter uns, die anfällig für Gaslighting sind, scheinen eines gemeinsam zu haben. Ganz egal, wie stark, klug oder tüchtig man ist, man empfindet immer das dringende Bedürfnis, die Zustimmung des angebeteten Gaslighters zu erlangen. Ohne diese Anerkennung ist man unfähig, in sich selbst den guten, tüchtigen und liebenswerten Menschen zu sehen, der wir so gern wären. Da man die Bestätigung des Gaslighters braucht, wäre es schrecklich, wenn eine Kluft zu ihm entstünde. Es macht nervös, die Dinge anders zu sehen als die Menschen, an denen man hängt, oder Vorlieben zu haben, die von ihren abweichen.

Mariana war eine kurvenreiche Frau Anfang 40 mit hellblondem Haar und großen blauen Augen. Sie arbeitete in leitender Position in der Verwaltung. Die Beziehung zu ihrer Freundin Sue war seit einigen Jahren von Gaslighting geprägt. Als ich sie einmal bat, eine Meinungsverschiedenheit mit Sue zu beschreiben, löste das fast eine Angstattacke aus. »Allein bei dem Gedanken an einen Streit«, sagte Mariana mir, »zieht es mir den Boden unter den Füßen weg. Ich komme mir vor wie im freien Fall, nichts fängt mich mehr auf.«

Noch einmal: Menschen können abweichende Ansichten haben. Mariana und Sue fiel es sehr schwer, abweichende Meinungen zu tolerieren, ob es nun um Mode ging, um Politik, ihre Bekannten oder sogar ihre Familien. Einmal stritten sie mehrere Stunden darüber, ob Mariana nun ihrer Mutter gegenüber etwas zu kritisch war. Diese lebte in einem anderen Bundesstaat. Sue hatte sie noch nie getroffen. Dennoch war es beiden Frauen extrem wichtig, dass es hier zu einer Einigung kam. Der Gedanke, dass sie Marianas Verhalten unterschiedlich bewerteten, war ihnen unerträglich.

In einer Gaslighting-Beziehung mag es vorkommen, dass man über manche Punkte unterschiedlicher Meinung ist, nicht aber über andere. Uneins zu sein ist an einem Tag okay, am nächsten Tag aber vielleicht ein Risiko. Oft ändert sich die Toleranz gegenüber Abweichungen mit dem Stressniveau und dem Sicherheitsgefühl der Partner. Geht es beiden gut, lassen sie sich gegenseitig mehr Raum. Fühlt sich einer – oder beide – verletzlich, verlangen sie vielleicht mehr »Loyalität« – also bedingungslose Zustimmung – vom jeweils anderen.

Hat ein von Gaslighting Betroffener Angst vor Widerspruch oder Missfallen, neigt er zu einer von zwei Reaktionen. Er könnte sich eiligst dem Ehepartner, Freund oder Chef anschließen und die eigene Wahrnehmung schnellstmöglich aufgeben. So möchte er die Zustimmung des Gegenübers erhalten und sich dadurch beweisen, was für ein guter, tüchtiger und liebenswerter Mensch er doch ist. Oder man versucht, den Gaslighter durch einen Streit und/oder eine emotionale Manipulation auf seine Seite zu ziehen. Dann fühlt man sich nämlich auch sicher und bestätigt.

Trish beispielsweise wollte ihren Mann Aaron unbedingt davon überzeugen, dass sie sehr wohl mit Geld umgehen konnte. Sie konnte den Gedanken nicht ertragen, dass er sie in finanzieller Hinsicht für unfähig hielt. Sie war bereit, endlos mit ihm zu diskutieren, weil sie seine schlechte Meinung nicht aushalten konnte. Ihr Mann sollte zustimmen, dass sie eigentlich doch recht hatte. Deshalb stritt sie mit ihm.

Mariana dagegen setzte auf emotionale Manipulation. Sie brach zum Beispiel mitten in einer Diskussion in Tränen aus und erklärte Sue, wie einsam sie sich fühlte. Oder sie platzte mit dem Bekenntnis heraus, wie viel Sue ihr bedeutete und wie wichtig ihr diese Freundschaft war – als ob eine abweichende Meinung ihr gefährlich werden könnte.

Obwohl sie ihre Befürchtungen unterschiedlich ausdrückten, hatten sowohl Trish als auch Mariana Angst, mit einer anderen Meinung die Zustimmung ihrer Bezugsperson und die Bindung zu ihr zu verlieren und dann einsam und allein zu bleiben. Beide waren bereit, so ziemlich alles zu tun, um das Gefühl der Nähe zu einem anderen Menschen zu bewahren, auch wenn das bedeutete, sich selbst aufzugeben.

Ihre Rolle beim Tango

Tanzen Sie mit beim Gaslight-Tango? Sehen Sie selbst, was der folgende Fragebogen für Sie ergibt.

Zum Gaslighting gehören immer zwei. Sind Sie betroffen?

1. Ihre Mutter versucht seit Wochen, sich mit Ihnen zum Mittagessen zu verabreden, aber bei Ihnen ist gerade Land unter. Der neue Freund, eine gerade überstandene Grippe und die viele Arbeit – Sie hatten einfach keine Zeit. Sie sagt: »Wie ich sehe, liegt dir nichts an mir. Wie nett, dass ich so eine egoistische Tochter großgezogen habe!«

   Sie antworten:
   a) »Wie kannst du so was sagen? Siehst du denn nicht, wie hart ich arbeite?«
   b) »Ach du meine Güte. Es tut mir so leid. Du hast recht, ich bin wirklich eine schlechte Tochter. Ich fühle mich schrecklich.«
   c) »Es fällt mir echt schwer, mit dir zu reden, Mom, weil ich das Gefühl habe, du willst mir eine reinwürgen.«

2. Ihre beste Freundin hat Ihnen in letzter Minute abgesagt – wieder einmal. Sie nehmen allen Mut zusammen und sagen ihr: »Es macht mich echt wahnsinnig, wenn du so kurzfristig absagst. Jetzt muss ich am Wochenende abends ganz allein zu Hause rumsitzen. Das ärgert mich, ich hätte nämlich noch mit jemand anderem etwas ausmachen können. Und ehrlich gesagt, fehlst du mir auch!« In herzlichem, besorgtem Tonfall erwidert Ihre Freundin: »Ich wollte es dir ja längst sagen, ich finde, du wirst ein bisschen zu anhänglich. Ich fühl mich nicht so wohl, wenn jemand sich wie eine Klette verhält.«

   Sie antworten:
   a) »Ich hänge doch nicht wie eine Klette an dir. Wie kannst du so was sagen? Ich mache doch dauernd allein was!

Ich mag es nur nicht, wenn du mir so kurz vorher absagst – *das* ist das Problem!«

b) »Ach, verbringen wir deshalb so wenig Zeit zusammen? Daran sollte ich wohl besser mal arbeiten. Tut mir leid, wenn ich dir zur Last gefallen bin.«
c) »Darüber werde ich nachdenken. Aber wie sind wir von deiner kurzfristigen Absage bloß so schnell zu meiner angeblichen Anhänglichkeit gekommen?«

3. Ihre Vorgesetzte steht in letzter Zeit stark unter Druck, und Sie haben das Gefühl, dass sie es an Ihnen auslässt. Obwohl diese Vorgesetzte Sie manchmal in den Himmel hebt, gibt es auch Tage, an denen sie Ihnen wegen einer Kleinigkeit die Hölle heiß macht. Gerade hat sie zehn Minuten damit verbracht, darauf hinzuweisen, dass die von Ihnen gewählte Schriftart für die letzte Marktanalyse nicht dem Standardformat der Firma entspricht. »Warum machen Sie mir nur immer das Leben so schwer?«, fragt sie. »Halten Sie sich für etwas Besonderes? Oder haben Sie ein Autoritätsproblem?«

   Sie antworten:
   a) »Machen Sie mal einen Punkt. Das ist nur eine Schriftart!«
   b) »Ich weiß auch nicht, was in letzter Zeit mit mir nicht stimmt. Vielleicht gibt es da echt ein paar Punkte, an denen ich arbeiten muss.«
   c) »Es tut mir leid, dass ich das Prozedere nicht beachtet habe« *(und denken: »Wie ich es hasse, angeschrien zu werden!«).*

4. Ihr Freund war den ganzen Abend mürrisch und in sich gekehrt. Schließlich platzt er heraus: »Ich verstehe nicht,

warum du meine Geheimnisse vor allen Leuten ausplappern musst.« Als Sie nachhaken, rückt er schließlich mit der ganzen Geschichte heraus: Sie haben jemandem bei seiner Firmenfeier von dem Karibikurlaub erzählt, den Sie beide planen. »Das geht doch keinen was an, wo wir hinfahren!«, beharrt Ihr Freund. »Die Leute ziehen daraus jede Menge Schlüsse – wie viel Geld ich verdiene, wie meine Verkaufszahlen sich entwickeln, alles Dinge, von denen sie gar nichts wissen sollen. Anscheinend sind dir meine Privatsphäre und mein Ansehen total egal.«

Sie antworten:

a) »Spinnst du? Das ist ein einfacher Urlaub. Wo ist das Problem?«
b) »Ich hatte keine Ahnung, dass ich so taktlos war. Jetzt fühle ich mich richtig elend.«
c) »Tut mir leid, dass dich das so aufwühlt. Aber anscheinend sehen wir die Dinge ein bisschen unterschiedlich, oder?«

5. Ihr Ehemann und Sie reden seit Stunden über das gleiche Thema. Sie haben vergessen, seine Sachen aus der Reinigung abzuholen, obwohl Sie es versprochen hatten. Jetzt hat er für die morgige Geschäftsreise keinen sauberen Anzug. Sie entschuldigen sich, bestehen aber darauf, es nicht mit Absicht getan zu haben. Sie sind einfach fünf Minuten zu spät gekommen, die Reinigung war schon zu. Er verweist darauf, dass Sie immer zu spät kommen, wenn es darum geht, ihm einen Gefallen zu tun. Es sei nicht das erste Mal, dass Sie etwas vermasselt haben. Sie geben zu, dass Sie ständig zu spät dran sind, beharren aber darauf, dass das nicht gegen ihn gerichtet sei. Er wirft Ihnen vor, seine Reise vereiteln zu wollen, damit er bei Ihnen bleiben

muss. Oder sind Sie vielleicht eifersüchtig auf seine neue Kollegin? Oder aber Sie sind Ihren eigenen Job leid und beneiden ihn darum, dass ihm seiner so gefällt?

Sie antworten:

a) »Wie kannst du so was Gemeines über mich sagen? Siehst du denn nicht, wie viel Mühe ich mir gebe? Wenn ich deine Reise wirklich vereiteln wollte, wäre ich dann eine Stunde früher von der Arbeit gekommen, um dir zu helfen?
b) »Ich weiß auch nicht. Vielleicht hast du recht. Vielleicht hab ich wirklich versucht, mich für irgendwas an dir zu rächen.«
c) »Du hast deine Wahrnehmung der Dinge, und ich habe meine. Dabei müssen wir es wohl belassen.«

Auswertung: Tanzen Sie den Gaslight-Tango?

Wenn Sie A geantwortet haben:
Sie stecken in einem Dauerstreit mit dem Gaslighter fest – einem Streit, den Sie nie wirklich für sich entscheiden können. Durch das Bedürfnis nach der Zustimmung des Gaslighters geben Sie ihm die Macht, Sie »verrückt zu machen«. Selbst wenn Sie recht haben, sollten Sie nachdenken, wie Sie den Streit umgehen und dadurch den Tanz beenden können.

Wenn Sie B geantwortet haben:
Sieht aus, als hätte der Gaslighter Sie bereits von seiner Sicht der Dinge überzeugt. Weil Sie unbedingt von ihm anerkannt werden wollen, sind Sie bereit, ihm zuzustimmen – sogar auf Kosten Ihrer Selbstachtung. Aber selbst wenn Sie einen Fehler gemacht haben, müssen Sie der negativen Sicht des Gaslighters nicht zustimmen. Lesen Sie weiter. Ich helfe Ihnen,

wieder einen eigenen Standpunkt zu erlangen, genau wie ein gesundes, positives Bild Ihrer selbst.

Wenn Sie C geantwortet haben:
Glückwunsch! Jede dieser Antworten ist bestens geeignet, um den Gaslight-Tango taktvoll zu beenden. Weil Sie sich eher der eigenen Wahrnehmung verpflichtet fühlen, statt die Zustimmung eines Gaslighters erringen zu wollen, haben Sie die Kraft, Meinungsverschiedenheiten zu umgehen und das Gaslighting zu beenden. Sie sind auf dem besten Weg, sich vom Gaslight-Effekt zu befreien.

Machen Sie sich keine Sorgen, egal, ob Sie bei den meisten Fragen mit A, B oder C geantwortet haben. In diesem Buch wird es eine Menge gezielter Vorschläge geben, um den Gaslight-Tango zu beenden. Nur eines dürfen Sie nicht vergessen: Solange auch nur ein Teil von Ihnen glaubt, er bräuchte den Gaslighter, um sich besser zu fühlen, das Selbstvertrauen zu stärken oder den Sinn für den eigenen Wert zu verbessern, so lange ist man anfällig für Gaslighting.

Betrachten wir einen weiteren Aspekt des Gaslight-Tangos, der uns oft für diesen gefährlichen Tanz einnimmt.

Die Empathiefalle

Empathie ist die Fähigkeit, sich in die Gefühle anderer hineinzuversetzen. Wenn ich höre, dass meine Freundin bei einer Mammografie eine schlechte Diagnose hatte, dass mein Kind in der Schule geärgert wurde, dass meinem Partner eine Fortbildung nicht bewilligt wurde, dann tun sie mir nicht einfach leid. Ich teile ihre Angst, ihren Frust und ihre verletzten Gefühle, indem ich mich daran erinnere, wie ich mich fühlte, wenn ich Angst hatte, frustriert oder enttäuscht war. Und wenn ich höre, dass es meiner Freundin gesundheitlich besser geht, dass mein Kind einen neuen Schulfreund hat und mein Partner gerade befördert wurde, dann freue ich mich mit ihnen.

In vielen Situationen ist Empathie die wundervollste Eigenschaft, die es überhaupt gibt: ein Balsam, der Sorgen erträglich macht, ein Geschenk, das Freude vervielfacht. Im Idealfall ist Empathie etwas Fließendes zwischen zwei Menschen, die einander nahestehen. Wir fühlen uns dann weniger allein. Die Empathie gibt uns die Sicherheit, dass wir geliebt und verstanden werden. Aber manchmal kann Empathie leider zur Falle werden, vor allem in einer Gaslighting-Beziehung. Ihre Fähigkeit zur Empathie – und Ihr Bedürfnis nach Empathie – machen Sie anfällig für den Gaslight-Effekt.

Katie zum Beispiel war einer der empathischsten Menschen, die ich je getroffen habe. Sie schien quasi Antennen für die Gefühle anderer zu haben. Sie war in der Lage, sich bemerkenswert genau vorzustellen, wie ein bestimmtes Ereignis auf sie wirken würde. Als sie mich bat, einen Termin mit ihr zu verschieben, entschuldigte sie sich auf eine Weise, die mir zeigte, wie sehr sie sich meiner wie auch ihrer Bedürfnisse bewusst war. Ich konnte erkennen, dass diese Eigenschaft sie zu einer großartigen Freundin und Gefährtin machte.

Aber ich erkannte auch, dass es Katie aufgrund dieser Empathie schwerfiel, ihre Sicht auf die Welt über die ihres Freundes zu stellen. »Ich merke doch, dass es Brian aufregt, wenn ich mit dem Typen im Laden um die Ecke rede«, sagte sie. »Als hätte er Angst, dass ich ihn verlasse und nie mehr wiederkomme. Ich leide so mit ihm, wenn ich sehe, welche Angst er hat. Das ist nicht auszuhalten.« Katie war oft so betroffen von der Angst ihres Freundes, dass sie ganz vergaß, wie sie selbst das Geschehen bei dieser Plauderei wahrnahm und was sie bedeutete. Sie war gezwungen, die Dinge von Brians Standpunkt aus zu sehen, weshalb sie ihre eigene Perspektive aus den Augen verlor.

Leider war Brian längst nicht so empathisch. Er schätzte Katies Fähigkeit. Ihr Einfühlungsvermögen war ein Grund dafür, dass er so an ihr hing. Aber er reagierte nicht genauso. Selten bis gar nicht dachte Brian: »Ich sehe, wie Katie sich freut, wenn jemand sie anlächelt – dann ist sie glücklich und fühlt sich geborgen« oder »Ich sehe, wie Katie sich aufregt, wenn ich sie anbrülle – wie unsicher sie dann ist und wie unbehaglich sie sich fühlt«. Meist war Brian sich nur seiner eigenen Bedürfnisse und Gefühle bewusst. Sich auf Katies Gefühle zu konzentrieren würde von seinem Standpunkt aus betrachtet bedeuten, die eigenen Gefühle aufzugeben. Zuzugeben, dass sie vielleicht anders empfand als er, hätte für ihn bedeutet, dass seine Gefühle nicht zählten. Er *konnte* nicht mit ihr fühlen, ohne sich selbst übergangen vorzukommen. Es war, als hätte er die Hoffnung aufgegeben, dass sein Standpunkt verstanden und respektiert würde.

Vielleicht verfügte Brian wirklich nicht über die Fähigkeit, sich in andere einzufühlen. Oder er fürchtete sich vor dieser Empathie, weil er sich dann übergangen fühlen könnte. Als ich die beiden einmal kurz bei einer Paarberatung sah, sagte er: »Ich sehe nicht ein, dass ich immer alles wie sie sehen soll – nie geht es nach *mir*! Und wenn ich etwas wie sie sehe, dann gebe ich jedes Mal nach.«

Hier entwickelte das Gaslighting eine eigene Dynamik. Katies Empathie wurde zu einer Art Falle. Sie wollte seinen Standpunkt verstehen, er aber nicht ihren. Wenn sie stritten, ließ sie seinen Argumenten viel Raum, er aber ging nie auf ihre ein. Sich in Brian hineinzuversetzen gab Katie das Gefühl, sensibel und liebevoll zu sein. Wurde aber von Brian verlangt, Katie gegenüber einfühlsam zu sein, kam er sich schwach und übergangen vor. Außerdem führte Katies zwanghafte Empathie dazu, dass sie ihre eigenen Empfindungen und Wahrnehmungen vernachlässigte und nur noch versuchte, alles so zu sehen wie Brian.

Katie war aber nicht nur empathisch, sie wollte unbedingt, dass man auch ihr gegenüber empathisch war – und ihr zustimmte. Nichts wünschte sie sich sehnlicher. Diese Zustimmung war schließlich die einzige Möglichkeit, sich zu beweisen, dass sie eine gute und loyale Gefährtin war und nicht die zum Fremdgehen aufgelegte Frau, die Brian beharrlich in ihr sah. Ihr Bedürfnis nach Brians Anerkennung und Verständnis war so groß, dass es drohte, ihren gesunden Menschenverstand zu überwältigen. Sie sehnte sich nach Brians Verständnis für ihren Standpunkt und nach seiner Anerkennung. Deshalb fiel es ihr so schwer, ihre Streitigkeiten zu ertragen. Für sie bedeutete wahre Liebe vollkommenes Einvernehmen und bedingungslose Akzeptanz. Ohne diese Liebe kam Katie sich wertlos, verlassen und allein vor. Dieser sehnliche Wunsch nach Anerkennung, Einvernehmen und Liebe machte Katie dauerhaft anfällig für Brians Gaslighting.

Einmal habe ich Katie gefragt, ob sie damit leben könne, dass ihr Freund nie in der Lage sein würde zu verstehen, warum ihr das Freundliche, Offene so wichtig war. Vielleicht würde er damit aufhören, sie zu beleidigen, sagte ich. Aber er würde immer anders *denken*.

Katies Kinnlade fiel herunter. »Aber Brian liebt mich«, wandte sie ein. »Er würde alles für mich tun.«

»Das mag sein«, sagte ich. »Aber Liebe ist nicht das Gleiche wie Einvernehmen. Manchmal lieben wir Menschen, sind aber nicht in der Lage zu empfinden, was sie empfinden. Manchmal billigen wir Handlungen, Entscheidungen oder Meinungen anderer nicht, auch nicht innerhalb einer Liebesbeziehung.«

Katie starrte mich an, als spräche ich in Rätseln. »Das ist doch keine Liebe«, widersprach sie schließlich. »Wenn man jemanden liebt, versteht man ihn auch. Man fühlt, was der andere fühlt. Und man findet ihn wundervoll! Und genau *so* findet Brian mich auch – nur eben nicht immer.« Daraufhin erzählte sie mir von der Zeit, als sie immer erschöpft nach Hause gekommen war und er ihr die Füße massiert hatte – eine Story, die sie bereits mehrmals zum Besten gegeben hatte. »Er wusste genau, was mir fehlte – und genau das hat er mir gegeben!«

Das wiederholte sie jedes Mal, wenn sie die Geschichte erzählte. »Da wusste ich, wie viel ich ihm bedeute – und dass er sich immer um mich kümmern würde.« Diese Erinnerung war so wertvoll für Katie, dass sie bereit war, Brians Beleidigungen und Brüllen zu ertragen. Sie hoffte, eines Tages diese wenigen schönen Momente noch einmal zu erleben, in denen sie sich vorstellen konnte, dass er sie »verstand« und immer für sie da sein würde.

Wie können Sie sich aus der Empathiefalle befreien? Versuchen Sie es mit folgenden Vorschlägen.

Befreien Sie sich aus der Empathiefalle

1. Klären Sie Ihre Gedanken und Gefühle

Wenn die eigene Beziehung von Gaslighting betroffen ist, ist man oft so vollständig auf den Standpunkt des Partners fixiert, dass man sich nicht länger an die eigene Perspektive zu erinnern vermag. Versuchen Sie also, die folgenden Sätze über eine heikle Beziehung zu vervollständigen. Bleiben Sie wirklich bei Ihrem Standpunkt. Ich schlage vor, die Antworten aufzuschreiben oder laut auszusprechen oder auch beides. Es könnte hilfreich sein, Ihre eigene Perspektive zu *hören* und zu *sehen*, statt nur daran zu denken!

In dieser Beziehung will ich ...
Ich möchte etwas ändern, nämlich ...
Ich kann es nicht leiden, wenn ...
Im Grunde bin ich ...
Mir gefällt es, wenn Menschen ...

Wie hat es sich angefühlt, diese Sätze zu vervollständigen? Keine Sorge, wenn Sie so etwas wie Panik empfunden haben. Das ist nur der Beweis dafür, wie ungewohnt es für Sie ist, sich ganz auf Ihre Perspektive zu konzentrieren. Versuchen Sie, die Gefühle wirken zu lassen. Was passiert? Vielleicht finden Sie es auch einfacher, wenn Sie bei diesen grundsätzlichen Fragen an etwas Konkretes denken.

Ich möchte, dass mein Freund diese Woche ...
Wenn morgen etwas anders sein könnte, dann wäre das ...
Was ich an mir besonders mag ...

Sie können Ihre Gefühle auch zeichnen, wenn Ihnen das lieber ist, oder Sie kombinieren Bilder und Worte. (Eine Liste mit »Gefühlsworten« finden Sie in Anhang A.)

2. Erschaffen Sie den »idealen Berater«

Stellen Sie sich einen weisen Menschen vor, dem Sie vollkommen vertrauen. Das kann jemand sein, den Sie kennen, oder der perfekte Berater, den Sie gern hätten. Sie können sich einen Menschen vorstellen, einen magischen oder spirituellen Führer oder sogar ein Tier.

Malen Sie sich aus, wie dieser Berater kürzlich Zeuge eines heiklen Vorfalls mit dem Gaslighter wurde. Er oder sie hat den vollkommenen Durchblick. Stellen Sie sich vor, dass Sie diesen Berater nach dem Vorfall aufsuchen. Was sagt er oder sie über das Geschehene? Was rät diese Figur Ihnen?

3. Sprechen Sie mit jemandem, dem Sie vertrauen
Wenn es jemanden in Ihrem Bekannten- oder Verwandtenkreis gibt, dem Sie wirklich vertrauen, erklären Sie ihm oder ihr, dass Sie es sich zur Aufgabe gemacht haben, Ihren eigenen Standpunkt zu entdecken. Versuchen Sie, diesem Menschen genau zu erzählen, was Sie bei einer heiklen Situation mit dem Gaslighter empfunden haben. Bitten Sie ihn oder sie darum, Sie freundlich – vielleicht durch Heben der Hand – zu unterbrechen, sobald Sie die eigene Sichtweise verlassen und in die eines anderen wechseln, insbesondere die des Gaslighters.

Ihr Ziel ist es, sich über Ihre eigenen Gedanken und Gefühle klar zu werden, ohne jeden Bezug auf andere. Stellen Sie sicher, dass Ihr Vertrauter nicht die eigene Meinung einbringt! Wenn Sie es nicht aushalten, nicht zu wissen, was dieser Bekannte oder Verwandte denkt, treffen Sie sich einen Tag später noch einmal, um darüber zu reden. Anschließend versuchen Sie, 24 Stunden allein mit Ihrer eigenen Meinung im Kopf zu leben.

Der Gaslight-Tango ist ein einladender Tanz. Aber wie wir gesehen haben, hat er seinen Preis. Wenn Gaslighting ein kleiner Teil Ihres Lebens oder ein zentraler Punkt in Ihren Beziehungen ist, dann werden Sie davon profitieren, einen Ausweg aus diesem Tanz zu finden. In den folgenden drei Kapiteln werden wir uns anschauen, wie Sie sich gezielt von allen Formen des Gaslightings befreien können – von den scheinbar trivialen bis hin zu den scheinbar erdrückenden, also von Gaslighting der Phase 1 über Phase 2 bis hin zu Phase 3.

Kapitel 3

PHASE 1: »WOVON REDEST DU EIGENTLICH?«

Sie haben ein Date und gehen zusammen ins Kino. Während des Vorprogramms bekommen Sie plötzlich Durst. »Entschuldige«, sagen Sie. »Ich bin total durstig. Bin gleich wieder da.« Sie trinken unten im Vorraum etwas und gehen zurück. Als Sie sich auf Ihren Sitz gleiten lassen, starrt Ihr Begleiter Sie wütend an. »Was ist denn?«, fragen Sie. »Was hast du so lange gemacht?«, faucht er. »Wie kann man denn so rücksichtslos sein? Ich muss hier 20 Minuten allein sitzen. Was soll ich denn so lange anfangen?« »War ich wirklich so lange weg?«, fragen Sie leicht überrascht. Der Film hat noch nicht angefangen, und Sie waren auch nicht besonders früh im Kino. »Du hast vielleicht nicht auf die Zeit geachtet. Ich schon«, sagt Ihr Begleiter. Dann gehen die Lichter aus, und er legt den Arm zärtlich um Sie, genau wie Sie es mögen. »Was ist das für ein Parfüm? Das solltest du immer benutzen«, murmelt er Ihnen verliebt ins Ohr. Der Rest des Abends ist so gelungen, dass Ihnen klar vor Augen steht, warum Sie diesen Typ so toll finden. Und als Sie Ihrer Freundin am nächsten Tag von dem Date erzählen, erwähnen Sie den Zwischenfall nicht einmal.

Gerade haben Sie Ihre neue Chefin kennengelernt. Sie scheint sehr nett zu sein und geht gleich in der ersten Woche mit Ihnen essen. Die ganze Zeit gratuliert Sie Ihnen zu Ihrer guten Arbeit. Nie haben Sie solche Wertschätzung erfahren. Sie können es nicht erwarten, dieser Frau zu zeigen, was Sie *wirklich* draufhaben – jetzt, da sich die Gelegenheit bietet. Doch dann verschlafen Sie eines Tages und kommen eine Dreiviertelstunde zu spät zur Arbeit. Sie entschuldigen sich vielmals, doch Ihre neue Chefin lächelt nur und äußert Verständnis. »Manchmal neigen wir dazu, Dingen auszuweichen, wenn wir uns bedroht fühlen«, erklärt sie Ihnen liebenswürdig. »Aber sagen Sie mir doch, was an Ihrem neuen Job finden Sie denn so bedrohlich? Ich bin nur zu gern bereit, mit Ihnen daran zu arbeiten, damit Sie sich hier wohler fühlen.« Sie beharren darauf, dass Sie einfach den Wecker falsch gestellt haben (Sie möchten nicht zugeben, dass Sie am Abend lange auf einer Party waren). Doch egal, was Sie sagen, die Chefin lächelt nur. »Es tut mir leid, dass Sie glauben, Sie könnten nicht offen mit mir reden«, sagt sie, um Sie dann zurück an Ihren Platz zu schicken. »Aber meine Tür ist immer offen, falls Sie Ihre Meinung ändern.« Sie hätte nicht netter sein können. Dennoch fühlen Sie sich äußerst unbehaglich, ohne genau zu wissen, warum. Und als Ihre Chefin Ihnen später am Tag eine Aufgabe zuteilt, die Sie insgeheim schon seit sechs Monaten übernehmen wollten, nehmen Sie sich vor, nie mehr zu spät zu kommen, und denken nicht mehr an den Zwischenfall.

Ihre Familie plant den 80. Geburtstag eines Onkels. Sie rufen Ihre Tante Jean an, um zu fragen, was Sie beisteuern können.

»Ach, du hast doch an der Arbeit so viel um die Ohren«, sagt sie. »Warum bringst du nicht einfach ein Brot aus einer guten Bäckerei mit? Dann musst du nichts kochen.« Sie bestehen darauf, dass Sie gern etwas für Ihren Onkel Ira kochen würden, aber Tante Jean will davon nichts hören. Also willigen Sie ein, das Brot mitzubringen. Am Tag vor der Feier ruft Tante Jean Sie plötzlich im Büro an. »Deine Mutter hat mir gerade von dem leckeren Schoko-Nuss-Kuchen erzählt, den du für den Geburtstag deines Vaters gemacht hast«, sagt sie. »Ira liebt Schokolade. Warum bringst du den nicht mit?« Sie weisen darauf hin, dass Sie für den Kuchen eine ganze Reihe Zutaten brauchen und die Zubereitung mehrere Stunden dauert. Sie haben in der Arbeit gerade richtig viel Stress, und es bleibt einfach keine Zeit zum Einkaufen und Backen. »Aber du hast doch gesagt, dass du etwas machen willst!«, sagt Tante Jean vorwurfsvoll. Als Sie vorschlagen, eine Torte zu kaufen, seufzt sie nur. »Na, dann kauf halt Kuchen«, sagt sie schließlich. »Ich bin sicher, dass er nicht so gut schmeckt wie dein selbst gemachter, aber egal. Ich hätte dich ja nie gefragt, wenn ich gewusst hätte, wie beschäftigt du bist.« Sie legen verwirrt auf. Sie hatten ja angeboten, etwas selbst Gemachtes mitzubringen, und Sie hätten für Ihren Lieblingsonkel Ira gern etwas Besonderes zubereitet. Wie haben Sie es bloß geschafft, sowohl ihn als auch Tante Jean zu enttäuschen?

Der Eintritt in Phase 1: Ein entscheidender Wendepunkt

Das Gemeine an Gaslighting ersten Grades ist, dass es so unbedeutend erscheint. Ein kleines Missverständnis, ein Moment des Unbehagens, jemand verliert kurz mal die Beherrschung, ein belangloses Geplänkel. Wenn Sie Gaslighting noch nie als eigenständige Kategorie betrachtet haben, werden Ihnen diese angeblichen Lappalien gar nicht auffallen. Auch wenn Ihnen Gaslighting als Phänomen vertraut ist, kann es schwierig sein zu erkennen, ob Vorfälle wie die oben genannten nur kleine Ärgernisse sind, über die man hinwegsieht, Probleme, an denen Sie schuld haben, oder Warnsignale, die auf ein destruktives Muster hindeuten.

Doch das Gaslighting, wie es in Phase 1 stattfindet, entpuppt sich oft als entscheidender Wendepunkt in einer Beziehung. Manchmal tendiert die Beziehung in die eine oder in die andere Richtung – hin zum Gaslighting oder weg davon. Das hängt vom Verhalten des potenziellen Opfers ab. Eine deutliche und entschiedene Ablehnung des beginnenden Gaslightings ermöglicht es Ihnen vielleicht, diese Tendenzen im Keim zu ersticken, sodass sich eine ausgewogenere Beziehung entwickeln kann. (Keine Sorge. Weiter hinten in diesem Kapitel zeige ich Ihnen ganz genau, wie Sie das beginnende Gaslighting umgehen können.)

Manchmal schleicht sich das Gaslighting auch in eine Beziehung ein, die Wochen, Monate oder sogar Jahre relativ ausgewogen war. Die gemeinsame Zeit macht es Ihnen dann vielleicht noch viel schwerer zu erkennen, dass Ihr Ehemann, Freund oder Chef Ihnen gegenüber zum Gaslighter wird. Doch je früher Sie es durchschauen und das Muster durchbrechen, desto größer ist die Wahrscheinlichkeit, dass Sie Ihre frühere, ausgewogenere Beziehung wiederherstellen.

Einsetzendes Gaslighting zu erkennen könnte Ihnen aber auch viel früher zu dem Entschluss verhelfen, dass eine neue oder bestehende Beziehung nie funktionieren wird – was dann auch nicht so schmerzhaft wäre. Vielleicht beschließen Sie, die Romanze abzubrechen, die Freundschaft ausklingen zu lassen oder wenigstens die Intensität etwas herunterzufahren. Wenn der Gaslighter jemand ist, dem Sie nicht aus dem Weg gehen können – ein Verwandter, Vorgesetzter oder Kollege –, können Sie sich bemühen, den Kontakt zu beschränken und sich emotional zurückzunehmen.

Gaslighting in einem so frühen Stadium zu erkennen wird Ihnen helfen zu entdecken, ob Sie für den Gaslight-Tango anfällig sind. Jetzt ist genau der richtige Zeitpunkt, um die eigenen gaslight-anfälligen Reaktionen umzuprogrammieren. Denn jetzt ist das Gaslighting noch auf einem überschaubaren Level, und Ihre Selbstwahrnehmung ist noch relativ intakt.

Betrachten wir zuerst einmal einige verräterische Anzeichen dafür, dass Sie von Gaslighting ersten Grades betroffen sind. Sie werden sehen, dass manche dieser Anzeichen sich widersprechen, und alle können auf vielerlei Art erklärt werden. Aber wenn Ihnen etwas beim Lesen dieser Auflistung auf traurige Art bekannt vorkommt, dann schauen Sie genauer hin. Mit Ihrer heftigen Reaktion könnten Sie sich selbst den entscheidenden Hinweis darauf geben, dass Phase 1 des Gaslightings begonnen hat.

ANZEICHEN FÜR GASLIGHTING ERSTEN GRADES

BEI EHEMANN ODER PARTNER

- Sie streiten oft darüber, wer recht hat und wer nicht.
- Sie denken jetzt weniger darüber nach, was Ihnen gefällt, sondern mehr darüber, ob er recht hat.
- Sie können nicht begreifen, warum er Sie so oft zu verurteilen scheint.

- Sie haben oft das Gefühl, dass er die Wirklichkeit verdreht – er erinnert oder beschreibt Dinge ganz anders, als sie tatsächlich waren.
- Seine Sichtweise ergibt in Ihren Augen oft keinen Sinn.
- Ihr Bild von dieser Beziehung ist ein sehr gutes – »mit Ausnahme« dieser vereinzelten Zwischenfälle, die Ihnen nicht aus dem Kopf gehen.
- Wenn Sie den Standpunkt Ihres Partners beschreiben, sehen Ihre Freunde Sie an, als wären Sie verrückt.
- Wenn Sie versuchen, sich oder anderen klarzumachen, was Sie an der Beziehung stört, sind Sie nicht imstande, das Problem darzulegen.
- Sie erzählen im Freundeskreis nichts von den kleinen Zwischenfällen, die Ihnen auffallen. Lieber ignorieren Sie sie.
- Sie halten bevorzugt Kontakt zu Freunden, die glauben, Ihre Beziehung laufe gut.
- In Ihren Augen ist er dominant und engagiert, nicht herrschsüchtig und fordernd.
- In Ihren Augen ist er bezaubernd und romantisch, nicht unzuverlässig und unberechenbar.
- In Ihren Augen ist er vernünftig und hilfsbereit – und Sie fragen sich, warum sich die Beziehung nicht besser anfühlt.
- Bei ihm fühlen Sie sich sicher und beschützt. Und Sie wollen diese Sicherheit nicht aufgeben, nur weil er sich ab und zu schlecht benimmt.
- Wenn er besitzergreifend, launisch und abwesend ist, sehen Sie seinen Kummer. Dann wollen Sie ihm alles leichter machen.

- Sie stellen ihn zur Rede, aber das führt zu nichts. Doch Sie geben die Hoffnung nicht auf.

BEI EINEM VORGESETZTEN ODER CHEF

- Ihr Chef spricht die ganze Zeit mit Ihnen über Sie, und das meiste davon ist negativ.
- Im direkten Gespräch lobt Ihr Chef Sie, aber Sie haben das Gefühl, dass er hinter Ihrem Rücken Intrigen spinnt.
- Sie haben das Gefühl, nichts tun zu können, das Ihrem Chef gefällt.
- Früher fühlten Sie sich kompetent, jetzt nicht mehr.
- Sie vergleichen ständig Ihre Sichtweise mit der Ihrer Kollegen.
- Nach Feierabend gehen Sie im Kopf immer wieder Gespräche mit Ihrem Chef durch.
- Wenn Sie diese Gespräche mit dem Chef im Kopf durchgehen, wissen Sie einfach nicht, wer recht hatte.
- Wenn Sie diese Gespräche mit dem Chef im Kopf durchgehen, erinnern Sie sich nicht genau, was er sagte – aber Sie haben sich angegriffen gefühlt.

BEI EINER FREUNDIN

- Sie sind sich häufig uneinig.
- Es scheint jedes Mal persönlich zu werden, auch wenn eigentlich nichts über Sie gesagt wird.
- Oft gefällt Ihnen nicht, wie Ihre Freundin Sie anzusehen scheint, und Sie versuchen häufig, ihre Meinung zu ändern.

- Sie vermeiden bestimmte Gesprächsstoffe.
- Sie fühlen sich durch Ihre Freundin herabgesetzt.
- Sie stellen fest, dass Sie mit dieser Freundin lieber nichts unternehmen wollen.

BEI EINEM FAMILIENMITGLIED

- Ihre Eltern oder Verwandten nehmen Sie anders wahr als Sie sich selbst. Und das sagen sie Ihnen nur zu gern.
- Ihre Geschwister werfen Ihnen dauernd Verhaltensweisen oder Haltungen vor, die Sie gar nicht zu haben glauben.
- Ihre Geschwister haben ein Bild von sich und Ihnen, das Sie einfach nicht nachvollziehen können, Sie sollen es aber unbedingt teilen.
- Ihre Geschwister bestehen darauf, Sie so zu behandeln, als wären Sie noch das Kind von früher. Sind Sie das jüngste Kind, behandelt man Sie, als verhielten Sie sich immer noch wie ein Baby. Sind Sie das älteste der Geschwister, tun sie so, als würden sie von Ihnen immer noch gegängelt.
- Sie rechtfertigen sich häufig.
- Sie haben das Gefühl, als täten Sie nie genug.
- Sie haben das Gefühl, ein böses Kind zu sein, wenn Sie um etwas bitten.
- Sie haben meist Schuldgefühle.

Wer spinnt hier – die oder ich?

Ich habe beim Fliegen oft Angst, obwohl ich weiß, dass es statistisch gesehen wahrscheinlicher ist, einen Autounfall zu haben, als einen Flugzeugabsturz zu erleben. Aber eine kleine Turbulenz reicht, und ich bin sofort felsenfest davon überzeugt, dass der Flieger abstürzt. Ich *weiß*, dass das höchst unwahrscheinlich ist – aber was, wenn es doch stimmt? Wann höre ich auf mein Bauchgefühl, und wann ignoriere ich es besser?

In diesem Dilemma war ich sehr dankbar, als mir eine alte Freundin vor Jahren einen tröstlichen Rat gab. »Achte auf die Flugbegleiter«, sagte sie. »Die wissen genau, was vorgeht. Wenn sie ruhig bleiben, kannst auch du dich entspannen und deinen nervösen Magen ignorieren. Wenn die Flugbegleiter sich aber Blicke zuwerfen und miteinander flüstern, dann solltest du anfangen, dir Sorgen zu machen.«

Ich muss oft an diesen Rat denken, wenn mein Patienten mich fragen, ob Sie nun mit Gaslighting konfrontiert sind oder nicht. Schließlich kommt es in jeder Beziehung zu unschönen Situationen, und jeder hat Fehler. Was, wenn Ihr Freund es einfach hasst, im Kino allein gelassen zu werden? Was, wenn Ihr Chef nun mal ein bisschen zickt, wenn Sie zu spät kommen, oder Sie die Nervosität Ihrer ältlichen Tante Jean wegen der Geburtstagsvorbereitungen zu spüren kriegen? Für sich genommen ist keines der Vorkommnisse am Anfang des Kapitels eine große Sache – alles nur unbedeutende Turbulenzen und ein paar Hopser.

Manchmal deutet ein Warnsignal aber *wirklich* auf eine Gefahr hin. Und dann wäre es dumm, das zu ignorieren. Also rate ich Ihnen, auf die Flugbegleiter zu achten. Finden Sie vertrauenswürdige Indikatoren – andere Menschen, Ihr Bauchgefühl, Ihre innere Stimme –, um Ihnen dabei zu helfen herauszufinden, wann Ihre Bedenken gerechtfertigt sind und wann es sich nur um ein Gefühl handelt, das Sie ignorieren dürfen.

DIESE »FLUGBEGLEITER« KÖNNTEN AUF GEFAHREN HINWEISEN

- Das häufige Gefühl, verwirrt oder durcheinander zu sein
- Albträume oder aufwühlende Träume
- Die irritierende Unfähigkeit, sich im Zusammenhang mit dem Gaslighter an Einzelheiten zu erinnern
- Körperliche Symptome: flaues Gefühl im Magen, Brustenge, Heiserkeit, Verdauungsbeschwerden
- Ein Gefühl der Beklemmung oder der übermäßigen Wachsamkeit, wenn der Partner heimkommt
- Der krampfhafte Versuch, sich oder den Freundeskreis davon überzeugen zu wollen, wie gut die Beziehung mit dem Gaslighter läuft
- Das Gefühl, etwas hinzunehmen, was die eigene Würde kompromittiert
- Enge Freunde oder Verwandte, die häufig Besorgnis äußern
- Freunden aus dem Weg gehen oder sich weigern, mit ihnen über die Beziehung zu sprechen
- Verlust der Lebensfreude

Gaslighting ist in diesem Stadium heimtückisch. Es mag bis dato keine Anzeichen geben, die wir für gewöhnlich mit emotionalem Missbrauch in Verbindung bringen – keine Beleidigungen, bissigen Bemerkungen, Gemeinheiten oder Kontrollversuche. In Phase 1 muss es nicht einmal einen emotionalen GAU geben. Der kommt vielleicht später. Aber Gaslighting ist – auch in dieser frühen Phase – zutiefst verunsichernd und Kraft raubend, denn man ist eifrig auf die Anerkennung des Gaslighters bedacht und hat eventuell schon begonnen, ihn zu verklären. Man hat beschlossen, dieser Mensch weiß, »wer man wirklich ist«. Und wenn er schlecht von einem denkt, dann hat er sicher recht. Also ringt man mit ihm – im Gespräch oder in Gedanken – und hofft verzweifelt, ihm beweisen zu können, dass seine Kritik nicht stimmt und dass man doch ein guter Mensch ist. Wenn man sich so darauf konzentriert, die Zustimmung dieses Menschen zu erringen, ist man vielleicht nicht mehr in der Lage zu sehen, wie schlecht er sich eigentlich verhält.

Das vage Gefühl, dass etwas nicht stimmt – ohne dass Sie es genau benennen könnten –, könnte der einzige Fingerzeig sein, dass etwas nicht stimmt. So wissen Sie in dem Beispiel mit dem Kino-Date einfach, dass Sie nur wenige Minuten fort waren – sonst hätte der Film längst begonnen. Und selbst wenn Sie länger fort gewesen wären, hätten Sie nichts Unrechtes getan. Doch die extreme Verärgerung Ihres Begleiters vermittelt den Eindruck, Sie hätten sich schlecht benommen.

Sie haben jetzt zwei Möglichkeiten:

1. **Gaslight-frei:** Wenn Sie fähig sind, stark zu bleiben, sich nicht um die Zustimmung Ihres Begleiters scheren und an Ihrer Wahrnehmung festhalten, gelingt es Ihnen vielleicht, seinen Ärger als Reaktion auf seine eigenen Ängste zu sehen. »Oh, der ist wohl ein bisschen aufgeregt wegen des Dates«, könnten Sie sich denken, oder »er kriegt echt Angst, wenn er fünf Minuten allein sein muss«. In beiden Fällen wissen Sie, dass *er* ein Problem hat, nicht Sie. Und Sie haben das Gaslighting abgewehrt. (Anschließend kön-

nen Sie in Ruhe entscheiden, ob Sie sich auch weiterhin mit jemandem treffen möchten, der so leicht verärgert ist.)

2. **Gaslight-anfällig:** Wenn es bereits so weit gekommen ist, dass Sie diesen Typen toll finden und er Sie bitte schön lieben soll, dann trachten Sie wahrscheinlich auch nach seiner Anerkennung, auch in diesem frühen Stadium. In diesem Fall könnten Sie sich Vorwürfe machen, dass er so verärgert ist. Sie könnten sich tatsächlich für rücksichtslos halten oder sich fragen, warum Sie sich so schlecht benommen haben. Oder Sie fragen sich, was mit Ihrem Zeitgefühl nicht stimmt. Wenn dieser tolle Mann denkt, Sie seien rücksichtslos, dann sind Sie es womöglich, fürchten Sie. Und der Weg, sich zu beweisen, dass Sie es *nicht* sind, führt über seine Anerkennung. Der Gaslight-Tango beginnt.

Gleiches gilt für die Geschichte mit der neuen Chefin. Sie *wissen*, dass Sie zu spät zur Arbeit gekommen sind, weil Sie am Abend vorher gefeiert haben. Doch die Chefin will ihre Verspätung unbedingt anders interpretieren, was Sie nicht akzeptieren.

Auch hier haben Sie zwei Möglichkeiten:

1. **Gaslight-frei:** Wenn Sie sich Ihrer selbst und Ihrer Arbeit relativ sicher sind, ist es vielleicht gar nicht so wichtig für Sie, die Anerkennung Ihrer Chefin zu erringen. Klar wollen Sie von ihr gemocht werden und interessante Aufgaben zugeteilt bekommen. Aber was die Chefin über Sie denkt, spielt gar keine so große Rolle für Ihre Selbstwahrnehmung. Mit diesem Selbstwertgefühl gelingt es Ihnen womöglich, die seltsame Interpretation beiseitezuschieben und das Gaslighting zu vermeiden. »Wow«, denken Sie sich, »diese Frau hat echt ein paar seltsame Theori-

en. Ist wohl besser, nicht mehr zu spät zu kommen, sonst muss ich mir noch mehr davon anhören!«

2. **Gaslight-anfällig:** Wenn Ihre Einschätzung, ob Sie ein guter Mitarbeiter und ein kluger, kompetenter Mensch sind, von der Anerkennung Ihrer Chefin abhängig ist, könnten Sie sich jetzt fragen, ob sie vielleicht irgendwie recht hat. Vielleicht sind Sie vor etwas ausgewichen. Und fühlen sich bedroht. Sind Sie etwa so lange aus gewesen, um absichtlich zu verschlafen? Sobald Sie ihren Theorien Platz einräumen, obwohl Sie genau wissen, dass nichts Wahres daran ist, sind Sie für Gaslighting anfällig.

Auch nach dem Telefonat mit Tante Jean sind Sie möglicherweise frustriert und verwirrt. Tante Jean tut so, als hätten Sie zuerst angeboten, etwas zu essen zu machen, und sich dann geweigert – und in dieser Version steckt gerade genug Wahrheit, um Sie zu verunsichern. In Wahrheit *haben* Sie angeboten, etwas zu machen. Doch als Tante Jean Ihr Angebot ausschlug, haben Sie sich anderen Verpflichtungen zugewandt.

Was haben Sie hier für Möglichkeiten?

1. **Gaslight-frei:** Wenn Sie sehr wohl empfinden, dass Sie ein liebenswerter, freundlicher und hilfsbereiter Mensch sind, werden Sie auch wissen, was wirklich passiert ist. Tante Jeans Verdrehung der Wahrheit wird Sie nicht allzu sehr belasten. Womöglich begegnen Sie ihr sogar mit Mitgefühl, sagen sich, dass sie wegen der anstehenden Feier nervös ist, und zucken angesichts der überfallartigen Anfrage nur mit den Schultern.

2. **Gaslight-anfällig:** Wenn Ihnen wie so vielen von uns sehr daran gelegen ist, dass Ihre Familie gut von Ihnen denkt,

dann wird Tante Jeans Anruf Sie aus dem Gleichgewicht bringen. Es reicht nicht, dass Sie wissen, was geschehen ist. Auch Tante Jean muss das verstehen. Sonst stimmt es vielleicht, sonst sind Sie vielleicht wirklich die böse, egoistische Person, die ihre Familie vernachlässigt. Also versuchen Sie verzweifelt, sie von Ihren guten Absichten zu überzeugen, oder streiten heftig mit ihr darüber, was wirklich geschehen ist. Vielleicht bleiben Sie sogar nachts auf, um den Kuchen zu backen! Sie tanzen den Gaslight-Tango.

GASLIGHTING DER PHASE 1 TRITT LEICHTER AUF,

- wenn Sie sich schnell von Menschen beeinflussen lassen, die sicher wirken.
- wenn Sie verstärkt auf Menschen reagieren, die gekränkt, frustriert oder hilfsbedürftig erscheinen.
- wenn Sie gern recht haben und sich das auch von anderen bestätigen lassen.
- wenn Sie alles daransetzen, gemocht, geschätzt und verstanden zu werden.
- wenn es Ihnen sehr wichtig ist, Sachen ins Lot zu bringen und alles zu einem guten Ende führen zu können.
- wenn Sie die ausgeprägte Fähigkeit haben, sich in andere hineinzuversetzen, und sich zeigt, dass Sie gar zu schnell den Standpunkt des Gaslighters annehmen können.
- wenn Sie die Beziehung unbedingt beibehalten wollen.

- wenn Sie ganz allgemein Beziehungen in Gang halten wollen – es fällt Ihnen schwer, Menschen loszulassen.
- wenn Sie zu gern eine gute Meinung vom Gaslighter beibehalten wollen.
- wenn es Ihnen schwerfällt zuzugeben, dass jemand Sie schlecht behandelt.
- wenn Sie Streitigkeiten und Konflikte nicht ertragen können.
- wenn Sie sich lieber auf die Meinung eines anderen verlassen als auf Ihre eigene, weil Sie sich dann besser fühlen.
- wenn Sie sich häufig Sorgen machen, nicht gut, tüchtig oder liebenswert genug zu sein.
- wenn Sie die Zustimmung des Gaslighters wollen, vor allem, weil Sie ihn verklärt haben oder in einem romantischen Licht sehen, oder weil Sie sehr darauf erpicht sind, die Beziehung weiterzuführen.

Wenn Kritik zur Waffe wird

Nehmen wir einmal an, Sie haben sich mit einem Man eingelassen, der gelegentlich die Beherrschung verliert und anfängt zu brüllen. Sie hassen es, angebrüllt zu werden, sind aber bereit, es zu ertragen. Wenn Ihr Partner also mit lauter Stimme loslegt, sagen Sie ruhig: »Bitte brüll mich nicht an. Lass uns diesen Streit einfach zurückstellen und schlafen gehen.«

So weit, so gut – niemand leidet unter Gaslighting, und der Streit löst sich vielleicht in Wohlgefallen auf. Aber was, wenn Ihr Freund sagt »Ich verstehe nicht, warum du immer so empfindlich sein musst!« oder »Ich hab gar nicht gebrüllt. Ich rede mit normaler Stimme«?

Jetzt haben Sie verschiedene Möglichkeiten. Wenn Sie sagen »Ich will jetzt nicht weiterreden« oder »Vermutlich sehen wir die Dinge etwas unterschiedlich« oder auch »Vielleicht hast du recht«, können Sie den Streit vielleicht immer noch mit intakter Selbstwahrnehmung beenden. Beachten Sie, dass Sie nicht gesagt haben, Ihr Freund habe recht, sondern nur, dass er *vielleicht* recht habe. Sie räumen ein, dass es sich bei Ihnen um zwei Menschen mit unterschiedlichen Standpunkten handelt, und weigern sich damit, dem Drang zur Verschmelzung nachzugeben – ein wunderbarer Schutz gegen Gaslighting.

Aber was, wenn Sie doch darüber nachdenken, ob Sie zu empfindlich waren oder ob die laute Stimme Ihres Freundes normal war? Sind Sie dann »offen für Kritik« – was in der Regel eine gute Sache ist – oder öffnen Sie sich einfach dem Gaslighting ersten Grades?

Noch einmal: Es handelt sich um eine Gratwanderung. Manchmal verhält sich ein geliebter Mensch nun einmal anders als wir, und was wir »brüllen« nennen, ist seine »leidenschaftliche, aber normale« Stimme. Manchmal hat ein solcher Mensch auch Einsichten und Ansichten, die unsere hinterfragen, aber auch hilfreich sein könnten. Zu lernen, sich mit den Augen eines nahestehenden Menschen zu sehen, kann ein enormer Ansporn für die persönliche Entwicklung sein, genau wie die Offenheit gegenüber Kritik Teil jeder wichtigen Beziehung ist.

Manchmal jedoch wird ein Gaslighter Kritik als Waffe einsetzen – Kritik, die einen so ängstlich und verletzlich macht, dass man sich am Boden zerstört fühlt. Man kann nicht ertragen, dass er so schlecht von einem denkt. Man fürchtet, er könne recht haben, wenn er einen für unsensibel, unvernünftig oder unfähig hält. So »schlecht« will kein Mensch sein. Diese Kritik nutzt er als emotionale Apokalypse, weil das Opfer so empfänglich dafür ist.

Die Kritik eines Gaslighters kann auch teilweise berechtigt sein, aber er will damit nicht helfen, sondern verunsichern. Aaron beispielsweise wies Trish darauf hin, dass sie ihre Kreditkartenrechnungen häufig zu spät beglich, weshalb sie verschiedentlich Mahngebühren zahlen musste. Er hatte vermutlich recht damit, dass sie ihre Rechnungen pünktlicher begleichen könnte. Und wenn er diese Punkte liebevoller und verständnisvoller formuliert hätte, wäre Trish seinem Rat vielleicht gefolgt und hätte davon profitiert. Doch Aaron nutzte diese partielle Wahrheit, um daraus einen größeren Fall zu machen, der nicht mehr der Wahrheit entsprach: dass Trish eine kindische, verantwortungslose Person sei, der man in Geldfragen nicht vertrauen könne, eine Verschwenderin, die sie beide an den Rand des Ruins bringen würde. Das war unwahr. Trish hingegen fürchtete insgeheim, dass sie vielleicht doch »so schlimm« sei, wenn Aaron sie für »so schlimm« hielt. Ihre verzweifelten Versuche, ihn davon abzubringen, waren in Wahrheit dazu gedacht, sich selbst zu beweisen, dass sie nicht so unverantwortlich und kindisch war, wie Aaron es anzunehmen schien.

Wenn Sie also jemand kritisiert, und Sie fühlen sich verunsichert und verängstigt, dann sehen Sie zu Ihren Flugbegleitern. Gute Freunde und vertrauenswürdige Intuitionen können bei der Entscheidung helfen, ob Sie aufmerksam oder misstrauisch gegenüber negativen Meinungen sein sollten. Sobald Sie spüren, dass Sie verunsichert und angegriffen werden, sollten Sie nicht länger zuhören, sondern sich auf das Wesentliche konzentrieren: Sie verdienen es nicht, so behandelt zu werden, egal, was Sie getan oder nicht getan haben.

DIESE »FLUGBEGLEITER« KÖNNTEN AUF GEFAHREN HINWEISEN

- Das häufige Gefühl, verwirrt oder durcheinander zu sein
- Albträume oder aufwühlende Träume
- Die irritierende Unfähigkeit, sich im Zusammenhang mit dem Gaslighter an Einzelheiten zu erinnern
- Körperliche Symptome: flaues Gefühl im Magen, Brustenge, Heiserkeit, Verdauungsbeschwerden
- Ein Gefühl der Beklemmung oder der übermäßigen Wachsamkeit, wenn der Partner heimkommt
- Der krampfhafte Versuch, sich oder den Freundeskreis davon überzeugen zu wollen, wie gut die Beziehung mit dem Gaslighter läuft
- Das Gefühl, etwas hinzunehmen, was die eigene Würde kompromittiert
- Enge Freunde oder Verwandte, die häufig Besorgnis äußern
- Freunden aus dem Weg gehen oder sich weigern, mit ihnen über die Beziehung zu sprechen
- Verlust der Lebensfreude

In meinen Augen ist dieser Punkt so wichtig, dass ich ihn wiederholen möchte: Sie sollten *nie* auf Kritik hören, die verletzend ist, auch wenn mehr als ein Körnchen Wahrheit darin steckt. Wenn die Flugbegleiter signalisieren, dass jemand die Wahrheit als Waffe einsetzt, *hören Sie nicht länger zu,* und beenden Sie das Gespräch. Sonst laufen Sie Gefahr, in den Gaslight-Tango hineingezogen zu werden.

KRITIK, DIE VERUNSICHERN SOLL,

- umfasst Beschimpfungen, Übertreibungen, Beleidigungen.
- kommt mitten im Streit und bei heftigen Wortwechseln.
- ist Teil der Bemühungen, einen Streit zu gewinnen.
- wird an Ihrem Einspruch geäußert oder weil Sie das Gespräch beenden wollen.
- scheint aus dem Nichts zu kommen.
- verschiebt den Fokus vom Verhalten des Gegenübers auf Ihr Verhalten.
- findet in einem Kontext statt, in dem Sie nicht so leicht antworten können.

Die Erklärungsfalle in Phase 1

Meine Freundin Leah ist eine zierliche Endfünfzigern, die einen kleinen Betrieb hat. Die zarte Frau mit dem silbrigen Haar ist geradlinig und hat einen überraschenden Sinn für Humor. Leah war lange verheiratet und ist inzwischen Witwe. Ganz allmählich hält sie auch wieder Ausschau nach einem neuen Partner. Vor Kurzem fand sie sich bei der Essenseinladung einer Freundin neben einem Mann namens Matt wieder. Sie hatte starke Vorbehalte gegen ihn – er schien arrogant und auch irgendwie zurückhaltend zu sein. Aber sie war bereit, sich auf ihn einzulassen, als er sie für den folgenden Samstag um ein Treffen bat.

Im Lauf der nächsten Woche mailte Matt ihr ständig, wie sehr er sich auf das Treffen freue, doch einen konkreten Vorschlag machte er nicht. Am Samstagnachmittag rief er dann an, um abzusagen, weil in der Familie ein Notfall eingetreten sei. Er entschuldigte sich wiederholt, aber Leah saß Samstagabend allein zu Hause.

Am Montag rief Matt Leah an, um das Treffen nachzuholen, aber es ließ sich erst in drei Wochen ein gemeinsamer Termin finden. »Das ist ja schrecklich«, sagte Matt ihr. »Jetzt fühle ich mich noch schlechter, weil ich abgesagt habe. Bist du *sicher*, dass es nicht vorher klappt? Ich würde dich wirklich gern so schnell wie möglich sehen.«

Leah verneinte, und so machten sie etwas für den späteren Zeitpunkt aus. Aber es war klar, dass Matt nicht zufrieden war. Deshalb stellten sich bei Leah Hintergedanken ein. Was, wenn er ihre Vorbehalte gespürt und aus diesem Grunde abgesagt hatte? Was, wenn Sie dieser Beziehung von vornherein keine Chance gab, weil sie keine Möglichkeit fand, ihn früher zu treffen? Matt war eindeutig durch den Wind, weil er abgesagt hatte. Er fuhr fort zu sagen, wie schlecht er sich deshalb fühle. Verdiente er keine zweite Chance? Wenn sie sich interessierter gezeigt hätte, wäre er vielleicht auch entgegenkommender gewesen.

Als ich mich wieder mit ihr unterhielt, wartete Leah mit einer Erklärung für den Zwischenfall auf. Ihrer Meinung nach hatte sie ihn irgendwie mit ihren Vorbehalten vergrault, weshalb er das Treffen abgesagt hatte. Und weil sie das Date nicht früher nachholte, hatte sie sich noch mehr distanziert. Seine schlechte Laune oder Verstimmung war also eindeutig durch ihre Unverbindlichkeit gerechtfertigt.

»Aber Leah«, widersprach ich, »du übersiehst einen wichtigen Aspekt: Matt hat das Date in letzter Minute abgesagt. Selbst wenn du verstehst, warum er das getan hat – selbst wenn all deine Erklärungen für sein Verhalten richtig sind –, ist daran nicht zu rütteln. Du versuchst, eine Auswahl zu treffen. Auf welchen Aspekt seines Verhaltens willst du eingehen, welchen willst du ignorieren? Aber für etwas eine Erklärung zu finden heißt nicht, dass es nicht stattgefunden hat.« Leahs Bemühungen, eine Erklärung für Matts unschönes Verhalten zu finden, machten sie anfälliger für sein Gaslighting. Statt Matt so zu sehen, wie er wirklich war, fand sie Erklärungen, um ihn so sehen zu können, wie er es wollte.

Wie ich es sah, tappte Leah in die Erklärungsfalle – man strengt sich an, ein irritierendes Verhalten zu rechtfertigen. Das schließt Gaslighting ein. Eigentlich sollten bei diesen frühen Anzeichen die Alarmglocken läuten, doch wir finden scheinbar rationale Erklärungen, um uns zu beweisen, dass diese Warnsignale harmlos sind. Wie jede andere Form des Gaslightings beeinflusst uns auch die Erklärungsfalle, weil wir uns verzweifelt wünschen, eine bestimmte Beziehung möge funktionieren. Wir nehmen an, diese Beziehung könnte uns endlich die Anerkennung eines Mannes sichern, sodass wir uns gut, tüchtig und liebenswert vorkommen. Also suchen wir nach Gründen, um die unerfreuliche Wahrheit ausblenden und den Gaslighter verklären zu können. Im Anschluss finden Sie drei mögliche Wege, in die Erklärungsfalle zu tappen.

1. »Nicht er ist schuld, sondern ich.«

In dieser Variante fassen wir alle Vorkommnisse in einer Beziehung als von uns verursacht auf. So beharrte Leah darauf, Matt habe das Date nicht platzen lassen, weil er unsicher, unhöflich oder wirklich verhindert war. Nein, sie habe ihn mit ihren Gedanken, Gefühlen und Taten in diese unerfreuliche Richtung gedrängt. Diese Art Erklärung ist für viele von uns verlockend, denn auf diese hinterhältige Art kann man sich allmächtig fühlen. Wenn das unschöne Verhalten des Gaslighters allein unsere Schuld ist, haben wir die Situation voll unter Kontrolle. Dann müssen wir uns nur noch mehr bemühen, und die Beziehung wird sich sicher verbessern.

2. »Er fühlt sich so schlecht.«

In diesem Fall verwechseln wir Sorge, Ärger und Frust des anderen mit echtem Bedauern. Leah hörte nicht auf zu betonen, wie leid es Matt tat wegen seiner Absage. Matt mag sie sehr wohl bedauert haben, als er merkte, dass ein neuer Termin nicht leicht zu finden sein würde. Aber sein Bedauern galt allein ihm selbst, weil es so schwierig für ihn war, die gewünschten Pläne zu machen. Er zeigte keinerlei Bewusstsein dafür, dass Leah sich vielleicht einsam gefühlt hatte und durch seine Absage vielleicht verwirrt war. Er erwähnte nur, dass *er* dadurch Nachteile hatte. Indem sie dieses Bedauern aufgriff, machte Leah sich vor, Matt sei ihr zugetan und somit gut geeignet für eine Beziehung. Aufgrund der Macht ihrer Fantasie sah sie in ihm nicht den selbstsüchtigen Mann, der sich ihrer Gefühle kaum bewusst war, sondern einen einfühlsamen, fürsorglichen Menschen, der traurig darüber war, was er angerichtet hatte.

3. »Egal, wie er sich verhält, ich sollte darüberstehen.«

Wenn all unsere Erklärungen nicht greifen, können wir uns immer noch davon zu überzeugen suchen, dass das schlechte Benehmen eines anderen Menschen uns nichts ausmacht – oder ausmachen sollte. Leah konnte Matt nicht daran hindern, ihr Treffen abzusagen, aber sie konnte versuchen, es sich nicht zu Herzen zu nehmen. Manchmal »beschließen« wir einfach, eine Sache nicht zu nah an uns heranzulassen. Manchmal vergessen wir wie Leah quasi, dass es passiert ist.

In beiden Fällen versuchen wir, so stark auszusehen, dass das Benehmen des Gaslighters uns nichts anhaben kann. »Egal, was er tut, ich werde ihn weiter lieben«, sagte mir eine Patientin einst. »Ist das nicht gemeint, wenn man von bedingungsloser Liebe spricht?«

Genau das ist das Problem der »bedingungslosen Liebe« – sie ist ein Ideal, das außerhalb der Realität steht. Denn was sagt der bedingungslos Liebende denn eigentlich? »Egal, wie du mich behandelst, egal, was du tust, ich werde immer das Gleiche für dich empfinden. Also versuch gar nicht erst, meine Gefühle zu ändern! Du kannst ein Date absagen oder einhalten, ich empfinde das Gleiche für dich. Du kannst meine Gefühle ignorieren und dich auf deine konzentrieren oder mich mit Liebe und Zuneigung überhäufen, ich empfinde nicht anders für dich. Du kannst mich beleidigen, ignorieren oder Sinnloses von mir verlangen, das macht mir nicht das Geringste aus. Da siehst du, was für ein guter Mensch ich bin und wie sehr ich dich liebe. Unterm Strich zählen nicht du und dein Verhalten, sondern ich und meine Liebe.«

Verstehen Sie mich bitte nicht falsch. Ich bin durchaus dafür, dass man die schlechten Zeiten in einer Beziehung durchsteht. Ich glaube, dass zur Liebe auch ein gewisses Maß an Selbstaufopferung gehört. Und ich weiß, dass die Liebe nicht immer einfach ist. Aber die Quintessenz der Liebe ist ja, dass es sich um eine *Beziehung* handelt. Was ein Partner tut, betrifft auch den anderen – das ist die schlechte und gleichzeitig die gute Neuigkeit, das sind die Freuden und die Leiden der Liebe. Es ist nicht möglich, dass einen das Verhalten des anderen gleichgültig lässt. Wenn dem so wäre, könnten wir die Beziehung ja auch mit uns allein führen.

Was also fasziniert uns so an der Vorstellung der bedingungslosen Liebe? Für viele von uns ist die Liebe eine enttäuschende Erfahrung. Familienmitglieder, Freunde und Partner behandeln uns nicht immer gut. Bei manchen haben die Eltern versagt, andere wurden von ihrem Partner betrogen oder von Freunden oder Kollegen im Stich gelassen. Da kann sich bei jedem von uns das Gefühl einstellen, die Liebe sei nichts für ihn. Nie wird es jemanden geben, der wirklich in der Lage ist, großherzig zu geben und uns mit Empathie zu begegnen.

Aus dieser schmerzlichen Angst heraus neigen wir dazu, das Problem ganz allein zu lösen, indem wir uns neu erschaffen und dann stark, unabhängig und allmächtig sind. Wir versuchen so, die Unzulänglichkeiten uns nahestehender Menschen auszugleichen, indem wir selbst bessere Menschen werden. Statt uns den Verwandten, Freund oder Partner einmal näher anzusehen und uns zu fragen, wozu dieser Mensch wirklich fähig ist, klammern wir uns an die Wunschvorstellung von einer Beziehung und konzentrieren uns auf unseren Anteil daran. Statt uns zu fragen, wie es uns eigentlich in dieser Beziehung geht – fühlen wir uns gut oder schlecht, geliebt oder vernachlässigt –, klammern wir uns an die Idealvorstellung, wie wir uns fühlen würden, wären wir selbstloser, großherziger, liebevoller. Damit bieten wir dem Gaslighting eine breite Angriffsfläche. Solange auch nur ein Teil von uns glaubt, wir bräuchten den Gaslighter, um uns besser zu fühlen, unser Selbstvertrauen zu stärken oder unsere Selbstwahrnehmung zu verbessern, sind wir potenzielle Opfer für Gaslighting.

Vergessen Sie nicht, was beim Gaslighting passiert: Der Gaslighter wird – auch wenn er durchaus fähig wäre, sich ernsthaft auf Sie einzulassen – überwältigt von dem Bedürfnis, sich selbst und seine Machtgelüste zu stärken. Dafür muss er Ihnen beweisen, dass er recht hat, und Sie müssen zustimmen. Ganz egal, wie viel er über Sie und Ihre Gefühle redet, ihm ist nur eines wichtig: Er muss Sie dazu bringen, ihm recht zu geben.

Wenn Sie in die Erklärungsfalle tappen, versuchen Sie möglicherweise, sein Verhalten zu entschuldigen. Sie sind so erpicht auf seine Anerkennung und sehen ihn in einem solch verklärten Licht, dass Sie sein Verhalten ignorieren und sich auf seine Aussage konzentrieren.

Matt beharrte ja darauf, dass er mit Leah ausgehen wolle. Dennoch machte er keinen konkreten Vorschlag und sagte das Date sogar ab. Nichts deutete darauf hin, dass er sich für Leahs Gefühle interessierte. Es ging ihm allein um sich selbst. Statt zu erkennen, wie sehr Matts Verhalten ihr missfiel, machte Leah das Problem zu ihrem eigenen und bastelte eine beruhigende Erklärung zusammen, der zufolge sie allein verantwortlich war für alles, was schieflief. Folglich war sie auch allein verantwortlich dafür, es wieder in Ordnung zu bringen.

Auf ihre Art hatte Leah Matt genauso wenig beachtet wie er sie. Statt auf den echten Mann zu schauen, der das Date abgesagt und dann wegen des Nachholtermins geschmollt hatte, hatte sie sich einen knuffigen, einsamen Typen vorgestellt, der sie gut behandeln würde, sobald sie ihm ihre Zuneigung zeigte. Und dann warf sie sich vor, ihm diese Zuneigung nicht offen genug gezeigt zu haben.

Wie kann man die Erklärungsfalle meiden? Halten Sie Kontakt zu Ihren Flugbegleitern. Sie helfen Ihnen, den Unterschied zu erkennen zwischen Erklärungen, die eine Situation wirklich ausleuchten, und solchen, die dazu verleiten, die Realität weiter zu ignorieren. Wenn Sie aufgewühlt oder verunsichert sind und sich – und Freunden – die Erklärung wieder und wieder vorbeten müssen, ist das ziemlich sicher ein Zeichen dafür, dass Sie sich etwas schönreden. Eine echte Erklärung erleichtert, weil man etwas verstehen und nachvollziehen kann. Die Erklärungsfalle dagegen verstärkt oft die Angst, die sie eigentlich nehmen sollte.

SO NEHMEN SIE KONTAKT ZU IHREN FLUGBEGLEITERN AUF

Wenn Sie die nachfolgenden Dinge tun, könnte Ihnen durchaus unbehaglich zumute sein. Das ist nicht schlimm – es ist nämlich das Zeichen, dass Sie Kontakt haben zu einer inneren Weisheit, die Sie zur Lösung des Problems brauchen. Bleiben Sie am Ball, spüren Sie Ihren Gefühlen nach und schauen Sie, was sie Ihnen zu sagen haben.

- Führen Sie Tagebuch. Wenn Sie aufgewühlt oder unsicher sind, machen Sie es sich zur Aufgabe, mindestens eine Woche lang jeden Tag wenigstens drei Seiten zu füllen. Schreiben Sie, so schnell Sie können. Machen Sie keine Pausen, um sich zu zensieren oder Ihre Gedanken zu hinterfragen. Lassen Sie die Wahrheit heraus.
- Meditieren Sie. Beim Meditieren ordnen und beruhigen Sie Ihre Gedanken. Viele Menschen berichten, dass sie innerlich Klarheit erlangen, wenn sie mindestens 15 Minuten am Tag meditieren. Ihre heimlichsten Gedanken und Gefühle kommen dann entweder beim Meditieren oder zu einem anderen Zeitpunkt des Tages an die Oberfläche. Die meisten Yoga-Zentren bieten Meditationskurse an. Außerdem empfehle ich Sharon Salzbergs großartiges Buch *Metta Meditation. Buddhas revolutionärer Weg zum Glück.*
- Meditation in Bewegung. Übungen für Körper und Geist – Yoga, Tai-Chi und zahlreiche Kampfsportarten – sind häufig eine Form von Meditation in Bewegung. Diese Praktiken machen Ihren Körper beweglicher und helfen gleichzeitig, Kopf, Herz und Geist zu öffnen. Sie sind eine wunderbare Möglichkeit, zu einer eigenen Sicht der Dinge

zu gelangen und eine tiefe, wahrhaftige Wahrnehmung zu entwickeln.

- Verbringen Sie Zeit mit sich allein. Unser Leben ist häufig so geschäftig und durchgetaktet, dass wir keine Zeit haben, mit uns selbst Verbindung aufzunehmen. Der Psychologe Thomas Moore vergleicht die Seele mit einem scheuen, wilden Tier. Er meint damit, dass wir geduldig am Waldrand warten müssen, bis es auftaucht und seine Weisheit mit uns teilt. Wenn Ihnen diese Verbindung fehlt, brauchen Sie vielleicht nur ein bisschen Zeit, um sie wiederherzustellen.
- Verbringen Sie Zeit mit Familie oder Freunden. Manchmal sind wir auch beim Gaslighting ersten Grades zunehmend isoliert von allen mit Ausnahme des Gaslighters. Wir lassen es zu, uns nur noch damit zu beschäftigen, was dieser Mensch – ob nun Partner, Freundin, Kollege oder Chef – sagen, denken, wollen oder verlangen könnte, auch wenn wir gar nicht bei ihm sind. Zeit mit einem Menschen zu verbringen, der einen so sieht wie man sich selbst, ist eine gute Idee, um die eigene Perspektive wiederzuerlangen.

Den Gaslight-Tango vermeiden

Gaslighting ersten Grades hat eine Besonderheit – es ist die einzige der drei Phasen, bei der man nicht nur die Gelegenheit hat, den Gaslight-Tango zu unterbrechen. Man kann ihn jetzt nämlich noch ganz vermeiden. Wie? Hier kommen einige Vorschläge.

Wenn Sie ein Date haben

- Geben Sie acht. Gibt es Diskrepanzen zwischen dem, was Sie für wichtig halten, und dem, was er für wichtig hält?
- Ordnen Sie Ihre Gedanken und Urteile. Wenn er Ihnen etwas vorzuwerfen scheint, fragen Sie sich, ob Sie dieser Einschätzung Ihres Verhaltens zustimmen.
- Behalten Sie Ihren Sinn für Humor. Wenn er etwas offensichtlich viel ernster nimmt als Sie, bleiben Sie bei Ihrer Einschätzung, was belanglos ist oder sogar lächerlich.
- Seien Sie sich über Ihre Gefühle im Klaren. Wie fühlen Sie sich im Lauf des Dates? Verdrießlich? Verängstigt? Sind Sie hin und weg vor Begeisterung? Es mag zu früh sein zu sagen, was diese Gefühle bedeuten, aber man kann sie wenigstens zur Kenntnis nehmen.
- Bewahren Sie eine ausgewogene Perspektive. Wenn das Treffen vorbei ist, gehen Sie noch einmal in sich, um einen Gesamteindruck zu bekommen. Wenn das Gute überwiegt, möchten Sie diesen Mann vielleicht wiedersehen. Aber lassen Sie auch die Erinnerung an alles zu, was Sie gestört oder verwirrt hat.

Wenn es um Ihren Chef geht

- Finden Sie das Muster. Wenn es zu Gaslighting gekommen ist, weil Ihr Chef behauptet, Sie seien labil und hielten keinen Druck aus, wissen Sie trotzdem noch nicht, ob er diese Art Gaslighting immer anwendet oder nur als Reaktion auf bestimmte Situationen – wenn Sie einen Fehler begehen, etwas besonders gut machen oder anscheinend Schwierigkeiten haben. Das Gaslight-Muster Ihres Chefs zu durchschauen kann Ihnen helfen herauszufinden, was Sie aushalten können und was nicht.

- Finden Sie heraus, wie weit Ihr Chef gehen würde. Führt das Gaslighting unvermeidlich zu Bestrafungen – unangenehmen Aufgaben, Lohnabzug, Entlassung –, oder ist es nur ein psychologisches Spielchen? Wenn Sie auch hier den Überblick haben, können Sie Ihre eigenen Grenzen ausloten.
- Finden Sie heraus, wie viel Kontakt wirklich nötig ist. Manche Chefs sind zentrale Figuren unseres Arbeitslebens, andere agieren eher im Hintergrund. Niemand möchte vom Chef drangsaliert werden, aber sein Verhalten ist vielleicht leichter zu ertragen, wenn er im beruflichen Alltag nicht zu präsent ist.

Wenn es um die Familie geht

- Weigern Sie sich mitzumachen. Leichter gesagt, als getan – und sicher haben Sie diesen Ratschlag schon oft gehört. Trotzdem ist es immer noch die beste Möglichkeit, sich nicht auf einen Gaslight-Tango mit Mutter, Vater, Bruder, Schwester oder der nörgelnden Tante Jean einzulassen. Im Familienkreis sind die Verhaltensmuster oft so festgefahren, dass sie nur schwer zu durchbrechen sind. Die Weigerung, sich auf ein Gaslighting-Gespräch einzulassen, ist häufig die wirksamste Antwort.
- Verzichten Sie darauf, anderen zu zeigen, dass Sie recht haben. Wenn der andere immer sehen soll, dass Sie recht haben, machen Sie sich anfällig für Gaslighting. Wohlgemerkt: Sie sollen nicht die innere Überzeugung aufgeben, dass Sie recht haben. Aber sobald Ihnen ehrlich egal ist, was Ihre Verwandten von Ihnen halten, sind Sie auf dem besten Weg, sich von Gaslighting in der Familie freizumachen.

- Beharren Sie nicht darauf, immer verstanden zu werden. »Ich verstehe ja Ihren Standpunkt, warum können Sie dann nicht meinen verstehen?«, fragte mich eine Patientin einmal. Es ist bitter, sich missverstanden zu fühlen, und noch bitterer, wenn es die eigene Familie ist, die einen nicht versteht. Deshalb noch einmal: Verstanden werden zu wollen macht einen besonders anfällig für Gaslighting.

Den Tanz unterbrechen

Selbst Gaslighting ersten Grades kann uns so vereinnahmen, dass wir anfangen, den Gaslight-Tango zu tanzen. Wie unterbricht man den Tanz, sobald er einmal begonnen hat? Hier einige Vorschläge, die in jeder Phase des Gaslightings nützlich sind, besonders aber in der ersten.

Fragen Sie nicht »Wer hat recht?«, fragen Sie: »Gefällt es mir, so behandelt zu werden?«

Wie wir gesehen haben, lassen wir uns durch das Bedürfnis, recht zu haben, sehr gut ködern. Die Sorge, nicht fair zu sein, zu empfindlich zu sein oder aus einer Mücke einen Elefanten zu machen, kann uns wirkungsvoll ausbremsen und anfällig für die Manipulation machen. Wenn wir uns aber darauf konzentrieren, wie man uns behandelt, lichtet sich das Dunkel recht schnell. Kehren wir zu dem Beispiel am Anfang des Kapitels zurück. Stellen Sie sich vor, Ihr Freund beschwert sich darüber, im Kino allein zu bleiben. Dann fragen Sie sich nicht: »Hat er womöglich recht?« Fragen Sie lieber: »Möchte ich mit jemandem zusammen sein, der so mit mir redet?« Wenn es Sie freut, dass er seine Gefühle mit Ihnen teilt, ob

Sie nun bereuen, dass er diese Sache zur Sprache gebracht hat oder es Ihnen völlig egal ist, dann ist alles in Ordnung, vor allem, wenn Sie seine Gesellschaft ansonsten genießen. Wenn Sie sich infolge des Zwischenfalls aber ertappt, verärgert oder verwirrt fühlen, dann lassen Sie diese Gefühle auch zu. Und lassen Sie zu, dass diese unerfreuliche Erfahrung in Ihre Entscheidung mit einfließt, ob Sie diesen Typen wiedersehen wollen oder nicht.

Zerbrechen Sie sich nicht den Kopf darüber, »gut« zu sein – nur darüber, »gut genug« zu sein

Viele von uns beschäftigt die Frage, ob sie »ein gutes Mädchen« oder »ein guter Mensch« sind. Gut zu sein ist – wie auch immer wir das Wort definieren – von größter Bedeutung für uns. Wir sehnen uns geradezu danach, dass man uns nett findet, freundlich, großzügig, treusorgend, verständnisvoll oder aufgeschlossen dem Partner gegenüber. Statt darüber nachzudenken, wie unser Partner uns behandelt, richten wir unsere ganze Aufmerksamkeit auf unser eigenes Verhalten. Das kann durchaus nützlich sein, wenn man in einer Partnerschaft Verantwortung übernehmen will, aber man kann so auch die Erkenntnis umgehen, dass der Partner uns schlecht behandelt. Und das sollten wir wirklich nicht dulden. Wenn Sie sich ständig darum sorgen, ein »guter Mensch« zu sein, sollten Sie sich lieber darauf konzentrieren, ob Sie glauben, Ihre eigenen Gefühle und Ihr eigenes Verhalten seien integer. Nehmen Sie in der Partnerschaft die alleinige Verantwortung für das »gute Benehmen« auf sich? Ist Ihr Partner wirklich ein Gaslighter, wird die Beziehung auch nicht besser, wenn Sie »gut« sind. Sie wird nur besser werden, wenn Sie den Gaslight-Tango umgehen, ob Sie nun »gut« sind oder nicht.

Diskutieren Sie nicht darüber, was in Ihren Augen wahr ist

Wenn Sie wissen, was passiert ist, müssen Sie nicht darüber diskutieren. Das macht Sie nur wahnsinnig. Eine Diskussion über Grundsätzliches – »Ich war nicht 20 Minuten weg«, »Dieser Job ist keine Gefahr für mich«, »Ich habe nie zugestimmt, auf den letzten Drücker einen Kuchen zu backen« – suggeriert, dass die Realität diskutiert werden kann und dass man seine Position zu ändern bereit ist, wenn man ein gutes Argument hört. Das ist eine Aufforderung an den Gaslighter, Sie mit Fakten oder emotionalen Aussagen zu bombardieren, bis Sie endlich nachgeben. Würden Sie mit einem Vierjährigen darüber diskutieren, ob der Mond auf die Erde fallen kann, ob Süßigkeiten ein angemessener Ersatz für Gemüse sind oder ob er die ganze Nacht aufbleiben kann, ohne müde zu werden? Sicher nicht, denn Sie wissen, dass Sie recht haben, und nichts, was der Vierjährige anführt, kann Sie umstimmen. Vor allem aber soll er kapieren, dass Sie in Bezug auf diese Punkte nicht zu Diskussionen bereit sind. Sie wissen, was wahr ist, und damit basta. Und auch wenn der Gaslighter kein Kind ist, müssen Sie ihm dasselbe signalisieren: Manche Dinge stehen nicht zur Diskussion.

Seien Sie sich gegenüber immer aufrichtig

Das könnte schwierig werden, denn ein Gaslighter gibt Ihnen ja immer nur negatives Feedback, und in dieser Kritik kann auch ein guter Teil Wahrheit stecken. Ihre Aufgabe ist es, der Kritik zu widerstehen, die als Waffe eingesetzt wird, und eine wahrhaftige, ausgewogene und teilnahmsvolle Sicht Ihrer selbst zu bewahren. Das ist keine einfache Aufgabe, wenn man mit Gaslighting konfrontiert ist. Aber es ist absolut notwendig, um Ihre Selbstwahrnehmung zu schützen.

Sagt also der Gaslighter etwas wie »Du bist so vergesslich«, könnte Ihr innerer Dialog sich an einem der drei folgenden Muster orientieren:

1. Hat er recht? Bin ich wirklich so vergesslich? Wann habe ich zum letzten Mal etwas vergessen? Weißt du, mir fällt nichts ein. Ich glaube, in diesem Punkt übertreibt er wirklich!«

2. Hat er recht? Bin ich wirklich so vergesslich? Wann habe ich zum letzten Mal etwas vergessen? Okay, letzte Woche habe ich vergessen, Milch zu kaufen. Vielleicht hatte er das im Sinn. Und in der Woche davor habe ich vergessen, die Sachen aus der Reinigung zu holen. Also weißt du, zwei solche Kleinigkeiten, deshalb ist man noch lange nicht »vergesslich«. Also mache ich mir darüber keinen Kopf.

3. Hat er recht? Natürlich hat er das! Ich war schon mit fünf total vergesslich. Ich bin der Inbegriff des »schusseligen Professors«. Na und? Es ist nicht in Ordnung, dass er mir meine Fehler vorhält, und es ist auch nicht in Ordnung, dass er versucht, mich so schlechtzumachen. Ich werde mich nicht an diesem einen Fehler festbeißen, und er soll sich auch nicht daran festbeißen. So eine große Sache ist das auch nicht, schließlich bin ich in vielen anderen Dingen gut.

Üben Sie, Streitigkeiten mit dem Gaslighter zu umgehen

Ich sage es noch einmal: Halten Sie sich nicht mit der Frage auf, wer recht hat und wer nicht. Es ist nicht wichtig, wer als Sieger aus dem Streit hervorgeht, sondern wie Sie behandelt werden wollen. Am Ende dieses Absatzes finden Sie eine Auflistung von Taktiken, mit denen sich die Debatte, wer recht hat, vermeiden lässt. Passen Sie die Liste an Ihre Persönlichkeit und die des Gaslighters an. Manche Männer werden Ihnen besser zuhören, wenn Sie einen Satz mit einem »Ich liebe dich« beginnen, zum Beispiel: »Ich liebe dich, aber ich will jetzt nicht diskutieren. Wir reden später darüber.« Andere Männer wollen gar nichts hören, wenn sie den emotionalen Angelhaken auswerfen. Sie hören nur auf ein klares Kommando: »Hör jetzt bitte auf, darüber zu reden.« Es könnte sein, dass Sie mit den folgenden Vorschlägen ein bisschen experimentieren müssen, um herauszufinden, wie sie am besten eingesetzt werden können.

WAS SIE SAGEN KÖNNEN, UM DER DISKUSSION AUS DEM WEG ZU GEHEN, WER VON IHNEN RECHT HAT:

- »Du hast recht, aber ich will nicht weiter darüber streiten.«
- »Du hast recht, aber ich will nicht, dass man so mit mir redet.«
- »Ich würde dieses Gespräch lieber ohne Beschimpfungen fortsetzen.«
- »Die Richtung, in die unser Gespräch geht, behagt mir gar nicht. Lass uns später darauf zurückkommen.«
- »Ich glaube, dieses Gespräch ist weit genug gegangen.«
- »Ich glaube nicht, dass ich jetzt konstruktiv sein kann. Lass uns ein anderes Mal darüber reden.«

- »Zwei Menschen, zwei Meinungen. Lassen wir es dabei.«
- »Ich will diesen Streit nicht fortsetzen.«
- »Ich möchte dieses Gespräch jetzt nicht fortsetzen.«
- »Mir ist klar, was du sagen willst, und ich werde auch darüber nachdenken. Aber im Moment möchte ich nicht weiter darüber reden.«
- »Ich würde die Unterhaltung wirklich gern fortsetzen, aber nur, wenn wir einen netteren Tonfall finden.«
- »Mir gefällt nicht, wie ich mich gerade fühle, und ich bin nicht bereit, das Gespräch fortzusetzen.«
- »Es ist dir vielleicht nicht bewusst, aber du sagst mir, ich wüsste nicht, wie die Realität ist. Damit bin ich nicht einverstanden. Ich liebe dich, aber ich werde mit dir nicht darüber sprechen.«
- »Ich unterhalte mich gern so vertraulich mit dir, aber nicht, wenn du so gehässig bist.«
- »Du machst mich vielleicht nicht absichtlich schlecht, aber es kommt mir so vor, und deshalb werde ich dieses Gespräch nicht fortsetzen.«
- »Für mich ist das gerade kein guter Zeitpunkt, um darüber zu reden. Lass uns ein anderes Mal weiterreden, wenn es für uns beide passt.«

Gestatten Sie sich, wütend zu sein, aber lassen Sie sich nicht in einen Streit verwickeln über Ihre Gefühle oder Ihr Recht darauf, gehört zu werden.

- »Bitte hör auf, in diesem Ton mit mir zu reden, das mag ich nicht.«

- »Solange du rumbrüllst, kann ich nicht hören, was du wirklich zu sagen hast.«
- »Solange du so verächtlich mit mir redest, kann ich nicht hören, was du wirklich zu sagen hast.«
- »Ich will mich nicht unterhalten, wenn du mich anbrüllst.«
- »Ich will mich nicht unterhalten, wenn du so verächtlich bist.«
- »Ich werde diesen Streit nicht jetzt weiterführen.«
- »So, wie ich es sehe, verdrehst du die Realität, und das mag ich wirklich nicht. Ich rede später mit dir, wenn ich mich beruhigt habe.«
- »Du wolltest mich vielleicht gar nicht verletzen, aber ich bin jetzt viel zu aufgewühlt für ein Gespräch. Wir können uns später unterhalten.«

Es kann schwer werden, den Gaslight-Tango zu unterbrechen, vor allem, wenn man diesen Tanz schon eine Zeit lang mitmacht, ob mit einem bestimmten Partner oder mit verschiedenen. Manchmal ist das vielleicht ganz schön mühsam. Oder Sie erleben gute Zeiten, in die sich einzelne Rückfälle mischen. Keine Sorge, so ist es meistens mit Veränderungen – ein Schritt vor, drei zurück. Aber solange Sie am Ball bleiben, werden Sie Fortschritte machen. Und wenn es Ihnen trotzdem nicht schnell genug geht, suchen Sie sich vielleicht einen Therapeuten, eine Selbsthilfegruppe oder eine andere Form von Hilfe, um Ihren Bemühungen Auftrieb zu geben.

Gelingt es Ihnen aber, den Tanz in dieser ersten Phase zu unterbrechen, wenn Sie sich mit Ihrer eigenen Sicht der Dinge noch wohlfühlen, dann sind Sie auf der sicheren Seite.

Dann haben Sie Phase 2 und Phase 3 vermieden. Im nächsten Kapitel werden wir nämlich sehen, dass es auch anders geht. Sobald Sie sich stärker darin verbissen haben, die Zustimmung des Gaslighters gewinnen zu wollen, wird es sehr viel schwieriger, den Tango zu stoppen. Je früher Sie also dieses Muster durchbrechen, desto besser.

Kapitel 4

PHASE 2: »VIELLEICHT HAST DU JA RECHT?«

Katie war seit mehreren Monaten mit Brian zusammen, und allmählich ging ihr das Gaslighting auf den Geist. Als Brian ihr am Anfang der Beziehung vorgeworfen hatte, mit anderen Männern zu flirten, hatte er ihr leidgetan. Deshalb hatte sie versucht, ihn zu beruhigen. Aber sie *wusste*, dass sie nichts Böses getan hatte. Und sie gab sich große Mühe, auch Brian davon zu überzeugen. Zu diesem Zeitpunkt war Katie noch in Phase 1.

Inzwischen aber machte sie sich Sorgen, ob sie nicht *doch* ein bisschen flirtete. »Ich glaube nicht, dass ich flirte, aber vielleicht mache ich es ja unbewusst«, äußerte sie in einer Therapiesitzung. »Das sagt zumindest Brian – dass ich einfach nicht anders kann. Er meint, man flirtet auch, wenn alle Typen es sehen können, obwohl man es selbst nicht merkt. Er findet, dass ich ihn damit unbewusst bestrafen will – aber ehrlich gesagt, *glaube* ich nicht, dass ich ihn bestrafen will. Warum auch? Ich liebe ihn doch.« Sie machte eine Pause und schüttelte den Kopf. »Vielleicht will ich ihn bestrafen, weil ich ihn liebe. Oder aber es gefällt mir einfach, ihn verrückt zu machen. Das denkt er zumindest. Er sagt, dass es mir gefällt, wenn er sich aufregt. Aber ich wüsste nicht, warum. Ich finde es furchtbar, wenn er rumbrüllt. Und in letzter Zeit brüllt er immer öfter und immer lauter. Ich halte das echt nicht aus.« Wieder schüttelte sie den Kopf. »Vielleicht gefällt es mir, ihn verrückt zu machen, und ich merke gar nicht, dass es mir gefällt? Das ist alles echt verwirrend ...«

Katie hatte eindeutig die erste Phase des Gaslightings hinter sich und war nun in Phase 2. Woran erkennt man das? In Phase 1 wundern Sie sich über den Gaslighter. Wenn er Sie kritisiert, einschüchtert oder manipuliert, sagen Sie sich »Ach komm schon« oder »Das stimmt einfach nicht«. Vielleicht stellen Sie sich die eine oder andere Frage, aber Sie haben immer noch Ihre eigene Perspektive.

In der zweiten Phase geht es Ihnen jedoch viel stärker darum, vom Gaslighter als guter, tüchtiger und liebenswerter Mensch anerkannt zu werden. Und ihm geht es genauso sehr darum zu beweisen, dass er recht hat. Wenn Sie ihm nicht zustimmen, kommt er Ihnen womöglich mit dem emotionalen GAU: Er brüllt lauter, äußert noch gezieltere Beleidigungen und straft Sie öfter mit hartnäckigem Schweigen. Sie merken, dass Sie zu allem bereit sind, um dieser Behandlung aus dem Weg zu gehen. Also bemühen Sie sich noch mehr, ihm zu gefallen. Und reiben sich wie Katie bei dem Versuch auf, eine Möglichkeit zu finden, um ihm zustimmen zu können. Dann gehen Sie auch nicht mehr von Ihrer Perspektive aus, sondern übernehmen seine. Womöglich fühlt es sich dann ganz normal an, ständig in der Defensive zu sein. Wenn der Gaslighter dann wieder ausrastet, fragen Sie sich nicht länger: »Was hat er denn?« Stattdessen versuchen Sie sofort, ihn zu beschwichtigen oder sich zu verteidigen.

HABEN SIE PHASE 2 ERREICHT?

- Fühlen Sie sich nicht mehr so stark wie früher?
- Haben Sie weniger Kontakt zu Familie und Freunden?
- Stimmen Sie Menschen seltener zu, deren Meinung Sie vorher vertrauten?
- Verteidigen Sie den Gaslighter immer öfter?
- Lassen Sie viel aus, wenn Sie von der Beziehung sprechen?
- Entschuldigen Sie ihn vor sich und anderen?
- Denken Sie ständig über ihn nach?
- Fällt es Ihnen schwerer, Vorfälle Revue passieren zu lassen, bei denen Sie beide unterschiedlicher Meinung waren?
- Fragen Sie sich zwanghaft, ob und wie Sie dazu beigetragen haben, dass er sich ärgert, unsicher ist, sich zurückzieht oder generell unfreundlich verhält?
- Fragen Sie sich oft, ob Sie etwas hätten anders machen sollen?
- Weinen Sie häufiger?
- Haben Sie öfter und/oder stärker den Verdacht, dass irgendetwas nicht stimmt?

Von Phase 1 zu Phase 2

In Phase 1	In Phase 2
Sie möchten, dass er Ihnen zustimmt und bestätigt, was für ein guter, tüchtiger und liebenswerter Mensch Sie sind. Sie können aber mit der Vorstellung leben, dass das nicht klappt. Sie gehen von Ihrem Standpunkt aus. Wenn er etwas offensichtlich Falsches sagt, widersprechen Sie ihm: »Ich habe dich nicht 20 Minuten allein gelassen! Ich habe auf die Uhr gesehen – es waren nur fünf Minuten! Und ist das überhaupt so wichtig?«	Sie möchten *unbedingt*, dass er Ihnen zustimmt – das ist der einzige Weg, um sich zu beweisen, dass man ein guter, tüchtiger und liebenswerter Mensch ist. Also gehen Sie von seinem Standpunkt aus. Sie diskutieren vielleicht – laut oder nur in Gedanken –, aber Sie denken zuerst an *seinen* Standpunkt: »Er behauptet, ich hätte ihn zu lange allein gelassen. Ich weiß, wie blöd es sich anfühlt, wenn man zu lang allein gelassen wird, vor allem bei einem Date. Da kann ich ihm schlecht vorwerfen, dass er sich aufregt. Aber Moment mal! So lang kann das gar nicht gewesen sein. Mag sein, aber bei einem Date kommen einem schon fünf Minuten lang vor. Ich kann verstehen, dass er sauer ist.«
In Phase 1	**In Phase 2**
Wenn er sich verletzend oder eigenartig verhält, fragen Sie sich: »Was stimmt nicht mit *ihm*?«	Wenn er sich verletzend oder eigenartig verhält, fragen Sie sich: »Was stimmt nicht mit *mir*?«

In Phase 1	In Phase 2
Sie finden Ihren Standpunkt normal und seinen – da er bereits Gaslighting anwendet – falsch, verdreht und unerhört.	Sie finden seinen Standpunkt normal und kämpfen erbittert darum, dass auch Ihre Perspektive gehört wird. Sie können nämlich die Vorstellung nicht ertragen, dass seine Kritik an Ihnen berechtigt sein könnte: »Bitte denk doch noch mal kurz nach. Ich weiß, dass du es furchtbar fandest, allein hier zu sitzen. Aber war ich wirklich *so* lange weg? Ja?« Sie hoffen, den Streit zu gewinnen und ihm beweisen zu können, was Ihnen wirklich wichtig ist: Sie *sind* ein guter, tüchtiger und liebenswerter Mensch, denn dieser Mann findet das auch.
In Phase 1	**In Phase 2**
Sie beurteilen das Geschehene: »Er behauptet, ich war für 20 Minuten weg. Aber ich weiß, dass das nicht stimmt. Sonst hätte der Film längst angefangen. Und selbst wenn der Film schon angefangen hätte, wäre das auch nicht so schlimm. Ich bin mir nicht sicher, ob ich einen Typen mag, der sich wegen solcher Kleinigkeiten so aufregt.«	Sie haben die Fähigkeit verloren, etwas zu beurteilen oder im Zusammenhang zu sehen. Stattdessen konzentrieren Sie sich auf die Einzelheiten der Vorwürfe: »Ich *weiß*, dass ich nicht so lange weg war. Aber möglich ist es schon. Es stimmt nämlich, dass ich nicht so auf die Zeit achte. Da kann ich ihm schlecht vorwerfen, dass er sich darüber aufregt. Aber Moment mal! Der Film hatte ja noch gar nicht angefangen. Es können also gar nicht 20 Minuten gewesen sein. Das werde ich ihm sagen. Aber vielleicht hab ich ja was anderes falsch gemacht?«

Sind Sie immer noch nicht sicher, ob Sie Phase 2 erreicht haben? Beantworten Sie die folgenden Fragen, um Klarheit zu haben.

»Immer in der Defensive«: Sind Sie in Phase 2?

1. Ihr Freund lädt Sie in ein vornehmes Restaurant ein, um Ihre Beförderung zu feiern, und Sie freuen sich riesig. Plötzlich sagt er: »Schön, dass du so glücklich und entspannt bist. Die letzten Wochen hast du mich ja nur noch angegiftet.« Sie versuchen, Ruhe zu bewahren, und fragen, was er damit meint. »Du weißt doch«, sagt er, »wie sauer du warst, als ich dir neulich gesagt habe, dass dich das eine Kleid dick macht? Da hast du eine halbe Stunde nicht mit mir gesprochen. Du bist einfach zu empfindlich.«

   Sie antworten:
   a) »Spinnst du jetzt? Hat dir noch nie jemand gesagt, wie man mit einer Frau redet?«
   b) »Es tut ganz schön weh, das zu hören. Ich wollte mir heute einen schönen Abend machen. Ich bin ja bereit, an mir zu arbeiten, aber können wir mal einen Abend nicht darüber sprechen, was mit mir nicht stimmt?«
   c) »Tut mir leid. Vermutlich sollte ich ein bisschen selbstbewusster sein.«
   d) »Ich habe jetzt keine Lust auf Kritik, ob du nun recht hast oder nicht.«

2. Sie sind auf dem Heimweg. Und Sie wissen, dass Ihr Mann Sie erwartet.

   Was fühlen Sie?
   a) Sie freuen sich auf ihn, obwohl Sie auch gern mit Freunden essen gegangen wären.

b) Sie freuen sich auf ihn, sind aber auch ein bisschen nervös. In letzter Zeit reagiert er immer so empfindlich!
c) Sie fürchten sich einfach nur.
d) Sie sind ganz aufgeregt vor Freude und haben keinerlei Bedenken.

3. Sie wollen gleich verspätet ein Projekt übergeben, und Sie wissen, dass Ihr Chef stinksauer sein wird. Ihre Arbeitsbilanz war einwandfrei, bevor er die Abteilung übernommen hat, aber es stimmt: Seit er da ist, haben Ihre Leistungen nachgelassen. Erst vor Kurzem hat er Ihnen vorgeworfen, sich seinem Führungsstil zu widersetzen. Sie sind ziemlich sicher, dass er auch jetzt wieder davon sprechen wird.

   Sie denken:
   a) »Ich frage mich, ob er recht hat. Vielleicht versuche ich ja *tatsächlich*, mich zu widersetzen.«
   b) »Ich habe nicht den Eindruck, dass ich versuche, mich zu widersetzen – das habe ich noch bei niemandem gemacht –, aber ich muss zugeben, dass es eigenartig wirkt – aber ich glaube *wirklich* nicht, dass ich verborgene Motive habe – aber vielleicht übersehe ich da etwas …«
   c) »Ohne Valium kann ich ihm nicht noch mal gegenübertreten.«
   d) »Ich leiste wirklich nicht mehr das Gleiche wie früher. Ich komme einfach mit seinem Führungsstil nicht klar.«

4. Sie versuchen abzunehmen. Alle im Büro wissen das. Ihre Kollegin kommt mit einem Teller ihrer berühmten, selbst gemachten Muffins an Ihren Platz. Höflich sagen Sie: »Bitte, Anne. Du weißt doch, dass ich Diät mache.« Anne erwidert liebenswürdig: »Die sind fettarm. Außerdem braucht

eine hübsche Frau wie du keine Diät.« Sie sagen: »Mir ist es ernst, Anne. Wenn ich jetzt Muffins esse, kommt mein ganzer Essensplan durcheinander.« Sie sagt zuckersüß: »Ich habe noch nie jemanden gesehen, der sich so schwertut, eine nett gemeinte Geste anzunehmen! Würdest du deine Gefühle besser füttern, würde es dir vielleicht leichter fallen, die Diät durchzuziehen.« Dann legt sie einen Muffin auf Ihren Schreibtisch und geht.

Sie denken:

a) »So habe ich das noch nie gesehen. Habe ich wirklich ein Problem mit netten Gesten?«
b) »Diese Frau schafft mich! Für wen hält die sich eigentlich? Die kann mich mal mit ihren blöden Muffins! Am liebsten würde ich schreien!«
c) »Was soll's? Ich bin so fett und hässlich und unerträglich, da ist es ganz egal, was ich esse.«
d) »Himmel, was ist die denn für ein Kontrollfreak! Ich bringe den Muffin jetzt einfach in den Pausenraum. Dann sehe ich ihn nicht – und sie sieht ihn auch nicht –, und dann hake ich das Ganze ab.«

5. Ihre Schwester ruft an und will sie kurzfristig als Babysitterin einspannen. Mit sicherem Instinkt hat sie den einzigen Abend ausgewählt, an dem Sie frei sind – auf diesen Abend haben Sie sich gefreut. Sie möchten ausspannen. Irgendwie entschlüpft Ihnen, dass Sie theoretisch Zeit *hätten*. »Die Kleinen wären so enttäuscht, wenn sie dich nicht sehen«, sagt sie. »Außerdem hast du gesagt, ich darf jederzeit anrufen. Anscheinend gefällt dir die Vorstellung, Tante zu sein, besser als die dazugehörigen Pflichten. Deshalb hast du anscheinend auch keine eigenen Kinder. Wenn du so denkst, hast du die richtige Entscheidung getroffen.«

Sie sagen:

a) »Nein, nein, das hast du falsch verstanden. Ich liebe deine Kinder. Und ich nehme meine Pflichten ernst! Also nimm das zurück!«
b) »Wie kannst du so darüber reden? Du weißt doch, wie schrecklich es für mich ist, keine Kinder zu haben! Weißt du eigentlich, was du mir da antust? Warum bist du so gemein zu mir?«
c) »Du hast recht. Ich habe gesagt, dass du dich jederzeit melden kannst. Ich kann gar nicht glauben, dass ich so verantwortungslos war. Bitte verzeih mir. Und bitte, die Kinder sollen wissen, dass ich sie lieb habe.«
d) »Ich habe gesagt, dass du jederzeit anrufen kannst. Nicht, dass ich jedes Mal Ja sage. Tut mir leid, aber heute Abend passt es mir einfach nicht. Wie wäre es mit nächster Woche?«

Befinden Sie sich in Phase 2?

Wenn Sie mit A geantwortet haben: Ihre Antworten entsprechen der Phase 1 – Sie streben nach der Anerkennung des Gaslighters, bewahren aber die eigene Perspektive. Seien Sie dennoch vorsichtig. Gaslighting ersten Grades führt oft zu Phase 2.

Wenn Sie mit B geantwortet haben: Anscheinend haben Sie die zweite Phase des Gaslightings erreicht. Sie sehnen sich so sehr danach, vom Gaslighter bestätigt zu bekommen, was für ein guter, tüchtiger und liebenswerter Mensch Sie sind, dass Sie anfangen, die Dinge aus seiner Perspektive zu sehen. Sie versuchen vielleicht, sich zu verteidigen. Aber sehen Sie mal, wie viel Energie Sie in Diskussionen mit ihm stecken, weil Sie hoffen, sich beweisen zu können, dass seine üble Kritik nicht zutrifft. In gewisser Weise haben Sie ihn schon gewinnen lassen – weil Sie ihn in Ihren Kopf gelassen haben.

Wenn Sie mit C geantwortet haben: Sieht so aus, als würden Sie sich nicht mal mehr rechtfertigen, sondern nur noch versuchen, die Niederlage zu ertragen. Obwohl Sie die Anerkennung des Gaslighters erlangen wollen, haben Sie die Hoffnung schon fast aufgegeben, sie jemals zu erreichen. Wenn Sie wirklich so empfinden, haben Sie die zweite Phase verlassen und befinden sich in der dritten Phase. Vielleicht sollten Sie gleich im nächsten Kapitel weiterlesen.

Wenn Sie mit D geantwortet haben: Glückwunsch! Sie haben die Realität fest im Blick, widerstehen dem Drang zur Verschmelzung und verzichten lieber auf Streitigkeiten, statt beweisen zu wollen, dass Sie recht haben. Der Gaslighter bedeutet Ihnen vielleicht etwas, aber Sie können auch ohne seine Anerkennung leben. Sie wissen nämlich, wie gut, tüchtig und liebenswert Sie sind. Da ist es ganz egal, was er oder andere denken. Sich eine solche Antwort nur vorzustellen ist ein großer Schritt nach vorn.

Das Verhalten der drei Gaslighter-Typen in Phase 2

Jede Art Gaslight-Beziehung kann die Phase 2 erreichen. Aber jeder Gaslighter neigt dazu, das Gaslighting auf andere Weise zu verstärken. Der Tyrannisator, der Glamour-Gaslighter und der Good-Guy-Gaslighter haben alle ihre eigene Version der Phase 2.

Der Tyrannisator

Wenn der Gaslighter auf Einschüchterung setzt, dann fährt er in Phase 2 wahrscheinlich schwere Geschütze auf. Vermutlich wendet er eine der folgenden Taktiken an, um den emotionalen GAU auszulösen. Sie sollen denken, die Beziehung stehe auf dem Spiel: Er brüllt, beschuldigt Sie, macht Sie schlecht, schweigt Sie an, droht damit, Sie zu verlassen, äußert düstere Prognosen (»Du bist zu dumm für die Prüfung. Ich weiß nicht, warum du es überhaupt versuchst.«) oder spielt auf Ihre größten Ängste an (»Du bist genau wie deine Mutter!«).

So mancher Tyrannisator hebt sich die größten Gemeinheiten für den Moment auf, wenn Dritte anwesend sind. Dann werden Sie vor ihnen lächerlich gemacht (»Die Dessous-Hersteller haben Glück, dass nicht jeder so kleine Brüste hat wie meine Frau!«). Wenn Sie daraufhin protestieren, heißt es, Sie sollen nicht »überempfindlich« sein. (»Das war doch nur ein Scherz, Liebling. Verstehst du denn keinen Spaß?«) Manch ein Tyrannisator ist in der Öffentlichkeit nett und zuvorkommend, während er privat Beleidigungen ausspricht. (»Ich wette, du hast nicht mal gemerkt, wie peinlich du heute Abend warst. Als du den französischen Satz falsch ausgesprochen hast, wäre ich am liebsten im Boden versunken! Wenn du schon keine Ahnung hast, warum hältst du dann nicht einfach den Mund?«)

Natürlich hat nicht jede Einschüchterung etwas mit Gaslighting zu tun. Aber wenn der Gaslighter, mit dem Sie es zu tun haben, auch ein Tyrannisator ist, dann haben Sie doppeltes Pech. Nehmen wir einmal an, Sie fahren sonntags zum Abendessen zu seiner Mutter. Er fährt, Sie sitzen auf dem Beifahrersitz. Sie möchten nicht, dass er so schnell fährt, und schon gehen das Gaslighting und das Einschüchtern los:

Sie: »Bitte fahr nicht so schnell, Liebling. Das macht mich nervös.«

Er: »Rede nicht mit mir, wenn ich fahre! Willst du, dass ich einen Unfall baue?«

Sie möchten nicht, dass er weiterbrüllt, sagen also nichts.

Er: »He, ich hab dich was gefragt! Willst du etwa, dass ich einen Unfall baue? Antworte gefälligst! Warum kannst du mir nie antworten!«

Sie: »Entschuldige. Natürlich will ich nicht, dass du einen Unfall hast. Es tut mir so leid, dass ich dich geärgert habe. Ich verspreche, ich tu's nicht noch mal.«

Er: »Du hast mich nicht geärgert. Das war einfach dumm von dir. Du solltest es echt besser wissen! Du weißt doch, wie schwer die Treffen mit meiner Mutter für mich sind. Warum musst du mich ausgerechnet jetzt nerven?«

Sie: »Ich wollte dich nicht nerven, wirklich nicht. Schließlich bist du derjenige, der jeden Sonntag zu seiner Mutter fahren will.«

Er: »*Ich* habe den Tag nicht ausgewählt. *Du* hast gesagt, wir sollen sonntags fahren. Du hast gesagt, dass du diese Woche an keinem anderen Tag kannst. Du bist so egoistisch!«

Sie: »Ich bin überhaupt nicht egoistisch! Wie kannst du so was Gemeines zu mir sagen?«

Er: »Warum musst du schon wieder mit mir streiten? Jetzt ärgerst du mich noch mehr. Dir liegt ja wohl gar nichts an mir.«

Sie: »Natürlich liegt mir was an dir, Liebling. Bitte glaub mir.«

Er: »Stimmt nicht! Willst du jetzt etwa auch noch darüber mit mir streiten?«

Hier ist die Dynamik des Gaslightings in voller Blüte:

- Ein *Gaslighter,* der dringend recht haben muss – egal bei welchem Thema.
- Ein *Opfer,* also eine Betroffene, die unbedingt vom Gaslighter hören will, was für ein guter, tüchtiger und liebenswerter Mensch sie doch ist. Sonst würde sie ihm doch sagen, dass er nicht brüllen und ihr immer ins Wort fallen soll. Sie könnte sogar verlangen, dass er anhält, damit sie aussteigen kann.
- Ein *emotionaler GAU* – in diesem Fall eine Furcht einflößende Mischung aus Brüllen, Beleidigungen *und* rücksichtslosem Fahrstil, die das Opfer ängstigt, verwirrt und noch mehr verzweifeln lässt.
- Der *Drang zur Verschmelzung,* denn die Betroffene hofft ja immer noch auf eine Möglichkeit, mit dem Gaslighter ganz übereinzustimmen.
- Ein *Gaslight-Tango,* denn das Gaslighting-Opfer versucht immer noch, dem Gaslighter zu zeigen, dass er sie missverstanden hat und anders einschätzen sollte. Wenn der Gaslighter sie gut, tüchtig und liebenswert findet, dann ist sie das auch – und wenn er sie gefühllos, inkompetent und nicht liebenswert findet, dann ist sie eben das, glaubt sie. Diesen Streit zu gewinnen ist also für sie von größter Bedeutung dafür, wie sie sich selbst sieht.

Wie man sieht, kann man gegen einen Tyrannisator durchaus ankämpfen. Damit hört das Gaslighting allerdings nicht auf, und der emotionale GAU wird auch nicht verhindert – Brüllen, Kritik, der angedrohte Liebesentzug. Er ist immer noch darauf aus, recht zu haben, und Sie wollen immer noch seine Zustimmung haben. Daran ändern Auseinandersetzungen nichts. Und auch wenn Sie sich durchsetzen, haben Sie ihm immer noch Macht über Ihr Selbstbild gegeben – Sie sind einverstanden damit, dass Sie genau so sind, wie er Sie sieht. Also streiten Sie jedes Mal verbissen mit ihm. Immer soll er bestätigen, wie gut, tüchtig und liebenswert Sie sind.

Funktionieren könnte jedoch die Strategie, über die wir in den zwei vorigen Kapiteln besprochen haben – auch wenn es keine Garantie gibt: dem Drang zur Verschmelzung widerstehen und den Streit umgehen. Sehen wir einmal, was passiert, wenn die Betroffene nicht mehr so erpicht darauf ist, dass der Gaslighter ihr zustimmt.

Sie: »Bitte fahr nicht so schnell, Liebling. Das macht mich nervös.«

Er: »Rede nicht mit mir, wenn ich fahre! Willst du, dass ich einen Unfall baue?«

Sie: »Mir wäre es wirklich lieber, wenn du langsamer fährst.«

Er: »He, ich hab dich was gefragt! Willst du etwa, dass ich einen Unfall baue? Antworte gefälligst! Warum kannst du mir nie antworten!«

Sie: »Ich möchte wirklich, dass du langsamer fährst.«

Er: »Du solltest es echt besser wissen! Musst du ausgerechnet jetzt mit mir sprechen? Du weißt doch, wie schwer die Treffen mit meiner Mutter für mich sind. Warum musst du mich ausgerechnet jetzt nerven?«

Sie: »Ich rede davon, dass du langsamer fahren sollst. Wenn du nicht langsamer fährst, fahren wir das nächste Mal getrennt.«

Er: »Du bist unglaublich, weißt du das? Du bist die egoistischste Frau, die ich je getroffen habe.«

Sie: (*Schweigen*)

Er: »Du bist nicht nur egoistisch, du bist auch noch dumm! Und dir liegt ja wohl gar nichts an mir!«

Sie: (*Schweigen*)

Wie Sie sehen, benimmt sich der Gaslighter nicht unbedingt besser, wenn Sie sich nicht auf den Streit einlassen. Aber wenigstens bleiben Sie sich Ihrer selbst bewusst und lassen sich nicht in einen Wortwechsel hineinziehen, aus dem Sie nie als Siegerin hervorgehen würden. Sie konzentrieren sich nicht darauf, was der Gaslighter von Ihnen denkt, nicht einmal darauf, was Sie von sich selbst denken. Sie konzentrieren sich einfach darauf, was Sie wollen: eine sichere, angenehme Fahrt.

Bei dem Wortwechsel geht es nicht länger darum, ob Sie ein guter Mensch sind. Es geht darum, ob Ihr Mann mit einer Geschwindigkeit fährt, bei der Sie sich wohlfühlen. Vielleicht fährt er langsamer, vielleicht auch nicht. Aber wenn Sie weiter bei Ihrer Weigerung zu streiten bleiben und sich daran halten, was Sie über die nächste Fahrt gesagt haben, dann überdenkt er sein Verhalten womöglich.

Der Glamour-Gaslighter

Jemand, der uns einschüchtern will, ist leicht zu durchschauen, denn sein Benehmen ist eindeutig unangenehm. Und auch wenn man sich selbst die Schuld daran gibt, weiß man doch, dass es einem missfällt. Glamour-Gaslighter dagegen sind schwerer zu erkennen. Das sind die Männer, die auf den ersten Blick so toll dastehen. Sie scheinen so perfekt zu sein, dass man gar nicht glauben mag, wie schwer sie einem das Leben machen. Sie scheinen sogar Ihre Familie und Freunde zu täuschen. Ein Glamour-Gaslighter lässt womöglich alle glauben, dass nicht er das Problem ist, sondern Ihre Unfähigkeit, glücklich zu sein, flexibler oder toleranter gegenüber kleinen Macken.

Sind Sie in der Lage, diesen Typ Gaslighter zu erkennen? Kommt Ihnen eines der folgenden Szenarien bekannt vor?

DER GLAMOUR-GASLIGHTER IN PHASE 2

- Er erobert Ihr Herz mit einem Dutzend Rosen, kommt aber oft drei Stunden zu spät oder will sich nicht auf eine bestimmte Zeit festlegen. Beschweren Sie sich, wirft er Ihnen vor, ein Kontrollfreak, paranoid oder nicht spontan genug zu sein.
- Er überrascht Sie ständig mit romantischen Gesten – obwohl die oft nicht zu Ihren Gefühlen passen. Aber er scheint so zufrieden mit seinem Handeln zu sein. Und Sie fragen sich dauernd, was mit Ihnen nicht stimmt, weil Sie sich nicht besser fühlen.
- Er schwankt zwischen bemerkenswertem – mentalem, emotionalem, sexuellem – Einfühlungsvermögen und grober Kälte. Ist er einfühlsam, sind Sie im Himmel, ist er es nicht, geben Sie sich die Schuld.
- Er ist großzügig und freigiebig – kriegt aber auch regelmäßig Wutanfälle, verfällt in eisiges Schweigen oder bricht in kindisches Quengeln aus. Obwohl er sich weigert, Ihnen direkte Vorwürfe zu machen, sind Sie sicher, dass es Ihre Schuld ist. Dabei können Sie nie sagen, was genau Sie getan haben.
- Wenn Sie zusammen sind, ist alles wunderbar. Aber immer gibt es Kleinigkeiten, die nicht ins Bild passen. Bei manchen Glamour-Gaslightern geht es ums Geld: Auf Ihren Kreditkartenabrechnungen tauchen unerklärliche Abbuchungen auf. Sie verstehen nicht, warum er manchmal flüssig ist und manchmal pleite. Bei anderen Glamour-Typen geht es ums Sexuelle: Wenn er sich distanziert und ausweicht, sind Sie überzeugt, dass er Sie betrügt. Dann erobert er Sie mit einer romantischen Umarmung zurück, und Sie fragen sich, warum Sie so misstrauisch waren.

Falls Sie es mit einem Glamour-Gaslighter zu tun haben, nicken Sie jetzt vielleicht wissend – sind aber trotzdem verwirrt. Sie erkennen das Verhalten, aber nicht, warum es so ein Problem ist.

Ich kann Ihnen sagen, warum: Dieser Typ Gaslighter ist manchmal – oder immer – restlos damit beschäftigt, sich selbst zu beweisen, was für ein romantischer Kerl er doch ist. Er muss recht haben, und das ist die Art Rechthaberei, die den Glamour-Gaslighter auszeichnet. Es sieht so aus, als würde er Bezug auf Sie nehmen. In Wirklichkeit befasst er sich nur mit sich selbst. Um seinen Bedürfnissen nachzukommen, scheint er liebevoll, aufmerksam und zuvorkommend zu handeln. Aber da es ihm an Aufrichtigkeit mangelt, fühlen Sie sich doch einsam.

Nehmen wir beispielsweise an, er bringt Ihnen zum Jahrestag Ihres ersten Kusses einen wunderschönen, üppigen Strauß Lilien mit. Wie romantisch! Sie bedanken sich für die Geste. Dann erinnern Sie ihn daran, dass Sie allergisch gegen Lilien sind. Er schmollt stundenlang und zeigt so überdeutlich, dass er Sie für egoistisch und taktlos hält, weil Sie sein Geschenk zurückweisen. Irgendwann verliert er wegen einer Kleinigkeit die Beherrschung, zum Beispiel weil Sie die Klimaanlage zu stark eingestellt haben. Er hat es geschafft, Sie dafür zu bestrafen, dass Sie bei seiner romantischen Geste nicht mitziehen, auch wenn Sie diese Geste wortwörtlich zum Speien finden. Aber wenn Sie nun mal an dieser Beziehung hängen und ihn immer noch brauchen, um Ihre Selbstwahrnehmung zu bestätigen, fragen Sie sich womöglich, warum Sie so gedankenlos waren. Sie könnten sich ja auch fragen, warum Ihr romantischer, perfekter Freund Ihnen unbedingt etwas so Ungeeignetes schenken muss.

Hier ein anderes Beispiel dafür, wie eine Konfrontation mit dieser Art Gaslighter typischerweise verläuft. Beachten

Sie, wie manipulativ und taktlos sich der Gaslighter verhält, weil er darauf beharrt, recht zu haben – und wie er gleichzeitig mit Komplimenten und Geschenken aufwartet. In einem anderen Zusammenhang könnte dieses Verhalten völlig angebracht sein.

Sie: »Wo warst du denn? Ist etwas passiert? Ich warte seit drei Stunden mit dem Essen auf dich. Du hast nicht mal angerufen.«

Er: »Ich war in der Stadt und habe dir dieses entzückende Negligé gekauft. Ich musste in drei Geschäfte, um das zu finden, was am besten zu deinen Augen passt.«

Sie: »Stimmt, es ist wunderschön. Aber drei Stunden?«

Er: »Ich weiß gar nicht, warum du so auf die Zeit achtest. Im Leben geht es schließlich um mehr, als auf die Uhr zu sehen, weißt du.«

Sie: »Aber ich habe mir Sorgen gemacht.«

Er: »Dass du immer alles so eng sehen musst! Warum musst du dich immer an einen Zeitplan klammern?«

Sie: »Ich muss mich nicht an einen Zeitplan klammern. Jeder würde sich aufregen, wenn man ihn drei Stunden warten lässt.«

Er: »Wir sind aber nicht *jeder.* Warum sollten wir nach dem gehen, was andere Leute tun? Willst du wirklich so spießig sein? Das ist so langweilig!«

Sie: »Willst du sagen, ich bin langweilig?«

Er: »Natürlich nicht! Ich sehe ja, dass ich dich geärgert habe. Tut mir leid. Ich lade dich zum Essen ein, okay. Und danach kriegst du eine von meinen zweistündigen Spezialmassagen. Und dann probieren wir das Negligé aus, hm?«

Sie: »Das klingt ziemlich gut ...«

Wer hat schon etwas auszusetzen an jemandem, der Geschenke mitbringt, einen zum Essen einlädt, zwei Stunden lang massiert und dem noch großartigen Sex folgen lässt? Die Flut an Geschenken und offensichtlicher Zuwendung *muss* sich ja gut anfühlen. Aber wenn der gute Mann Sie dann dreimal, viermal oder noch häufiger hat warten lassen, werden diese romantischen Gesten Sie nicht mehr sonderlich beeindrucken. Die Art, wie Ihre Einwände beiseitegewischt werden, dürfte Sie einfach frustrieren. Solange Sie aber unter Gaslighting zweiten Grades leiden, werden Sie sich die Schuld an Ihrem Ärger und Ihrer Verwirrung geben, nicht Ihrem Partner. Da Sie an der Beziehung festhalten wollen und immer noch seine Anerkennung brauchen, um sich gut, tüchtig und liebenswert zu fühlen, werden Sie eher seine Perspektive richtig finden und nicht Ihre. Womöglich bilden Sie sich wirklich ein, Sie seien verklemmt, spießig und anspruchsvoll – genau wie er sagt. Und Sie wundern sich darüber, dass Sie seine romantischen Gesten offensichtlich nicht zu schätzen wissen. Um aus diesem Gaslight-Tango auszusteigen, müssen Sie bereit sein, auf einige Annehmlichkeiten zu verzichten.

Sie: »Wo warst du denn? Ist etwas passiert? Ich warte seit drei Stunden mit dem Essen auf dich. Du hast nicht mal angerufen.«

Er: »Ich war in der Stadt und habe dir dieses entzückende Negligé gekauft. Ich musste in drei Geschäfte, um das zu finden, was am besten zu deinen Augen passt.«

Sie: »Ich kann mir keine Geschenke anschauen, wenn ich so sauer bin.«

Er: »Ich weiß gar nicht, warum du so auf die Zeit achtest. Im Leben geht es schließlich um mehr, als auf die Uhr zu sehen, weißt du.«

Sie: »Ich habe dir schon so oft gesagt, dass ich es nicht mag, wenn man mich warten lässt. Nächstes Mal warte ich nicht länger als 20 Minuten. Dann stelle ich halt das Essen weg und mache etwas anderes.«

Er: »Dass du immer alles so eng sehen musst! Warum musst du dich immer an einen Zeitplan klammern?«

Sie: »Ich habe dir klar und deutlich gesagt, was ich nächstes Mal machen werde. Es gibt also nichts weiter zu besprechen.«

Er: »Oh doch, gibt es. Du bist eine wunderbare, strahlende Frau. Warum solltest du dich an so einen Zeitplan halten wie andere Frauen? Willst du wirklich so spießig sein? Das ist so langweilig!«

Sie: »Du hörst mir gar nicht zu. Dann gehe ich halt ins Bett.«

Er: »Ich sehe ja, dass ich dich geärgert habe. Tut mir leid. Ich lade dich zum Essen ein, okay? Und danach kriegst du eine von meinen zweistündigen Spezialmassagen. Und dann probieren wir das Negligé aus, hm?«

Sie: »Ein anderes Mal vielleicht. Ich möchte nicht den Abend mit dir verbringen, wenn dich meine Sorgen überhaupt nicht interessieren.«

Dieser Typ Gaslighter geht nicht wirklich auf Sie und Ihre Belange ein. Das ist das Problem bei ihm, wie Sie sehen. Genauso wie dem Tyrannisator geht es ihm nur darum, recht zu haben – allerdings verkauft er das Ganze sehr charmant. Sie können sich gegen Gebrüll, Beleidigungen und Ausgrenzungsversuche eines Tyrannisators verwahren, ohne die Hintergründe analysieren zu müssen. Das Verhalten eines Glamour-Gaslighters wäre aber in einem anderen Kontext überaus wünschenswert. Welche Frau wünscht sich denn keine romantischen Dinner, langen Massagen und schönen Geschenke? Aber wenn Sie wollen, dass sein Verhalten sich ändert, müssen Sie an sich selbst glauben. Halten Sie an Ihrem Unmut und Ihrem Frust fest, statt sich auf seine glamourösen und großzügigen Versprechen zu konzentrieren, auch wenn Sie beide dann verärgert zu Bett gehen.

Der Good-Guy-Gaslighter

Genau wie der Glamour-Gaslighter sorgt auch der Good-Guy-Gaslighter für Verwirrung. Es sieht aus, als sei er kooperativ, freundlich und hilfsbereit. Dennoch sind Sie immer wieder verwirrt und frustriert. Sehen Sie selbst, ob Ihnen eines der folgenden Szenarien bekannt vorkommt.

DER GOOD-GUY-GASLIGHTER IN PHASE 2

- Im einen Moment hilft er Ihnen bei einem Problem mit Ihrer Mutter weiter, im nächsten schaut er Sie verständnislos an, weil Sie das Gespräch fortsetzen wollen. Fragen Sie, was los ist, wiegelt er entweder ab oder versichert Ihnen, alles sei in Ordnung.
- Sie streiten stundenlang über ein Thema – wer die Kinder abholt oder wohin es im Urlaub gehen soll. Dann lenkt er plötzlich ein. Alles wird gemacht, wie Sie es wünschen. Er sieht vielleicht nicht wirklich zufrieden aus, aber Sie haben sich durchgesetzt. Warum also jammern? Oder aber er beendet die Diskussion versöhnlich: »Also gut, wir nehmen deine Urlaubsvariante. Du hast sowieso immer die besten Ideen. Es wird bestimmt toll. Erinnerst du dich noch, als wir in Maine waren, in dem süßen, kleinen Bed-and-Breakfast, das du entdeckt hattest?« Trotz seines

offensichtlichen Großmuts fühlen Sie sich hereingelegt. Obwohl er so taktvoll eingelenkt hat, wissen Sie – vielleicht nur unbewusst –, dass er auch beim nächsten Thema genauso heftig diskutieren wird. Und Sie spüren, dass er nicht so sehr Ihnen zuliebe nachgibt, sondern weil er beweisen will, was für ein guter Kerl er ist. Irgendwann halten Sie sich für verrückt, undankbar oder schwer zufriedenzustellen. Schließlich ist er ein großartiger Bursche.

- Er übernimmt seinen Teil – und mehr – am Haushalt. Trotzdem haben Sie den Eindruck, dass er sich nicht wirklich beteiligt. Und wenn Sie um seelische Unterstützung bitten oder sich mit ihm austauschen wollen, schaut er Sie verständnislos an. Warum nur sind Sie so selbstsüchtig und fordernd? fragen Sie sich.

Hier ein Beispiel, wie ein Gespräch mit einem Good-Guy-Gaslighter in Phase 2 verlaufen könnte. Überlegen Sie während des Lesens, warum die Frau in dem Dialog so frustriert und verwirrt ist.

Er: »Ich hab gedacht, am Sonntag könnten wir ein bisschen aufs Land fahren.«
Sie: »Das klingt gut, aber wir sind doch bei meiner Familie zum Abendessen eingeladen.«
Er: »Oh.« (*langes Schweigen*)
Sie: »Ist was?«
Er: »Nein.«
Sie: »He, ich merke doch, dass du sauer bist. Was ist?«
Er: »Nichts. Wirklich.«
Sie: »Jetzt sag doch, was ist. Bitte.«

Er: »Na ja, wir waren diesen Monat schon einige Male bei deiner Familie. Und um ehrlich zu sein, du bist immer so reizbar, wenn wir von da zurückkommen. Ich bin mir nicht sicher, ob dir die vielen Besuche so guttun.«
Sie: »Das ist meine Familie. Und ich finde nicht, dass ich nach den Besuchen besonders reizbar bin. Hast du ein Problem mit meiner Familie?«
Er: »Nein, nein. Ich hänge an deiner Familie, das weißt du. Ich mache mir nur um dich Sorgen. Wenn du Sonntag da hinwillst, dann fahren wir halt.«

Also besuchen Sie die Familie. Ihr Mann sagt kaum ein Wort zu den anderen. Sehen wir, was auf der Heimfahrt geschieht.

Sie: »Kann es sein, dass du keinen schönen Tag hattest?«
Er: »Was redest du? Der Tag war total schön. Ich besuche deine Familie gern – das weißt du doch.«
Sie: »Aber du hast mit niemandem geredet. Und du hast die ganze Zeit unglücklich ausgesehen.«
Er: »Ich weiß echt nicht, wovon du redest. Hast du nicht mitgekriegt, dass ich fast zwei Stunden mit deinem Vater über den Garten gesprochen habe? Und als deine Mutter das mit der Reise auf die Bermuda-Inseln erzählt hat, wäre ich vor Lachen fast gestorben.«
Sie: »Ich habe das ganz anders in Erinnerung.«
Er: »So war's aber.«
Sie: »Na gut. Und was hältst du von der Kleinen meiner Schwester? Ist sie nicht das süßeste Baby, das es je gab? Und so aufgeweckt! Kaum zu glauben, dass sie erst drei Monate alt ist.«
Er: »Kann sein …« (*langes Schweigen*)
Sie: »Was ist denn schon wieder?«
Er: »Was soll denn sein?«

Sie: »Du hast seit einer Viertelstunde kein Wort mehr gesagt. Du siehst aus, als wärst du sauer. Mit dir ist doch was.«

Er: »Schatz, mit mir ist nichts. Aber jetzt weißt du vielleicht, wieso ich gesagt habe, die Besuche bei deiner Mutter machen dich reizbar.«

Sie sehen es selbst: Beim Good-Guy-Gaslighter klingt es, als würde er sich immer genau nach Ihnen richten – ohne Ihnen je wirklich das Gewünschte zu geben. Und er achtet darauf, dass Sie sich seiner Version der Geschehnisse anschließen. Statt sich einfach zu weigern oder das Beste aus dem Familientag zu machen, wählt er die »respektlose Übereinstimmung«. Nach außen stimmt er allem zu. Gleichzeitig lässt er keine Möglichkeit aus zu zeigen, wie unglücklich und verbittert er ist.

Charakteristisch für diesen Typ ist das Schmollen – das ist der emotionale GAU. Er sieht unglücklich oder wütend aus, würde es aber nie zugeben. Andere Gaslighter vom Typ »Good Guy« beschwören den emotionalen GAU auf ihre Art: Sie kriegen einen Wutanfall wegen einer Kleinigkeit, verursachen Ihnen Schuldgefühle wegen einer anderen oder sagen »versehentlich« etwas Gemeines, um sich dann vielmals zu entschuldigen.

Und Ihre Rolle bei all dem? Wenn es Ihnen wichtig ist, die Beziehung zu behalten, den Gaslighter zu achten und seine Zustimmung zu erlangen, werden Sie das Offensichtliche nicht zugeben. Sie werden kaum sagen: »Mein Mann verstellt sich und schmollt (oder er rastet aus, oder er weckt Schuldgefühle in mir, oder er beleidigt mich), wenn er seinen Willen nicht bekommt – und das gefällt mir nicht!« Vielmehr werden Sie sagen: »Er ist so ein guter Kerl – so hilfsbereit, so entgegenkommend. Was habe ich nur, dass ich ihn so wenig schätze?« Sie werden sich selbst verrückt vorkommen für diesen Gedanken. Schließlich hat er gesagt, dass nichts ist. Und wie wichtig es ihm ist, recht zu haben, wissen Sie. Und wenn er es ganz bunt treibt, überzeugt er Sie davon, dass nicht er so ungern bei Ihrer Familie ist, sondern Sie. Sie sehen ja, wie reizbar Sie jetzt sind!

Der Gaslighter darf sich in dieser Situation übrigens sehr wohl weigern, noch einen Tag mit Ihrer Familie zu verbringen. Aber er weigert sich nicht, er verwendet Gaslighting. Lieber gibt er den guten Kerl, als eindeutig zu sagen, was er will. Wer an einen solchen Mann gerät, ist natürlich schnell verwirrt.

Eine Freundin erzählte mir einmal, wie sie sich bei Schlafmangel fühlt. »Ich habe den Eindruck, mir geht's gut«, erklärte sie mir. »Dann passiert mir etwas echt Blödes. Ich werfe die Schlüssel in den Briefkasten, ich will die übrig gebliebene Milch in den O-Saft-Karton füllen, ich starre fünf Minuten lang das Telefon an, weiß aber gar nicht mehr, wen ich anrufen wollte. Daran erkenne ich, dass ich nicht hundertprozentig da bin. Aber selbst dann fühle ich mich nicht unbedingt verschlafen oder bin durcheinander. Ich fühle mich gut. Aber ich wanke durch die Gegend wie ein Schlafwandler!«

Das dürfte eine gute Beschreibung dessen sein, was Frauen widerfährt, die an einen Good-Guy-Gaslighter geraten. Man hat den Eindruck, alles sei gut. Nach außen sieht er aus wie der romantische, liebenswürdige und treue Ehemann, der anscheinend alles für einen tut. Und trotzdem heulen wir, sind einsam, total gestresst, durcheinander oder wie betäubt. Das sind wohl kaum Zeichen für eine funktionierende Beziehung. Trotzdem ist man sich – genau wie meine übernächtigte Freundin – dieses Mangels nicht bewusst. Man zieht es einfach durch.

Welche Lösung bietet sich in einer solchen Beziehung an? Was passiert, wenn Sie nicht länger um Anerkennung buhlen, den Kerl nicht länger verklären und an der eigenen Wahrnehmung festhalten – obwohl er immer recht haben will? Sehen Sie selbst.

Er: »Ich hab gedacht, am Sonntag könnten wir ein bisschen aufs Land fahren.«

Sie: »Das klingt gut, aber wir sind doch bei meiner Familie zum Abendessen eingeladen.«

Er: »Oh.« (*langes Schweigen*)

Sie: »Ist was?«

Er: »Nein.«

Sie: »Also ehrlich, Liebling, ich bin's leid, dauernd zu fragen, was ist, und du weigerst dich, damit rauszurücken. Und wo wir gerade davon reden, bei unserem letzten Besuch hast du mit keinem ein Wort geredet und warst total schlecht drauf. Dann fahre ich halt allein, und wir machen ein andermal einen Ausflug.«

Er: »Ich habe keine Ahnung, was du meinst. Ich hänge an deiner Familie. Und es ist auch nichts.«

Sie: »Ich will nicht darüber streiten.«

Er: »Ich will doch nur, dass du weißt, dass ich dich liebe. Genau wie deine Familie. Ich verstehe nicht, warum du so ein Fass aufmachen musst. Wenn du zu deiner Familie fahren willst, fahren wir halt. Ich hab doch noch nie Nein gesagt.«

Sie: »Nicht mit Worten, aber dein Verhalten spricht Bände. Du hast die Wahl: Du kannst mitkommen, aber dann gib dir auch ein bisschen Mühe. Oder du bleibst zu Hause. Ich will jedenfalls nicht mehr darüber streiten.«

Im wahren Leben dauert so ein Gespräch schon mal länger. Aber man sieht den anderen Ansatz. Sie lassen sich nicht auf einen Streit ein. Es wird nicht darüber diskutiert, was in Ihren

Augen wahr ist. Sie wissen, wie Ihr Mann sich benommen hat. Sie verlassen sich auf Ihre eigene Wahrnehmung, nicht auf das, was in seinen Augen wahr ist. Soll Ihr Mann ruhig anfangen zu schmollen. Sie lassen sich von diesem emotionalen GAU keine Angst einjagen. Auch nicht davon, dass er indirekt mit Liebesentzug droht.

Gleichzeitig widerstehen Sie dem Drang zur Verschmelzung. Sie versuchen gar nicht erst, Ihren Mann von irgendetwas zu überzeugen. Sie bemühen sich auch nicht um seine Anerkennung. Sie treffen nur Ihre eigenen Entscheidungen und halten an Ihrer Wahrnehmung fest. Wer das macht, dem droht auch kein Gaslighting.

Die Erklärungsfalle in Phase 2

Ich hatte eine Patientin namens Nella, eine verträumte Romantikerin Anfang 40. Angeblich hatte sie endlich ihre große Liebe gefunden. Als Museumskuratorin reiste Nella oft beruflich nach Europa und Lateinamerika. Ihr Berufsleben war erfüllt, aber sie hatte nie eine längere Beziehung gehabt. Ihren neuen Freund Frederick aber hielt sie mit seinem Charme und seiner Hingabe für den Richtigen.

Doch das Leben mit Frederick hatte seine Tücken, wie Nella bald erkannte. All ihre Freunde und Verwandten missfielen ihm. Traf sie sich mit jemandem davon, machte er jedes Mal einen Riesenwirbel. Das isolierte sie mit der Zeit immer mehr. Er beschwerte sich über ihre Auslandsreisen. Dabei war er in Rente und hätte sie begleiten können. Doch Frederick weigerte sich. Also lehnte Nella immer mehr Großaufträge ab, die sie vorher sehr gern angenommen hätte. Nella hatte auch Fortbildungen besuchen wollen. Aber weil Frederick so viel von ihrer Zeit beanspruchte, ging auch das nicht. Als wären all diese Probleme nicht schlimm genug, entpuppte Frederick sich auch noch als Tyrannisator. Ständig fand er Wege, sie herabzusetzen. Lief es ganz schlecht, redete er einfach nicht mehr mit ihr – ein emotionaler GAU. Sie bettelte dann immer um seine Aufmerksamkeit, damit sie sich wieder geliebt fühlen konnte.

Obwohl Nella und ich über diese Punkte gesprochen hatten, erkannte sie erst nach Monaten, welchen Tribut diese Gaslighting-Beziehung von ihr forderte. Jetzt konnte sie auch die Probleme auflisten: den eingeschränkten Kontakt zu Freunden und Verwandten, das gesunkene Selbstvertrauen, den Verlust beruflicher Perspektiven, die ständig aufgeschobenen Weiterbildungen. Doch als ich sie nach der Zukunft dieser Beziehung fragte, lächelte sie.

»Frederick ist ja so ein interessanter Mann!«, sagte sie begeistert. »An seiner Seite passiert immer so viel: Man weiß nie, was als Nächstes kommt. Und wie komplex er ist. Noch nie war ich mit einem so geheimnisvollen Mann zusammen.«

Statt emotional auf Fredericks Verhalten zu reagieren – er grenzte sie aus, demütigte sie, verlangte, dass sie Reisen ablehnte und ihre Freunde mied, reagierte Nella intellektuell auf »das Problem Frederick«. Das stellte ich im weiteren Verlauf unseres Gesprächs fest. Warum verhielt er sich so fordernd und anders? Was verbarg sich hinter dem Bedürfnis, sie zu beleidigen oder anzuschweigen? Konnte man erkennen, wann die Beleidigungen aufhörten und die Ausgrenzung begann, um beides zu vermeiden? Und was war mit den besonderen Momenten? Wenn Frederick sich ihr plötzlich öffnete und seine größten Ängste und Schwächen gestand? Wie konnte er im ersten Moment so vertrauensvoll und im nächsten so argwöhnisch sein? Vielleicht hatte ja seine Mutter damit zu tun. Oder seine ältere Schwester. Nella konnte Stunden damit verbringen, ihren schwierigen Freund zu analysieren.

Hätte Nella eher auf der emotionalen Ebene reagiert, wäre sie die rücksichtslose Behandlung schnell leid gewesen. Aber das Nachdenken hielt ihr Interesse wach. Nella saß in der Erklärungsfalle in Phase 2. Sie fand Fredericks beleidigendes Verhalten nicht frustrierend, schmerzhaft oder abschreckend. Sie fand es interessant, denn dadurch boten sich ihr zahlreiche Erklärungsmöglichkeiten. Vor Frederick war Nella mit einem Mann zusammen gewesen, der für mich viel zuverlässiger und netter zu sein schien. Als ich mich nach ihm erkundigte, gab Nella bereitwillig zu, dass er sie sehr gut behandelt hatte. Aber dieser Mann sei einfach nicht so interessant wie Frederick gewesen, erklärte sie mir.

Nellas freimütige Schilderung ihres Interesses an Fredericks Verächtlichkeit machte mir einen Kontrast im Verhalten vieler Frauen – mich selbst eingeschlossen – bewusst. Geraten wir an Menschen, die uns nicht gut behandeln, beschäftigen diese Beziehungen uns sehr. Da gibt es immer etwas zu bereden, zu bedenken, zu analysieren. Die Beziehung zu einem netteren, verlässlicheren Menschen bietet weniger Gedankenfutter. Klar genießen wir diese Kontakte, aber sie beschäftigen uns längst nicht so intensiv. Wenn der Lebensgefährte (oder ein Freund oder der Chef) gut für sich sorgt, ist er aufmerksam und zugewandt, hat seine Gefühle im Griff und äußert Missfallen auf eine höfliche, angebrachte Art, dann bleibt für uns nicht viel zu tun.

Nella schien sich also mehr für das Drama einer schlechten Beziehung und die Analyse desselben zu interessieren als für die eher banale Erfahrung einer guten Beziehung. Da ging es ihr wie vielen anderen Frauen, die in Gaslighting zweiten Grades verstrickt waren. Nella schien ihre Beziehung eher als eine besondere mathematische Herausforderung zu sehen denn als zuverlässige Quelle der Unterstützung und der Liebe. Und der Schwierigkeitsgrad machte diese Matheaufgabe eben besonders interessant. Warum sind manche Menschen so darauf versessen, einen Gaslighter zu analysieren? Meiner Meinung nach gibt es dafür zwei Gründe.

1. Im Umgang mit unvorhersehbaren Menschen fühlen wir uns lebendiger.

Eine Patientin erzählte mir einmal von ihren Kindheitserlebnissen. »Wenn mein Vater heimkam, wusste ich nie, welcher Mann durch die Tür kommt«, sagte sie zu mir. »Mal hatte er die Arme voller Spielzeug und spielte vor dem Abendessen ein paar Stunden mit uns, mal bedachte er jeden von uns mit einer gezielten Beleidigung, mal wollte er einfach seine Ruhe haben. Deshalb fragten meine Brüder und ich uns jeden Nachmittag: Welche Laune Daddy heute wohl hat? Es war jeden Tag aufs Neue ein Drama.«

Einerseits hätte meine Patientin sicher gern einen verlässlicheren Vater gehabt. Wer möchte nicht, dass der eigene Vater jeden Abend das gleiche liebevolle Auftreten hat, auf das man sich verlassen kann? Doch dann fand sie Gefallen daran, sich jeden Tag aufs Neue der väterlichen Herausforderung zu stellen. So, wie Naturfreunde begeistert von unerwarteten Zwischenfällen beim Wandern oder Skifahren erzählen, so sah auch diese Patientin ihren Vater als ständiges Abenteuer. Er brachte ihre Stärken zum Vorschein, und nie fühlte sie sich lebendiger. Und als Erwachsene suchte sie nach Partnern, die ihr ähnliche »Abenteuer« bieten konnten.

2. Wer den Gaslighter zu verstehen sucht, hat das Gefühl, die Zügel in der Hand zu halten.

Wer ohne liebevolle, verlässliche Eltern groß wird, lernt sehr früh, dass das Leben unvorhersehbar ist. Eine Antwort auf diese Unvorhersehbarkeit ist der Versuch, verstärkt Kontrolle auszuüben. Je mehr wir eine Situation im Griff haben, desto mehr Sicherheit haben wir auch – und desto weniger können uns unzuverlässige Eltern, Freunde oder Partner enttäuschen oder im Stich lassen.

Leider liegt es in der Natur einer Beziehung, nicht immer alles unter Kontrolle zu haben. Für eine Beziehung braucht es zwei Menschen. Und dem anderen steht es frei, uns sehr oder nicht zu lieben, uns zu unterstützten oder fallen zu lassen, uns gut oder schlecht zu behandeln. Letztlich ist es seine Entscheidung, nicht unsere, wie er sich uns gegenüber verhält. Wir können nur reagieren. Wer in die Erklärungsfalle tappt, gibt sich der Illusion hin, die Kontrolle zu haben. Wenn man den Gaslighter nur verstehen würde, könnte man alles Notwendige veranlassen, um sein Verhalten zu ändern. Deshalb sind wir umso interessierter, je schlechter er uns behandelt, denn er scheint so Möglichkeiten zum Eingreifen zu bieten.

Wie lautet hier die Lösung? Wie befreien wir uns aus der Erklärungsfalle? Einmal mehr müssen wir den Blick auf uns und unsere »Flugbegleiter« richten. Wir müssen unser Verhalten genau betrachten und uns fragen, ob wir mit unserem Handeln glücklich sind:

Sind wir zum Beispiel glücklich darüber, dass er uns anbrüllt und wir um Entschuldigung bitten statt darum, mit dem Brüllen aufzuhören? Wir müssen uns darauf konzentrieren, was unsere Emotionen sagen. Wir müssen zulassen, was wir fühlen. Eines muss uns dabei klar sein: Unsere Erklärungsversuche provozieren die häufigen Enttäuschungen, Dämpfer und Weinkrämpfe. Sie sind untrennbar verbunden mit der von uns ersehnten Romantik, Erregung und »Lebendigkeit«, genau wie ein Kater unvermeidlich auf eine durchzechte Nacht folgt.

DIESE »FLUGBEGLEITER« KÖNNTEN AUF GEFAHREN HINWEISEN

- Das häufige Gefühl, verwirrt oder durcheinander zu sein
- Albträume oder aufwühlende Träume
- Die irritierende Unfähigkeit, sich im Zusammenhang mit dem Gaslighter an Einzelheiten zu erinnern
- Körperliche Symptome: flaues Gefühl im Magen, Brustenge, Heiserkeit, Verdauungsbeschwerden
- Ein Gefühl der Beklemmung oder der übermäßigen Wachsamkeit, wenn er heimkommt
- Der krampfhafte Versuch, sich oder den Freundeskreis davon überzeugen zu wollen, wie gut die Beziehung mit dem Gaslighter doch läuft
- Das Gefühl, etwas hinzunehmen, was die eigene Würde kompromittiert
- Enge Freunde oder Verwandte, die häufig Besorgnis äußern
- Freunden aus dem Weg gehen oder sich weigern, mit ihnen über die Beziehung zu sprechen
- Verlust der Lebensfreude

Meine Patienten fragen mich oft, wie sie die schönen Seiten ihrer Gaslighting-Beziehung bewahren und sich gleichzeitig vor den schlechten schützen können. So einfach ist es leider nicht. Während eine stabile und verlässlichere Beziehung eine andere – vielleicht auch tiefere – Befriedigung gibt, scheint eine solche Partnerschaft nicht so romantisch und abenteuerlich zu sein wie die mit einem übergriffigen, komplexen Menschen, dessen nächster Zug immer unerwartet kommt. Auch wenn es Ihnen und Ihrem Gaslighter gelingt, ein neues Kapitel aufzuschlagen und Ihre Beziehung befriedigender zu gestalten, werden Sie das aufregende Prickeln nicht bewahren können, das von dem Aspekt des Unvorhersehbaren in Ihrem Leben ausgeht. Ihre neue, ausgewogenere Beziehung ist nicht so faszinierend, dafür aber vorhersehbarer. Dann müssen Sie sich nicht mehr verteidigen, sondern sich einfach öffnen, um zu geben und zu empfangen. Und Sie müssen akzeptieren, dass das Verhalten Ihres Partners immer noch komplett außerhalb Ihrer Kontrolle ist. Sie können nur eines tun: entscheiden, wie Sie auf das, was er zu geben bereit ist, reagieren.

Wenn Ihre Beziehung Ihnen also stundenlangen Frust (und gelegentliche Momente der Freude) bringt, oder wenn Sie wie Nella Entscheidungen treffen, die nicht zu Ihren persönlichen Zielen im Leben passen, dann ziehen Sie in Erwägung, dass Sie vielleicht in der Erklärungsfalle stecken. Erforschen Sie diese Beziehung in ihrer Gänze und blättern Sie dann zu der Übung »Die innere Wahrheit finden« (Seite 162). Hier können Sie herausfinden, was Sie als Nächstes tun wollen.

Die Verhandlungsfalle

Die Verhandlungsfalle ist eine Abwandlung der Erklärungsfalle. Sie ist vor allem für Frauen eine Gefahr, die es mit einem Good-Guy-Gaslighter zu tun haben. Wie die Frauen, die in der Erklärungsfalle stecken, interessieren auch die Frauen in der Verhandlungsfalle sich nicht so sehr für die allgemeine Befriedigung, die mit einer Beziehung einhergeht, sondern für den (Miss-)Erfolg beim Verhandeln mit dem Partner.

Zum Beispiel Laura. Sie war Anfang 60 und arbeitete als Krankenschwester auf einer Intensivstation. Ihr Partner Ron, ein Möbelschreiner, verkörperte viele Eigenarten, die Good-Guy-Gaslighter haben. Es war nicht ungewöhnlich, dass die beiden stundenlang über winzige Details ihrer Beziehung verhandelten. Als sie sich kennenlernten, hatten sie ein ausgefeiltes System ersonnen, wer was und unter welchen Umständen zu bezahlen hatte. Sie verhandelten über ihre sexuelle Befriedigung und kalkulierten, wie jeder von ihnen im Bett das Gewünschte bekommen konnte, ohne dass sich der jeweils andere ausgenutzt oder frustriert fühlte. Sie erarbeiteten Zeitpläne, die zu ihrem anstrengenden Berufsleben, dem Wunsch nach Zeit für sich allein, Zeit mit Freunden und nach »Paarzeit« passten. Die Verhandlungen gingen weiter, als sie zusammenzogen, heirateten und vier Kinder bekamen. Wie es schien, war kein Aspekt ihres gemeinsamen Lebens zu wichtig oder unwichtig, um nicht ausdiskutiert zu werden.

Doch als Laura zu mir kam, war sie schon seit einiger Zeit unglücklich. Das Verhandeln, das ihr einst Energie und Stärke gegeben hatte, erschöpfte und schwächte sie nur noch. Wenn sie jetzt ein ihr wichtiges Thema zur Sprache brachte, wusste sie, dass ihr ein als Verhandlung getarnter stundenlanger Streit bevorstand.

Nehmen wir beispielsweise an, sie äußerte ihren Ärger darüber, dass Ron nur noch selten zu Hause war, weil er seit Kurzem in einer Mannschaft Softball spielte. Statt auf ihre Einsamkeit und ihren Ärger einzugehen, begann Ron wieder zu verhandeln – wie viel Zeit »durfte« er außer Haus verbringen, wie schwer wog sein neues Hobby im Vergleich zu ihrer Mitgliedschaft im wöchentlichen Buchklub, was konnte er als Ausgleich tun, sobald die Softball-Saison um war. Es sah so aus, als sei Ron kooperativ und entgegenkommend.

Doch in Wahrheit ignorierte Ron Lauras Einwände bei diesen Verhandlungen. Gleichzeitig wollte er sie vom Gegenteil überzeugen. Und Laura fühlte sich der Idee zu verhandeln verpflichtet. Deshalb konnte sie nicht zum Ausdruck bringen, wie wütend und traurig es sie machte, dass Ron so oft weg war und sie allein ließ. Sie meinte, gute Miene zum bösen Spiel machen zu müssen, und ließ sich auf weitere Verhandlungen ein, obwohl sie vor Kummer lieber geweint hätte.

Im Gespräch kristallisierte sich heraus, dass beide, Laura und Ron, das ständige Verhandeln nutzten, um den Kontakt auf einer tieferen, emotionaleren Ebene zu meiden. Ron sagte nicht ehrlich, was er wirklich wollte (Zeit zum Softball-Spielen) oder fühlte (Softball war ihm wichtiger als Laura). Da er aber immer auf sein Entgegenkommen und seine Verhandlungsbereitschaft verweisen konnte, war Laura zu dem Schluss gekommen, dass es keinen Grund zu klagen gab. Stattdessen fühlte sie sich einsam und wie betäubt.

Lauras Ärger wuchs, als sie und Ron eine Paartherapie besuchten. Da es bei der Paartherapie häufig darum geht, den Partnern beim Verhandeln zu helfen, fiel es ihrem Therapeuten schwer, das wahre Problem zu erkennen. Sie fanden alle drei, dass Laura und Ron großartig miteinander kommunizierten – woraufhin Laura noch verwirrter über ihre hartnäckige Unzufriedenheit war.

Im Lauf unserer Sitzungen erkannte Laura, dass sie sich auf diese Verhandlungen eingelassen hatte, um ihren wahren Gefühlen für Ron aus dem Weg zu gehen. Sie musste sich nicht dem Gefühl stellen, frustriert, einsam und abgeschoben zu sein. Wann immer sie ihre Unzufriedenheit äußerte, konnte Ron beweisen, dass es keine Probleme gab – zumindest keine, an denen er schuld war. War er nicht immer bereit zu verhandeln? Stimmte er ihren Wünschen nicht oft zu? Wo also war das Problem? Das machte Laura verrückt. Weil auch sie an die Verhandlungen glaubte, konnte Ron ihr immer beweisen, dass es keinen Grund gab, unglücklich zu sein.

Und doch war sie es. Laura wollte die Wahrheit nicht sehen: dass die Verhandlungen mit Ron zum reinen Selbstzweck geworden waren. Ron versuchte zu beweisen, dass er recht hatte. Laura versuchte, sich zu beweisen, dass er recht hatte. Dann musste sie auch nicht der Tatsache ins Auge sehen, wie unbefriedigend ihre Ehe war.

Es stimmt, Verhandlungen können überaus produktiv sein. Man sollte aber darauf achten, dass man im Verlauf derselben nicht blind wird für die eigene emotionale Wirklichkeit. Wenn Sie mit dem Endergebnis nicht zufrieden sind, ist es egal, wie Sie da hingelangt sind, was er dazu sagt oder ob Sie »nach außen« gut dastehen. Nur Ihre eigene Empfindung, Ihre innere Wahrheit, zählt.

WAS IST IHRE INNERE WAHRHEIT?

Die nachfolgenden Techniken helfen bei Gaslighting zweiten Grades weiter.

1. **Schreiben Sie ein Gespräch mit dem Gaslighter wortgetreu auf und lesen Sie es durch.** Wie klingt er im Nachhinein? Vernünftig? Hilfsbereit? Oder komplett daneben?
2. **Sprechen Sie mit einer Person Ihres Vertrauens.** Glauben Sie mir, die Menschen, die Sie am besten kennen, kennen auch Ihre Schwächen! Wenn Sie ihnen von der Kritik des Gaslighters erzählen, sollten sie in der Lage sein, Ihnen eine Perspektive aufzuzeigen. Insbesondere wenn in dieser Kritik auch ein Körnchen Wahrheit steckt. Der Gaslighter mag sehr gut darin sein, ein ehrliches Problem völlig

verzerrt darzustellen. So kann es ja durchaus sein, dass Sie ständig zu spät kommen und dass das ärgerlich ist. Das bedeutet aber nicht, dass Sie absichtlich unpünktlich sind, um den Gaslighter zu demütigen. Er hat durchaus das Recht, sich über Sie zu ärgern. Das ist aber kein Freibrief für wilde Vorwürfe (»Du kommst nur zu spät, um mich zu ärgern.« »Du lässt mich absichtlich warten, um mich zu quälen!« »All unsere Freunde reden darüber, wie schlecht du mich behandelst. Das kannst du mir glauben!«). Eine Vertrauensperson oder ein Mentor kann Ihnen helfen zu erkennen, was angemessen ist. (»Zugegeben, du bist häufig zu spät, und das ist ärgerlich. Aber ich kann mir nicht vorstellen, dass du das machst, um dich an Joe zu rächen. So bist du halt einfach.«)

3. **Achten Sie genauestens auf Ihre Gefühle.** Wenn man mit einem Gaslighter zusammen ist, kann man oft achtlos Dahingesagtes und emotionalen Missbrauch nicht unterscheiden. Beim Sprechen können Sie deshalb oft nicht klar sehen. Aber Sie können immer sagen: »Mir gefällt nicht, wie ich mich fühle. Reden wir ein anderes Mal weiter.« So können Sie ein Gespräch abbrechen. Sprechen Sie zu Ihren Bedingungen und wenn es Ihnen zeitlich passt mit dem Gaslighter. Und hören Sie auf Ihre Gefühle, um zu erkennen, wann es Ihnen reicht.

4. **Gönnen Sie sich ein freies Wochenende – oder auch nur einen Kaffee.** Manchmal braucht man eine kleine Auszeit vom Gaslighting, um zu erkennen, wie verfahren die Situation ist. Da ist es gut, wenn Sie ein wenig Zeit mit einer Freundin oder jemandem verbringen können, bei dem Sie sich wohlfühlen. Genießen Sie, wie gut es in dieser Freundschaft läuft, während Sie zu Hause verwirrt, frustriert und gekränkt sind. Dieser Kontrast sollte Ihnen dabei helfen, Ihre Gaslighting-Beziehung neu zu bewerten.

5. **Bestehen Sie auf Ihrer Wahrnehmung.** Ich empfehle, sich einen Satz zurechtzulegen, der Ihnen – und dem Gaslighter – klarmacht, dass Sie eine eigene Wahrnehmung haben und diese auch mit Nachdruck vertreten. Hier einige Vorschläge:
   - »Ich weiß, du siehst das so, aber ich stimme dir nicht zu.«
   - »Ich sehe die Dinge anders.«
   - »Das ist deine Wahrnehmung, meine ist anders.«

Wie Sie sich aus Phase 2 befreien

Bei Gaslighting ersten Grades geht es um einzelne Zwischenfälle, in Phase 2 dagegen um immer gleiches Verhalten. Das ist der Unterschied. Das gelegentliche Gaslighting der Phase 1 können Sie oft erkennen und sich daran erinnern. In Phase 2 ist das Gaslighting zur täglichen Routine geworden, Ihre Beziehung definiert sich darüber. So, wie ein Fisch nicht weiß, dass er im Wasser ist, hinterfragen auch Sie Ihre Situation nicht. Diese latente Abwehrhaltung – gegen Beleidigungen, Schmähungen, verwirrend romantische Gesten, zähes Verhandeln – macht ihr Leben aus. Solange auch nur ein Teil von Ihnen glaubt, er bräuchte den Gaslighter, um sich besser zu fühlen, das Selbstvertrauen zu stärken oder den Sinn für den eigenen Wert zu verbessern, so lange ist man anfällig für Gaslighting.

Aber jetzt bildet sich bei Ihnen nach und nach ein neues Bewusstsein. Sie spüren, dass es nicht immer so war, wie es ist, und nicht immer so sein muss. Sie sehen den Gaslighter jetzt mit anderen Augen und fragen sich, ob und wie Ihre Beziehung sich ändern könnte. Ob es nun um einen Partner, Verwandten, Freund, Kollegen oder Chef geht: Sie sind bereit, etwas zu verändern. Aber wie? Hier einige Vorschläge, um sich aus Gaslighting der Phase 2 zu befreien.

Überstürzen Sie nichts

Wie lange haben Sie gebraucht, um zu erkennen, dass in Ihrer Beziehung etwas nicht stimmt? Wie lange haben Sie gebraucht, um zu reagieren? Erwarten Sie nicht, dass der Gaslighter schneller ist als Sie. Vielleicht braucht er sogar länger als Sie, um Ihre neuen Forderungen zu akzeptieren. Vergessen Sie nicht: Solange Sie seinem Gaslighting ausgesetzt waren, so lange haben Sie auch den Gaslight-Tango mit ihm getanzt. Jetzt verändern Sie die Regeln – und das ist auch richtig so. Aber brechen Sie nichts übers Knie.

Ich rate zu einem ersten kleinen, gezielten Schritt. Als Brian begann, Katie vorzuwerfen, sie flirte mit anderen Männern, beschloss Katie zum Beispiel, sich nicht immer zu verteidigen, sondern sich dem Streit zu entziehen. Falls die Anschuldigungen weitergingen, würde sie Brian nicht mehr bitten, mit dem Brüllen aufzuhören, oder ihm sagen, wie aufgewühlt sie sei, oder ihm drohen, ihn zu verlassen. Sie würde das umgehen. Sie würde sich mit kurzen, einfachen Bemerkungen begnügen, die nicht zu einer Antwort auffordern. Dann würde sie warten, was als Nächstes käme. Beispiele für solch knappe Statements finden Sie auf Seite 255. Hier ein Vorher-/Nachher-Beispiel für dieses Vorgehen.

Vor Katies Entschluss

Brian: »Hast du gesehen, wie der Kerl dich heute Abend angegafft hat? Für wen hält der sich?«

Katie: »Ich bin sicher, der hat sich nichts dabei gedacht, Brian. Er war einfach freundlich.«

Brian: »Du bist ganz schön naiv! Man sollte meinen, dass du es inzwischen kapiert hast. Der wollte nicht *freundlich* sein, Katie. Der wollte dich angraben.«

Katie: »Aber nein. Er hatte einen Ehering.«

BRIAN: »Als würde das so einen abhalten. Und wieso hast du ihn unter die Lupe genommen? Wieso ist dir überhaupt aufgefallen, dass er einen Ehering anhat? Du scheinst ja ganz schön interessiert zu sein an ihm.«

KATIE: »Ich interessiere mich nicht für ihn! Ich bin doch mit dir zusammen.«

BRIAN: »Als wäre es nicht schlimm genug, dass der Kerl vor meinen Augen mit dir flirtet. Jetzt musst du auch noch andere Typen abchecken. Du könntest wenigstens warten, bis ich weg bin, bevor du versuchst, mich zu ersetzen.«

KATIE: »Ich versuche doch nicht, dich zu ersetzen, Brian. Ich will mit dir zusammen sein. Ich habe mich für dich entschieden. Jetzt glaub mir doch, bitte, bitte. Ich will nur dich. Und ich würde dich *nie* betrügen.«

BRIAN: »Du könntest wenigstens ehrlich zu mir sein.«

KATIE: »Aber ich bin doch ehrlich. Siehst du denn nicht, wie viel du mir bedeutest?«

BRIAN: »Wenn ich dir so viel bedeute, dann gib zu, dass du diesen Typ abgecheckt hast. Sei aufrichtig und sag mir die Wahrheit. Gib zu, dass du den Typ abgecheckt hast.«

KATIE: »Habe ich nicht! Wie kannst du so was Gemeines über mich sagen? Ich liebe dich doch. Bitte glaub mir! Bitte, Brian.«

BRIAN: »Lüg mich nicht an, Katie. Wenn ich etwas nicht leiden kann, dann das.«

Der Wortwechsel geht noch über eine Stunde weiter. Brian wird immer wütender und hartnäckiger in seiner Rechthaberei, Katie versucht immer verzweifelter, Brian für sich einzunehmen.

Nach Katies Entschluss

BRIAN: »Hast du gesehen, wie der Kerl dich heute Abend angegafft hat? Für wen hält der sich?«

Katie atmet tief durch und sagt nichts.

BRIAN: »Du bist ganz schön naiv! Man sollte meinen, dass du es inzwischen kapiert hast. Der wollte nicht *freundlich* sein, Katie. Der wollte dich angraben.«

Katie denkt: »Der hatte einen Ehering an« – und fast hätte sie es laut gesagt. Stattdessen sagt sie:

»Da werden wir uns wohl heute nicht einig.«

BRIAN: »Und wieso hast du ihn selbst so abgecheckt? Du scheinst ja ganz schön interessiert zu sein an ihm.«

Katie würde gern antworten: »Ich habe ihn nicht abgecheckt!« Stattdessen sagt sie:

»Da werden wir uns wohl heute nicht einig. Und ich möchte die Diskussion wirklich nicht fortsetzen.«

BRIAN: »Ach, jetzt willst du nicht mal mehr mit mir reden? Jetzt schneidest du mich, was? Planst du etwa schon, wie du mir den Laufpass gibst?«

Katie sehnt sich danach, Brian zu sagen, dass sie ihn nicht verlassen wird. Wenn er ihr nur glauben würde, dann würde er sich vielleicht auch beruhigen! Doch sie denkt an ihren Plan, nichts zu sagen. Sie erinnert sich daran, dass er ihr die Worte im Munde umdreht oder sich weigert, ihr zu glauben, wenn sie Brian in dieser Stimmung antwortet. Also hält sie die Tränen zurück und antwortet einfach nicht.

BRIAN: »Als wäre es nicht schlimm genug, dass der Kerl vor meinen Augen mit dir flirtet. Jetzt interessierst du dich auch noch für ihn. Ich habe dir nie wirklich etwas bedeutet, oder? Und jetzt gibst du mir nicht mal eine Antwort. Wann hattest du vor zu gehen, Katie? Hast du das schon länger vor?«

Katie hat den Streit heil überstanden, Brian ist irgendwann aus dem Haus gestürmt. Katie fühlte sich elend – sie sehnte sich so sehr nach Brians Zustimmung und brauchte das Gefühl, dass er sie immer noch liebte und an sie glaubte. Sie konnte es kaum ertragen zu hören, wie er sie der Lüge und der Untreue bezichtigte. Sie hatte Angst, vielleicht genau so zu sein, wenn er schon so von ihr dachte. Und weil es ihr so wichtig war, sich selbst als liebevollen Menschen zu sehen, war es ihr umso verhasster, dass er ihre Liebe in Zweifel zog. Je mehr er sie beleidigte, desto dringender wollte sie von ihm hören, dass er nicht wirklich so schlecht von ihr dachte. Sie wollte in den Augen der anderen nicht als schlechter Mensch dastehen, schon gar nicht in Brians Augen. Ihn hatte sie ja ermächtigt zu beurteilen, wer sie wirklich war. Aber sie wusste auch, dass er immer gemeiner und wütender wurde, je mehr sie ihn anflehte. Also machte sie nicht mehr mit.

Dieser Ansatz mag vielen von uns nicht nachvollziehbar erscheinen, die in einer Gaslighting-Beziehung waren. Man stelle sich vor, jemand sagt uns, wie furchtbar wir sind – jemand, der uns etwas bedeutet, den wir vielleicht sogar verklärt haben. Da ist es ein natürlicher Impuls, dieses Urteil zu leugnen und uns seiner versichern zu wollen. Also müssen wir lernen, uns über diesen Impuls hinwegzusetzen. Wir müssen uns ein anderes Verhalten antrainieren. Statt um die Anerkennung des Gaslighters zu betteln – was ihn noch mehr ängstigen oder ärgern könnte –, müssen wir eine Möglichkeit finden, den Streit zu umgehen.

Katie war noch nicht bereit, Brian zu verlassen, als er sich so verhielt. Sie wollte immer noch glauben, dass er sie richtig beurteilte, und sie hoffte immer noch, gute Beurteilungen von ihm zu erhalten. Der Versuch, Brian dazu zu bringen, sich mit ihr einverstanden zu erklären, mündete immer wieder in einen furchtbaren Streit, der sie beide unglücklich machte. Das hatte sie inzwischen erkannt. Verhielt sie sich dagegen still und gab nur kurze Statements von sich, waren auch die Diskussionen viel kürzer. Im Anschluss würde sie weitere

Aussagen einüben, um gegenüber Brian selbstsicher auftreten zu können, vielleicht von der Liste auf den Seiten 255 – zum Beispiel einen Satz, den sie verwenden konnte, ohne damit wieder einen Streit vom Zaun zu brechen. Zum jetzigen Zeitpunkt musste sie sich aber noch damit begnügen, nicht zu streiten – und das tat sie auch. Überrascht stellte sie fest, dass selbst dieser kleine Schritt ihr half, sich etwas stärker zu fühlen. Sich nicht auf das Gaslighting einzulassen hatte ihr zu der Erkenntnis verholfen, dass sie Brians Zustimmung vielleicht gar nicht brauchte, um sich wohl in ihrer Haut zu fühlen. Ihre Welt würde nicht zerbrechen, wenn er ihr vorwarf, sich schlecht zu benehmen, und ihr mit Liebesentzug drohte. Es gefiel ihr gar nicht, dass Brian wütend auf sie war oder schlecht von ihr dachte, aber es brachte sie auch nicht um. Sie war nicht am Boden zerstört. Es machte ihr Mut zu wissen, dass sie seine Kritik überleben und möglicherweise sogar ohne seine Liebe auskommen konnte.

Warten Sie den richtigen Moment ab

Wenn es darum geht, ein heikles Thema anzusprechen, wählen wir oft den ungünstigsten Zeitpunkt – da muss dann der Partner gerade zur Arbeit oder wir sind auf dem Weg zu den lieben Verwandten und sowieso schon angespannt. Und wenn der Partner dann berechtigterweise darauf hinweist, dass er spät dran ist, oder uns anblafft, weil er gestresst ist, sagen wir uns, er werde sich sowieso nie ändern. Das mag sein, aber bevor wir das Thema nicht in einem günstigen Moment angesprochen haben, werden wir es nie wissen. Versuchen Sie, eine gute Gelegenheit für ein Gespräch zu finden. Nichts sollte seine Ängste triggern können. Wenn Sie abwarten können und Ihre Worte abwägen, statt einfach mit Ihren Bedenken herauszuplatzen, werden Sie womöglich überrascht sein, um wie vieles besser das Gespräch läuft. Falls nicht, haben Sie wenigstens die Genugtuung, Ihr Möglichstes getan zu haben.

Die resolute Anwältin Trish, deren Ehemann Aaron ihr immer einen unverantwortlichen Umgang mit Geld vorwarf, hatte bei diesem Punkt große Probleme. Aber schließlich lernte sie, Aaron im geeigneten Moment abzupassen. Hier ein Vorher-/Nachher-Beispiel für ihr Vorgehen.

Bevor Trish lernte abzuwarten und abzuwägen

AARON: »Ich mach mich dann mal auf den Weg zur Arbeit. Übrigens, da ist mal wieder eine Kreditkartenabrechnung gekommen. Was da wohl wieder drinsteht? Ist mir echt ein Rätsel, warum du so schlecht mit Geld umgehen kannst.«

TRISH: »Ich kann mit Geld umgehen! Und ich zahle meine Rechnungen rechtzeitig. Jede einzelne.«

AARON: »Und was war mit Dezember? Und Oktober? Ich kann mich sehr wohl an ein paar Mahngebühren erinnern. Wo ist meine Aktentasche?«

TRISH: »Das ist nicht fair! Du weißt genau, dass ich mitten in einem Fall gesteckt habe. Und die paar Mahngebühren kann ich mir leisten.«

AARON: »*Du* kannst sie dir leisten? Ich dachte, das ist *unser* Geld. Das liebe ich so an meiner schusseligen kleinen Frau. Wie gut sie immer aufpasst, dass die armen, ausgebeuteten Banken nicht pleitegehen. Was würden sie nur ohne dich tun? Also gut, ich muss los.«

Trish erinnert sich an ihren Vorsatz, solche Diskussionen nicht mitzumachen und Aaron zu sagen, wie sie sich angesichts seiner Sticheleien fühlt.

TRISH: »Hör mal, Aaron, wenn du so was behauptest, dann fühle ich ...«

AARON: »Trish, ich bin spät dran. Ich hab jetzt keine Zeit für deine Gefühle.«

TRISH: »Aber ich wollte dir sagen …«

AARON: »Du hast nicht nur ein Geldproblem, du hast auch noch ein Zeitproblem. Ich erklär's dir kurz. Wenn ich rechtzeitig da bin, um meinen Klienten zu treffen, *verdiene* ich Geld. Wenn ich zu spät komme, *verliere* ich Geld. So einfach ist das. Kapiert?«

Aaron stürzt zur Tür hinaus. Trish bleibt frustriert und wütend zurück.

Nachdem Trish lernte abzuwarten und abzuwägen

AARON: »Ich mach mich dann mal auf den Weg zur Arbeit. Übrigens, da ist mal wieder eine Kreditkartenabrechnung gekommen. Was da wohl wieder drinsteht? Ist mir echt ein Rätsel, warum du so schlecht mit Geld umgehen kannst.«

Trish möchte etwas erwidern, erinnert sich aber daran, dass sie ja abwarten und abwägen will, bevor sie einfach herausplatzt. Sie atmet tief durch.

TRISH: »Gut, Aaron. Bis heute Abend.«

Am Abend wartet Trish bis nach dem Essen. Sie weiß, dass sie beide reizbar sind, bevor sie nicht gegessen und sich ein bisschen entspannt haben. Außerdem sieht Aaron sich abends immer gern den Börsenbericht an. Also beschließt Trish, auch den abzuwarten. Sie weiß, dass er sich anschließend ein Spiel ansehen will. Aber sie sagt sich, dass es dann zu spät wird und Aaron genervt ist, wenn sie ihn zu lange aufhält, obwohl er seinen Schlaf braucht. Also geht sie nach dem Börsenbericht ins Wohnzimmer.

TRISH: »Aaron, ich möchte etwas mit dir besprechen. Passt es gerade?«

AARON: »Na ja, ich wollte eigentlich das Spiel schauen …«

TRISH: »Wann würde es dir denn passen?«

AARON: »Ist es wichtig?«

TRISH: »Für mich ist es wichtig.«

Aaron stellt den Fernseher aus und bedeutet Trish, loszulegen.

Trish: »Als du heute loswolltest zur Arbeit, hast du gesagt, dass ich nicht mit Geld umgehen kann.«

Aaron: »Kannst du ja auch nicht.«

Trish: »Egal, ob ich es kann oder nicht, es verletzt mich, wenn du so mit mir redest. Können wir einen Deal machen? Wenn du ernsthaft ein Problem mit mir und dem Geld hast, können wir einen Zeitpunkt finden, damit du mir sagen kannst, was dich stört. Sonst reden wir lieber nicht mehr davon. Bist du damit einverstanden? Irgendwie werde ich doch jedes Mal ziemlich wütend bei diesem Thema, und ich möchte nicht wütend auf dich sein.«

Aaron: »Ach, jetzt komm schon. Warum machst du so viel Aufhebens darum?«

Trish: »Weil es wichtig für mich ist. Das beschäftigt mich sehr.«

Aaron: »Weißt du was? Mich beschäftigt, den Kreditgebern kein Geld in den Rachen zu werfen! Weißt du eigentlich, was die im letzten Jahr für Gewinnspannen hatten? Das ist himmelschreiend. Und schuld daran sind Leute wie du, Leute, die nicht kapieren, dass Schulden sie aushöhlen. So benehmen sich doch nur verwöhnte kleine Gören – und *das* beschäftigt mich!«

Junge, Junge, auf diesen Vorwurf würde Trish gar zu gern antworten! Doch sie denkt an ihren Plan, sich nicht auf einen Streit einzulassen, statt ihn gewinnen zu wollen. Also findet sie einen Weg, um das Gespräch zu beenden.

Trish: »Im Moment möchte ich darüber nicht mehr reden. Wenn du dir das Spiel noch anschauen willst, dann nur zu.«

Trish geht aus dem Zimmer.

Trish hätte auch im Zimmer bleiben und im Umgang mit Aaron einige andere Strategien ausprobieren können – Strategien, die ich Ihnen in Kapitel 6 vorstellen werde. Doch bei diesem ersten Versuch fürchtete Trish noch, wieder in die alten Verhaltensmuster zu fallen. Und sie wusste, dass Aaron sie mit seiner Logik, seinen Sticheleien und seiner Herablassung zermürben würde, wenn sie weiter stritten. Genau wie Katie ließ auch Trish es langsam angehen. Obwohl sie nicht erreicht hatte, was sie wollte, hatte sie das Gefühl, das Thema wieder ansprechen zu können. Und es freute sie, ihr erstes Gespräch über Geld mit ihm geführt zu haben, das nicht in einem Streit geendet hatte. Außerdem fühlte sie sich stärker – auch mental stärker –, weil sie Aaron ganz klar gesagt hatte, dass seine Bemerkungen sie verletzten.

Haben Sie bemerkt, dass Trish Aaron den Zeitpunkt für das Gespräch bestimmen ließ? Dadurch fühlte er sich nicht überrumpelt. Diese Kontrollmöglichkeit konnte ihm helfen, sich nicht bedroht zu fühlen, denn es würde sicher ein anstrengendes Gespräch werden. Vergessen Sie nicht, dass Gaslighter davon besessen sind, recht zu haben. Wenn sie sich ängstlich und bedroht fühlen, wird der Druck noch größer. Dann legen sie auch beim Gaslighting einen Zahn zu. Wenn Sie dem Gaslighter also in einer schwierigen Situation eine gewisse Kontrolle zugestehen, geben Sie ihm auch den nötigen Freiraum, um sich zu beruhigen und Sie anzuhören.

Verzichten Sie auf Vorwürfe

Nichts provoziert schneller Streit als Aussagen wie »Musst du immer« oder »Du greifst mich an« oder »Du bist gemein«. Statt dem Gaslighter vorzuwerfen, was er falsch macht, versuchen Sie, das Problem zu beschreiben. Lassen Sie auch Ihren Anteil daran nicht aus.

Hier kommt ein weiteres Vorher-/Nachher-Beispiel mit Trish. Früher hatte sie während eines Streits immer schwere Geschütze aufgefahren. Dann fand sie einen Weg, ihre Sorgen zu äußern, ohne vorwurfsvoll zu klingen.

Wie die »alte« Trish Vorwürfe äußerte

TRISH: »Ich ertrage es einfach nicht, wie du mit mir sprichst! Immer hackst du auf mir herum und wirfst mir vor, wie dumm ich bin. Du hörst dich fies an, wenn du so redest! Und das nervt echt, also hör bitte damit auf!«

AARON: »All das müsste ich nicht sagen, wenn du endlich lernen würdest, mit Geld umzugehen! Du denkst wohl, du darfst machen, was du willst. Und ich muss tatenlos zusehen! Aber lass dir sagen, so funktioniert eine Ehe nicht. Wenn du dich wie eine Idiotin verhältst, habe ich ja wohl das Recht, etwas zu sagen.«

TRISH: »Siehst du, du hast mich schon wieder Idiotin genannt! Du sollst damit aufhören!«

AARON: »Ich höre auf, Idiotin zu sagen, wenn du aufhörst, eine Idiotin zu sein. Zählen meine Gefühle denn hier gar nicht mehr?«

Der Streit geht noch eine Stunde oder länger weiter, bis Aaron gewinnt oder zu müde ist, um weiterzumachen.

Wie die »neue« Trish auf Vorwürfe verzichtet

TRISH: »Aaron, ich bin nicht glücklich darüber, wie es zwischen uns läuft. Immer wenn du sagst, ich könnte nicht mit Geld umgehen, werde ich wütend und schalte auf stur. Und ich weiß, dass dir gar nicht gefällt, was ich mit meinem Geld mache. Trotzdem ist es hart für mich, wenn du deswegen immer so stichelst. Mir liegt wirklich viel an deiner Meinung, und wenn du mich eine Idiotin nennst oder sagst, ich kapiere etwas nicht, dann verletzt mich das. Ich weiß, dass du das gar nicht willst. Aber so empfinde ich nun mal.«

AARON: »Ach, jetzt darf ich also nichts mehr sagen? Ich soll wohl einfach zusehen, wie du unser Geld verplemperst, aber sagen darf ich nichts?«

Trish will auf diese Anschuldigung antworten. Sie möchte sagen: »Ich verplempere unser Geld nicht. Außerdem gehört ein Teil von dem Geld, das ich ausgebe, mir!« Sie will unbedingt, dass Aaron ihr zustimmt. Sie möchte sich klug, kompetent und erwachsen fühlen dürfen. Und sie kann es einfach nicht ertragen, wie schlecht er über sie spricht. Denn sie befürchtet, er könne die Wahrheit sagen. Wenn sie aber jetzt gewinnt, dann wäre es nicht die Wahrheit. Aber sie schiebt all diese Gefühle beiseite und konzentriert sich auf ihren Plan, sich nicht in einen Streit hineinziehen zu lassen.

TRISH: »Können wir einen Deal machen? Wenn du ernsthaft ein Problem mit mir und dem Geld hast, können wir einen Zeitpunkt finden, um das zu besprechen. Ich verspreche dir, dass ich zuhören werde. Sonst reden wir lieber nicht mehr davon. Bist du damit einverstanden? Irgendwie werde ich doch jedes Mal ziemlich wütend bei diesem Thema, und ich möchte nicht wütend auf dich sein.«

AARON: »So ein Pech aber auch. Ich bin nicht bereit, jedes Wort auf die Goldwaage zu legen. Nicht in meinem Zuhause.«

TRISH: »Mich beschäftigt das sehr. Ich wünschte, du würdest darüber nachdenken. Wärest du wenigstens dazu bereit? Dann können wir später noch einmal darüber reden.«

AARON: »Ich wüsste nicht, was es da nachzudenken gibt.«

TRISH: »Aber dann weißt du jetzt wenigstens, wie ich empfinde. Ich mache mir jetzt einen Tee.«

Sie verlässt das Zimmer.

Wie es aussieht, wird Trish dieses Thema nochmals ansprechen müssen. Aber wenigstens hat sie keinen Streit provoziert. Und sie hat eine Grundlage für weitere Gespräche geschaffen. Außerdem weiß sie, dass Aaron es hasst, in die Enge getrieben zu werden. Aber vielleicht denkt er über ihre Worte nach. Also lässt sie ihm Zeit, um ihre Forderung zu verarbeiten. Sie versucht, einen Rahmen zu schaffen, in dem sie ihre Neigungen nicht ausleben können – er sein Bedürfnis, recht zu haben, und sie ihr Bedürfnis, von ihm anerkannt zu werden. Sie lässt ihnen beiden genug Raum. So kann er über ihre Worte nachdenken, und sie kann die schlechte Meinung tolerieren, die er von ihr hat, ohne um seine Anerkennung betteln zu müssen.

Sagen Sie, was Sie tun werden und was nicht

Wenn der Prozess voranschreitet und Sie sich etwas mutiger fühlen, möchten Sie vielleicht diesen nächsten Schritt machen. Kehren wir zu der gerade erlebten Unterhaltung zurück. Sehen wir uns an, wie Trish noch weiter hätte gehen können.

AARON: »So ein Pech aber auch. Ich bin nicht bereit, jedes Wort auf die Goldwaage zu legen. Nicht in meinem Zuhause.«
TRISH: »Mich beschäftigt das sehr. Ich wünschte, du würdest darüber nachdenken. Wärest du wenigstens dazu bereit? Dann können wir später noch einmal darüber reden.«
AARON: »Ich wüsste nicht, was es da nachzudenken gibt.«
TRISH: »Aber dann weißt du jetzt wenigstens, wie ich empfinde. Sobald ich wieder den Eindruck habe, du willst mich demütigen, werde ich von jetzt an sagen: *Jetzt machst du wieder genau das, worüber wir gesprochen haben*. Und wenn das Gespräch dann keine Wendung nimmt, sage ich es eben noch mal. Und auch noch ein drittes Mal. Und dann gehe ich halt aus dem Zimmer. Ich bleibe nicht hier, wenn ich den Eindruck habe, gedemütigt zu werden.«
AARON: »Wo hast du das denn gelernt? In einer Therapie?«
TRISH: »Mag sein. Ich mache mir jetzt einen Tee. Wir können ein anderes Mal weiterreden.«
Sie verlässt das Zimmer.

Erneut lässt Trish Aaron Zeit, um ihre Worte zu verarbeiten. Sie erwartet nicht sofort eine Antwort. Es könnte Stunden dauern, es könnte Tage dauern. Vielleicht hat er dann immer noch das Bedürfnis, recht zu haben. Aber er kann sich auf ihr neues Verhalten einstellen und trotzdem das Gesicht wahren.

Wenn Sie sich für diesen Weg entscheiden, ist es wichtig, konsequent zu bleiben. Also keine leeren Drohungen und kein Einknicken, auch wenn die Einschüchterungen, Manipulationen oder romantischen Gesten des Gaslighters zunehmen. Da wir dazu neigen, die Zustimmung unseres Partners zu suchen oder ihn anzuflehen, fühlt es sich intuitiv ganz falsch an, ihn ins Leere laufen zu lassen, statt zu diskutieren, zu betteln oder auf die Tränendrüse zu drücken. Aber glauben Sie mir, den Streit zu umgehen ist die einzige Möglichkeit. Wer sich auf den Kampf einlässt, gibt dem Gaslighting nur neue Nahrung. Sie werden das möglicherweise viele Male tun müssen, aber letztendlich ist es das wert, auch wenn Sie dafür einige Kuschelmomente opfern müssen.

Bleiben Sie standhaft

Wenn der Gaslighter auf Ihre Äußerungen mit Angriffen reagiert – »Du bist zu empfindlich!«, »Das ist hirnrissig!«, »Was für ein Gespräch soll das werden?« –, wiederholen Sie einfach Ihre Absicht: »Ich möchte nicht, dass du weiter so mit mir sprichst. Sonst gehe ich aus dem Zimmer.« Falls nötig, beenden Sie das Gespräch eigenhändig: »Ich habe gesagt, was ich zu sagen hatte. Und ich will nicht darüber streiten. Ich weiß, dass du es gehört hast. Und du weißt, was Sache ist.«

Schauen wir einmal, wie diese Strategie bei Katie und Brian funktioniert. Inzwischen fühlt Katie sich ein wenig stärker. Sie schweigt nicht mehr einfach, sie tritt jetzt bestimmter auf. Allerdings muss sie nach wie vor aufpassen, nicht nach Brians Zustimmung zu gieren. Kein Betteln mehr um die Bestätigung, was für eine gute und treue Partnerin sie doch ist, die ihn aufrichtig und von ganzem Herzen liebt. Das ist nicht einfach, aber sie hält an diesem neuen Vorgehen fest.

BRIAN: »Hast du gesehen, wie der Kerl dich heute Abend angegafft hat? Für wen hält der sich?«

Da Brian noch nichts über sie gesagt hat, erwidert Katie nichts. Da sie nicht mit ihm streiten wird, gibt es auch nichts zu sagen.

BRIAN: »Du bist ganz schön naiv! Hast du gesehen, wie der Kerl dich angegraben hat?«

Katie (*atmet tief ein*): »Weißt du, Brian, ich fühle mich nicht so gut damit, wie es zwischen uns läuft. Ich weiß, du willst nicht, dass ich mich schlecht fühle. Aber wenn du behauptest, ich wäre *naiv,* dann verletzt mich das schon.«

BRIAN: »Aber du bist naiv! Was soll ich denn deiner Meinung nach machen? Soll ich etwa zusehen, wie jeder Kerl dich anmacht, dem gerade danach ist? Was meinst du denn, wie ich mich dabei fühle?«

KATIE: »Mir wäre es echt lieber, du brüllst mich nicht an.«

BRIAN: »Ach, jetzt erklärst du mir also, dass ich nicht mit dir reden darf! Hab ich hier gar nichts mehr zu sagen? Und warum bist du eigentlich so empfindlich? Wozu das Getue?«

KATIE: »Ich möchte wirklich nicht beschimpft werden, Brian. Und ich will nicht angebrüllt werden. Wenn du eines von beiden machst, sage ich von jetzt an immer: *Jetzt machst du es wieder.* Das sage ich dreimal. Wenn du mir dann immer noch nicht zuhörst, gehe ich aus dem Zimmer.«

Ein hinterhergeschobenes »Okay?« unterdrückt Katie. Sie möchte Brian gar zu gern versichern, dass sie ihn liebt. Und sie möchte ihn anflehen, nicht so gemein zu sein. Sie fürchtet immer noch, wirklich ein schlechter Mensch zu sein, falls Brian sie dafür hält. Also sehnt sie sich nach Brians Anerkennung. Aber sie hält an dem neuen Vorgehen fest, weshalb sie nichts sagt.

BRIAN: »Das ist hirnrissig! Du bist schon genau wie deine Mutter! Woher hast du bloß die Idee, so mit mir zu reden?«

KATIE: »Jetzt machst du es wieder.«

BRIAN: »Hör auf, mich wie ein Kind zu behandeln! Ich bin ein erwachsener Mann! Wie kannst du es wagen, so mit mir zu reden?«

KATIE: »Jetzt machst du es wieder.«

BRIAN: »Das ist doch lächerlich. Wenn du mir etwas zu sagen hast, dann sag es! Und hör auf, diesen dämlichen Satz zu wiederholen.«

KATIE: »Jetzt machst du es wieder.«

BRIAN: »Was ist mit *meinen* Gefühlen? Glaubst du etwa, *mich* verletzt es nicht, wenn du mich übergehst? Anscheinend ist es völlig egal, was ich zu dir sage!«

Jetzt wird es für Katie wirklich hart, denn er sagt die Wahrheit. Sie ist empathisch genug, um Brians Frust zu spüren. Und sie weiß, dass er es hasst, übergangen zu werden. Er hat ihr oft genug erzählt, dass seine Mutter ihn immer übergangen hat, wenn er total wütend war. Und jetzt macht sie genau das Gleiche. Sie findet es furchtbar, so etwas zu tun. Schließlich weiß sie, wie schmerzlich das für den Mann sein muss, den sie liebt. Aber sie weiß auch, dass Brian ihr sofort wieder vorwerfen wird, mit anderen Männern zu flirten, wenn sie jetzt einknickt und ihm sagt, wie sehr sie ihn liebt. Dann geht das Gaslighting weiter, und das will sie auf keinen Fall. Also atmet sie tief durch und geht aus dem Zimmer.

Katie weiß noch nicht, welche Wirkung ihr Verhalten auf Brian hat. Früher hatte sie ein schlechtes Gewissen, weil sie sich immer auf den Streit einließ. Jetzt hat sie, offen gesagt, ein noch schlechteres Gewissen. Sie hat Schuldgefühle, weil sie

Brian verletzt hat. Sie hat Angst vor seiner Reaktion. Sie hat Mitleid mit seinem Schmerz. Und sie möchte am liebsten zu ihm zurück, damit er ihr sagen kann, dass er sie immer noch liebt und ihr verzeiht, obwohl sie so hart zu ihm war.

Einige Stunden später empfindet Katie aber auch etwas anderes. Nachdem der Nebel sich gelichtet hat, fühlt sie sich stärker und selbstsicherer. Sie freut sich wahrhaftig nicht darauf, die Szene zu wiederholen, die sie angezettelt hat. Aber sie weiß, dass sie dieses neue Vorgehen noch ein paar Mal wiederholen muss, falls Brian sie weiter beleidigt und ihr vorwirft, mit anderen Männern zu flirten. Das macht sie nicht gerade glücklich. Aber sie ist selbstbewusster. Die Beleidigungen haben sie diesmal nicht so tief getroffen. Ihre Selbstwahrnehmung wurde nicht total zerstört. Sie hält sich trotzdem noch für einen guten Menschen. Allmählich erkennt sie, dass Brians unangemessene Reaktion nicht bedeutet, dass sie ein schlechter Mensch ist. Sie bedeutet nur, dass Brian sich unangemessen verhält. Außerdem ist sie neugierig: Wird sich in ihrer Beziehung jetzt etwas ändern?

WIE DER GASLIGHTER ES SIEHT

Die Annahme drängt sich auf, dass ein Gaslighter aus niederen Beweggründen handelt – dass er eine schlechte Meinung von uns hat, die unsere schlimmsten Ängste spiegelt. Aber es kann sein, dass er ehrlich nicht erkennt, wie verletzend seine Worte für uns sind. Wenn der Gaslighter in einem Haushalt groß geworden ist, in dem man respektlos miteinander umging, denkt er möglicherweise, dass Menschen immer so miteinander reden. Oder er hat den Eindruck, dass eine zurückhaltendere Ausdrucksweise gar nicht gehört wird. Deshalb sollten

Sie standhaft bleiben, ihn aber nicht beleidigen. Machen Sie es kurz. Bleiben Sie beim Thema. Beschwert er sich darüber, dass Sie immer zu spät sind bei Treffen mit seiner Familie, fangen Sie nicht davon an, dass er auch zu *Ihrer* Mutter nicht nett ist. Sagen Sie einfach, was Sie wollen und was Sie vorhaben. Dann versuchen Sie, Ihrem Partner bei seiner Antwort zuzuhören – und zwar wohlwollend. Weitere Vorschläge, wie Sie das Gaslighting vermeiden und schließlich ganz beenden können, finden Sie in Kapitel 6. Dort leite ich Sie Schritt für Schritt durch das ganze Prozedere.

Sich aus der Phase 2 zu befreien bedeutet echte Veränderungen. Inzwischen definiert ja das Gaslighting-Muster Ihre Beziehung. Manchmal führt der Versuch, aus Phase 2 auszusteigen, nicht zu einer soliden, aufrichtigen Beziehung, sondern vielmehr zu einer neuen Form von Phase 1. Dann versucht es Ihr Partner immer noch ab und zu mit Gaslighting, und gelegentlich machen Sie auch mit. Ein so fortgeschrittenes Gaslighting endgültig zu beenden ist wahrlich eine Herausforderung. Aber es lohnt sich. So schmerzlich Gaslighting zweiten Grades auch sein mag, der Umgang damit ist viel einfacher als die alles überwältigende Dynamik, welche das Gaslighting in Phase 3 entwickelt.

Kapitel 5

PHASE 3: »ALLES MEINE SCHULD!«

Es war ein regnerischer Tag im April. Gail, eine modebewusste, dynamische Mittvierzigerin, die erfolgreich einen Catering-Service in Los Angeles betrieb, starrte auf das Regal in der örtlichen Apotheke. Sie dachte über Ipecac nach, ein Mittel, das man Kindern nach dem Verzehr giftiger Substanzen verabreicht, um Brechreiz auszulösen. Sie wusste, dass ihr Freund Stuart sich zum Abendessen ein chinesisches Gericht wünschte. Vielleicht würde er es nicht herausschmecken, wenn sie das Brechmittel unter seinen Eierreis mit Schweinefleisch mischte. Sie stellte sich vor, wie friedlich und ruhig es für sie sein würde, wenn er die ganze Nacht über der Kloschüssel verbrachte. Sie blickte zur Kasse der Apotheke. Sie konnte nicht fassen, was sie gerade dachte.

Stuart brüllte nachts immer und stellte *jede* ihrer Entscheidungen infrage. Sie wusste, dass es heute Abend besonders schlimm sein würde. Sie wollte demnächst zu einem Nahrungsmittelkongress fahren. Sie wusste aber auch, dass Stuart gegen ihre Teilnahme war. Er fand, dass sie keine Ahnung von Geschäften habe und nur versuchte, von ihm wegzukommen. Was war mit der gemeinsamen Zeit? Achtete sie ihn denn gar nicht? Sie konnte es nicht ertragen, dass sie jedes Mal Kopfschmerzen und Herzrasen bekam, wenn er brüllte. Immer ließ sie die Menschen im Stich, die sie liebte – das sagte zumindest Stuart, und vielleicht hatte er ja recht. Sie konnte sich aber nicht vorstellen, ihn zu verlassen. Dafür gab es viele Gründe. Er fand, sie seien seelenverwandt. Seine Familie mochte sie. Der Sex war toll. Sie besaßen zusammen eine Wohnung. Und vor allem wusste sie, dass er netter und liebevoller zu ihr sein würde, wenn sie ihm nur mehr Sicherheit geben könnte.

Sie atmete tief durch und verließ die Apotheke. Das konnte sie ihm nicht antun. Und er hatte ja recht, was sie betraf. Sie hatte seine Stimme noch im Ohr. Es wäre doch lächerlich, zu dem Kongress zu fahren, wo er sich so dringend wünschte, Zeit mit ihr zu verbringen.

Gail war in Phase 3.

Jill war eine ernsthafte Frau Anfang 20. Sie hatte einen Teint wie Milchkaffee und dunkles, welliges Haar. Als sie zum ersten Mal bei mir war, brachte sie kaum einen Satz über die Lippen. Sie war fahrig und angespannt. Hastig stammelte sie ein paar Worte. Dann verlor sich ihre Stimme, und ihr Blick schweifte ab, als hätte sie plötzlich keine Kraft mehr. Dem Wirrwarr aus Vorfällen, Einzelheiten und Versuchen, das Ganze zusammenzufassen, entnahm ich vor allem eines: *Ich erkenne mich selbst nicht wieder.*

Jill war eine begabte Nachwuchsjournalistin und hatte für einen großen Fernsehsender Nachrichten erstellt. Doch als der Sender umstrukturiert wurde, hatte man sie in eine Abteilung versetzt, die längere Features und eingehende Reportagen machte. Während ihr ehemaliger Vorgesetzter Jill bewundert und ihre Fähigkeiten geschätzt hatte, schien ihr neuer Chef sich von ihr bedroht zu fühlen. Als ich die Puzzleteile zusammensetzte, erkannte ich, dass er Jill gegenüber eindeutig als Gaslighter auftrat. Aus der selbstbewussten, ehrgeizigen und talentierten jungen Frau war ein hoffnungsloser Fall geworden, so nervös, unsicher und verbittert war sie.

»Ich dachte, ich wäre eine ganz heiße Nummer, aber jetzt sieht es aus, als wäre ich ein *Nichts*«, sagte sie zu mir. »Warum haben alle in den ersten Jahren nach dem College so ein Aufhebens um mich gemacht? Warum haben sie mich hinters Licht geführt, wenn ich so eine ...« Wieder schwand ihre Stimme.

Jill steckte tief im Gaslighting der Phase 3 fest. In dieser Phase hat man die Perspektive des Gaslighters komplett verinnerlicht und verwendet sie als die eigene.

In Phase 1, das haben wir gesehen, mobilisiert man noch Kräfte gegen den Gaslighter und versucht, ihm zu zeigen, dass er unrecht hat. Egal, ob man sich vor dem emotionalen GAU fürchtet oder nicht, man verspürt auf jeden Fall den Drang zur Verschmelzung. Und man hält nach Lösungen Ausschau, um sich und den Gaslighter in Übereinstimmung zu bringen.

In Phase 2 ringen Sie schon verzweifelter mit sich und dem Gaslighter. Die Angst vor dem emotionalen GAU ist größer geworden, genau wie der Drang zur Verschmelzung. Sie geben sich noch mehr Mühe, Ihre beiden Standpunkte in Einklang zu bringen.

In Phase 3 haben Sie den Standpunkt des Gaslighters zu Ihrem gemacht. Jetzt mobilisieren Sie Ihre Kräfte für ihn, nicht mehr für sich selbst. Sie tun das, weil Sie immer noch glauben, Sie bräuchten den Gaslighter, um sich besser zu fühlen, das Selbstvertrauen zu stärken oder den Sinn für den eigenen Wert zu verbessern. Und in dieser dritten Phase sind

Sie nicht nur bereit, über seine Perspektive nachzudenken, Sie machen seine Perspektive willentlich zu Ihrer.

So kam es, dass Jill ärgerlich wurde, als ich ihre Selbsteinschätzung infrage stellte. Ich erinnerte sie an die Auszeichnungen und Beförderungen aus ihren ersten Berufsjahren. Sie jedoch behauptete, ich habe keine Ahnung, wovon ich redete. Sie hielt mir – eindeutig mit den Worten ihres Chefs – eine Standpauke über ihre ausgeprägten Schwächen. Jill war so von der angeblichen Fähigkeit ihres Chefs überzeugt, sie zu durchschauen und treffend zu beurteilen, dass sie seine Perspektive übernommen hatte – obwohl ihr das zum Nachteil gereichte. Sie wollte unbedingt an die magischen Fähigkeiten ihres Chefs glauben. Denn eines Tages würde sie zu ihm durchdringen; er würde erkennen, wie gut sie wirklich war, hoffte sie. Sie litt schrecklich darunter, dass er im Moment so schlecht von ihr dachte. Ein eigenes Urteilsvermögen hatte sie nicht mehr. Aber in ihren Augen war es das wert, denn dann konnte sie an der Hoffnung festhalten, eines Tages werde er ihr Talent als Journalistin erkennen. Dann würde sie sich entspannen können – in dem sicheren Wissen, dass sie *wirklich* talentiert war.

Ein Großteil meiner Arbeit besteht bei Gaslighting-Opfern darin zu verhindern, dass sie in Phase 3 abrutschen. Denn in dieser Phase werden sie auch in anderer Hinsicht oft missbraucht. Sie sollen nicht nur Ansichten zustimmen, die unwahr sind, sondern werden häufig angebrüllt, ausgenutzt und übervorteilt. Das wird möglich, weil das Opfer in Phase 3 einfach aufgegeben hat. Das gilt auch für Frauen, die einst stark und unabhängig waren. Die Opfer akzeptieren, meist ohne es zu merken, dass sie in einer Welt leben, in welcher der Gaslighter die Regeln macht. Und diese Regeln können sich jederzeit ändern. Da wird man als Opfer nervös, weil man nie weiß, womit man rechnen muss.

BEFINDEN SIE SICH IN PHASE 3?

- Sind Sie oft lustlos, teilnahmslos, apathisch?
- Ist es Ihnen nahezu unmöglich, Zeit mit Freunden und Verwandten zu verbringen?
- Meiden Sie tiefer gehende Gespräche mit Menschen, auf deren Meinung Sie früher vertrauten?
- Vermeiden Sie jegliche Anspielung auf Ihre Beziehung, damit Sie nicht in die Verlegenheit kommen, sich anderen erklären zu müssen?
- Weinen Sie oft grundlos?
- Leiden Sie unter Stresssymptomen wie Migräne, nervösem Magen, Verstopfung oder Durchfall, Hämorrhoiden, Nesselsucht, Akne oder Ausschlag, Rückenschmerzen oder Ähnlichem?
- Kränkeln Sie ein- oder mehrmals im Monat? Haben Sie Erkältungen, grippale Infekte, Verdauungsbeschwerden, Herzrasen, Kurzatmigkeit, Asthma oder anderes?
- Ist es Ihnen unmöglich, sich genau an einen Vorfall zu erinnern, bei dem Sie und der Gaslighter nicht einer Meinung waren?
- Machen Sie sich – auch vor anderen – Vorwürfe, weil Sie vielleicht eine Mitschuld tragen an seiner Wut, Unsicherheit, seinem Sichentziehen oder anderweitig unerfreulichem Benehmen?
- Werden Sie öfter oder stärker von dem vagen Gefühl heimgesucht, dass etwas nicht stimmt?

Sehen wir uns noch einmal das Beispiel aus dem Kino an. Sie lassen Ihren Begleiter allein, um etwas zu trinken. In der linken Spalte wird geschildert, wie es in Phase 2 weitergehen würde, in der rechten, wie es in Phase 3 denkbar wäre.

Von Phase 2 zu Phase 3

In Phase 2	In Phase 3
Sie möchten *unbedingt*, dass er Ihnen zustimmt – das ist der einzige Weg, um sich zu beweisen, dass man ein guter, tüchtiger und liebenswerter Mensch ist. Also gehen Sie von seinem Standpunkt aus. Sie diskutieren vielleicht – laut oder nur in Gedanken –, aber Sie denken zuerst an *seinen* Standpunkt: »Er behauptet, ich hätte ihn zu lange allein gelassen. Ich weiß, wie blöd es sich anfühlt, wenn man zu lange allein gelassen wird, vor allem bei einem Date. Da kann ich ihm schlecht vorwerfen, dass er sich aufregt. Aber Moment mal! So lang kann das gar nicht gewesen sein. Mag sein, aber bei einem Date kommen einem schon fünf Minuten lang vor. Ich kann verstehen, dass er sauer ist.«	Sie möchten immer noch, dass er Ihnen zustimmt. Aber Sie haben keine Hoffnung mehr, dass Ihnen das gelingt, zumindest nicht dauerhaft. Doch Sie können sich nicht davon frei machen, weil Sie sich von seinem Standpunkt völlig vereinnahmt fühlen oder weil Sie total apathisch sind. Überhaupt ist es anstrengend, einen Standpunkt zu haben. Sie fühlen nicht länger den Drang, sich zu verteidigen – wozu auch? »Er behauptet, ich hätte ihn zu lange allein gelassen. Das wird schon stimmen. Ich bin ja ständig so gedankenlos. Keine Ahnung, warum ich kein besserer Mensch sein kann. Kann ich wohl nicht.« Eventuell hoffen Sie noch darauf, dass er Sie eines Tages anerkennt, weil er Sie dann für gut, tüchtig und liebenswert hält.
In Phase 2	**In Phase 3**
Wenn er sich verletzend oder eigenartig verhält, fragen Sie sich »Was stimmt nicht mit mir?«	Wenn er sich verletzend oder eigenartig verhält, wissen Sie, dass Sie schuld sind – oder Sie fühlen sich wie betäubt, losgelöst oder sind komplett hoffnungslos. Sie würden ihm so gern gefallen, aber Sie sind ziemlich sicher, das nicht zu können.

In Phase 2	In Phase 3
Sie finden seinen Standpunkt normal und kämpfen erbittert darum, dass auch Ihre Perspektive gehört wird. Sie können nämlich die Vorstellung nicht ertragen, dass seine Kritik an Ihnen berechtigt sein könnte: »Bitte denk doch noch mal kurz nach. Ich weiß, dass du es furchtbar fandest, allein hier zu sitzen. Aber war ich wirklich *so* lange weg? Ja?« Sie hoffen, den Streit zu gewinnen und ihm beweisen zu können, was Ihnen wirklich wichtig ist: Sie *sind* ein guter, tüchtiger und liebenswerter Mensch, denn dieser Mann findet das auch.	Sie finden seinen Standpunkt normal. Sie können sich kaum noch an die Zeit erinnern, als Sie anders dachten. Vielleicht versuchen Sie auch, Ihre eigene Perspektive zu unterdrücken, um sie an seine anzupassen. »Ich dachte, ich wäre nicht so lange weg gewesen – aber weißt du, so gedankenlos bin ich leider oft. Was stimmt nur nicht mit mir? Warum kann ich nicht aufpassen, damit mir solche blöden, peinlichen Sachen nicht passieren?«
In Phase 2	**In Phase 3**
Sie haben die Fähigkeit verloren, etwas zu beurteilen oder im Zusammenhang zu sehen. Stattdessen konzentrieren Sie sich auf die Einzelheiten der Vorwürfe: »Ich *weiß*, dass ich nicht so lange weg war. Aber möglich ist es schon. Es stimmt nämlich, dass ich nicht so auf die Zeit achte. Da kann ich ihm schlecht vorwerfen, dass er sich darüber aufregt. Aber Moment mal! Der Film hatte ja noch gar nicht angefangen. Es können also gar nicht 20 Minuten gewesen sein. Das werde ich ihm sagen. Aber vielleicht hab ich ja was anderes falsch gemacht?	Sie widersprechen seiner Wahrnehmung nicht mehr, nicht im Detail und schon gar nicht im Ganzen: »Er sagt, ich bin 20 Minuten weg gewesen. Wie krank, dass ich dachte, es wären nur fünf gewesen. Ich hab anscheinend echt kein Gefühl für Zeit. Mir kam es gar nicht so lange vor – aber wahrscheinlich vermassele ich deshalb immer alles.«

Phase 3: Wenn die Niederlage sich normal anfühlt

So wie der Übergang in Phase 2 findet auch der Übergang in Phase 3 oft unmerklich statt. Denn eine der größten Gefahren zu diesem Zeitpunkt ist eben der Verlust der eigenen Perspektive. Niedergeschlagenheit, Hoffnungslosigkeit und fehlende Lebensfreude fühlen sich inzwischen vielleicht völlig normal an. Man kann sich kaum noch daran erinnern, dass es auch einmal anders war. Trotz der vagen Ahnung einer Veränderung möchte man die Erinnerung an andere, bessere Zeiten verdrängen. Sonst fühlt man sich nur noch schlechter. Und man meidet womöglich auch Menschen und Beziehungen, die einen wieder »zum Leben erwecken« könnten. Es könnte zu schmerzlich sein, sich zu öffnen, und sei es nur kurzzeitig. Denn wenn man die Gaslighting-Beziehung weiterführen will, muss man weiter abblocken.

Gaslighting dritten Grades ist wahrhaft zerstörerisch. Manche meiner Patienten berichten von einer Lustlosigkeit, die sich durch nahezu alle Lebensbereiche zieht – das Essen schmeckt nicht mehr, Unternehmungen mit Freunden machen keinen Spaß mehr, ein Spaziergang in der Natur lässt sie kalt. Das geht so weit, dass man alle Lebenslust verliert. Andere Patienten berichten von der zunehmenden Unfähigkeit, auch nur die kleinste Entscheidung zu treffen: wo sie zu Mittag essen wollen, welchen Film sie anschauen möchten, was sie anziehen sollen. Wieder andere fühlen sich komplett entrückt. Ihnen kommt es vor, als würde ein anderer ihr Leben leben, während sie sich in sich verkriechen und nicht gefunden werden wollen.

Die Hoffnungslosigkeit ist für mich das Schlimmste an Phase 3. Wie jedes Opfer haben auch Sie den Gaslighter verklärt und sehnen sich verzweifelt nach seiner Anerkennung. Aber in Phase 3 haben Sie es mehr oder weniger aufgegeben, daran zu glauben. Und als Folge davon haben Sie eine denkbar schlechte Meinung von sich.

Kehren wir noch einmal zurück zu Melanie, die unter Gaslighting dritten Grades litt. Ihr Mann Jordan hatte sie wütend ausgeschimpft, weil sie nicht den richtigen Lachs für die Dinnerparty bekommen hatte. Als es in ihrer Ehe richtig schlimm wurde, war sie nur noch verwirrt, übermannt, verängstigt und betäubt. Als wir uns diese Gefühle näher ansahen, erkannte sie, dass sie das Resultat ihrer emotionalen und körperlichen Erschöpfung waren.

»Sobald ich auch nur daran *denke*, Jordan nicht zuzustimmen, zucke ich zusammen«, gestand sie mir. »Ich weiß, dass er mich wieder mit Fragen bombardieren wird. Dann prasselt es wieder Beleidigungen und Begründungen. Und ich habe einfach nicht mehr die Energie, dagegen anzukämpfen. Ich weiß ja, dass er gewinnt – das tut er immer. Wozu also kämpfen? Da ist es einfacher, nachzugeben. Und es ist auch einfacher, dem Streit vorzubeugen, indem ich gleich versuche herauszufinden, was er will, und das dann auch erledige.«

Ich fragte Melanie, wie sie sich in einer Beziehung fühlte, in der sie keine Chance hatte, auf den Partner einzuwirken.

»Keine Ahnung«, sagte sie teilnahmslos. »Ist doch egal, wie ich mich fühle. Es ist halt, wie es ist.«

Einige Wochen später kam die Frage wieder auf. Melanie kämpfte mit den Tränen. »Ich finde es schrecklich«, sagte sie. »Ich hasse das Gefühl, dass es überhaupt keinen Unterschied macht – egal, was ich mache, wie nett ich bin, wie sehr ich mich bemühe. Jordan denkt immer, was ihm in den Kram passt. Ich dringe einfach nicht zu ihm durch. Würde er mich doch noch so lieben wie früher. Da war er so nett, und das vermisse ich. Und ich habe immer gedacht, dass wir da auch wieder hinkommen, wenn ich mich nur anstrenge. Aber jetzt bin ich nur noch erschöpft. Ich würde es ja wieder probieren, wenn ich den Eindruck hätte, das würde was bringen. Aber ich bin eindeutig nicht gut genug für ihn. Ich weiß gar nicht, warum er es so lange mit mir ausgehalten hat.«

Melanie hatte Jordans Meinung über sie komplett übernommen. Sie hielt sich für inkompetent und schlampig und – das war der emotionale GAU – für herablassend. Wie Sie sich vielleicht noch aus Kapitel 1 erinnern, warf Jordan seiner Frau regelmäßig vor, dumm und rücksichtslos zu sein. In Melanies Augen gab es zwei Möglichkeiten: Entweder widersprach sie Jordan und ließ sich dadurch auf einen Kampf ein, den sie erfahrungsgemäß nie gewinnen würde. Oder sie stimmte ihm und seiner schlechten Meinung von ihr zu.

Melanie wünschte sich verzweifelt, von Jordan anerkannt zu werden – als tüchtige Ehefrau, die seiner Liebe würdig war. Wäre sie nicht so darauf erpicht gewesen, hätte sie eine dritte Möglichkeit ins Auge fassen können. Sie wäre vielleicht in der Lage gewesen, auf Abstand zu gehen und dann nicht sich, sondern ihn kritisch zu hinterfragen. Sie hätte sich sagen können: »Ich weiß gar nicht, warum nichts von dem, was ich tue, für diesen Mann gut genug ist. Er ist halt unvernünftig und ewig unzufrieden.« Sie hätte sich fragen können, ob sie wirklich mit einem solch schwierigen, fordernden Menschen verheiratet sein möchte. Und sie wäre vielleicht in der Lage gewesen, die wiederkehrenden Auseinandersetzungen zu umgehen, in denen sie ständig angegriffen wurde. (In Kapitel 6 gebe ich Ihnen dazu eine Schritt-für-Schritt-Anleitung.)

Aber Melanie hatte wie alle Gaslighting-Opfer den Gaslighter verklärt. Bei ihrer Hochzeit hatte sie Jordan abgöttisch geliebt. Sie hatte diese Beziehung als ihren schützenden Hafen gesehen. Hier war sie in Sicherheit. Deshalb war Melanie auch so anfällig für den Drang zur Verschmelzung. Sie wollte mit einem starken Mann verheiratet sein, mit dem es nie Differenzen geben würde, weil sie immer der gleichen Meinung sein würden.

Die Möglichkeit, sich geirrt zu haben – dass Jordans Urteile einfach nicht stimmten und ihre Vorstellungen von der Ehe nicht gerade vernünftig waren –, war zu bedrohlich und damit unerträglich. »Wenn er nicht der Mann ist, für den ich ihn gehalten habe, dann war eben alles eine einzige Lüge«, äußerte sie einmal überraschend gereizt. »Ich glaube das einfach nicht – nie im Leben! Es ist nicht seine Schuld, sondern meine!« Melanie war in die dritte Phase abgeglitten, weil sie es einfach nicht schaffte, ihm etwas recht zu machen. Dabei war sie darauf angewiesen zu glauben, was für ein wunderbarer, liebevoller Ehemann Jordan doch war, dem sie natürlich immer vertrauen konnte. Tatsächlich war sie in der Hoffnung zu mir gekommen, ich könne sie »heilen«, damit sie Jordan zukünftig eine bessere Ehefrau sein werde. »Wenn ich mich bessere«, wiederholte sie hartnäckig, »dann wird es vielleicht auch wieder wie früher.«

Das Verhalten der drei Gaslighter-Typen in Phase 3

Genau wie jeder Gaslighter-Typ eine eigene Version in Phase 2 hat, so hat er auch eine eigene Version in Phase 3. Gaslighting dritten Grades läuft unterschiedlich ab, je nachdem, ob man es mit einem Tyrannisator, einem Glamour-Gaslighter oder einem Good-Guy-Gaslighter zu tun hat.

Der Tyrannisator

Melanie wollte Jordan gefallen, und Jill sehnte sich nach der Anerkennung ihres neuen Chefs. Zu Beginn ihrer Zusammenarbeit hatte sie gehofft, ihn mit ihrem Talent und ihren

Fähigkeiten zu beeindrucken. Schließlich hatte sie ja eine renommierte Hochschule für Journalismus besucht und den besten Abschluss in ihrem Jahrgang gemacht. Und sie hatte bereits mehrere Auszeichnungen für ihre Arbeit erhalten. Und ihr Exchef hatte sie gelobt und ihr ein glänzendes Zeugnis ausgestellt. Jill hatte allen Grund anzunehmen, dass ihr neuer Chef von ihrem Ehrgeiz und ihrer Arbeitsweise sehr angetan sein würde.

Leider schien der neue Chef sich eher von Jill bedroht zu fühlen. Jill erzählte mir, dass er ein stiller, zurückhaltender Mann sei, der wenig sprach. Ich fragte mich, ob ihre direkte, ernsthafte und geradlinige Art ihm Schwierigkeiten bereitete. Vielleicht spielten auch Geschlechts- und Rassenfragen eine Rolle. Was auch immer der Grund war, es war vom ersten Tag an klar, dass dieser neue Vorgesetzte nicht gern mit Jill zusammenarbeitete. Er würde ihr nicht die großen Aufträge überlassen, auf die sie gehofft hatte.

Zuerst sah Jill in der Haltung ihres Chefs eine Herausforderung. Sie arbeitete härter denn je, um ihn zu beeindrucken. Sie wollte seine Anerkennung unbedingt, so, wie sie die Anerkennung ihres Exchefs bekommen hatte. Aus dem Drang zur Verschmelzung heraus imaginierte Jill einen Chef, der grundsätzlich mit ihren Wertvorstellungen und Ansichten übereinstimmte. Machte sie wirklich einen guten Job, würde er das auch erkennen und Zustimmung äußern. Sie weigerte sich zu akzeptieren, dieser Chef könne zu uneinsichtig sein, um ihre gute Arbeit zu schätzen, oder seine Vorstellung von »guter Arbeit« könne stark von ihrer abweichen.

Also verfasste Jill lange Exposés, in denen sie ihre Ideen ausführte, und bat wiederholt um persönliche Unterredungen mit dem Chef, um ihm ihre Projekte schmackhaft zu machen. Als er ihre Anfragen nicht beantwortete, hakte sie nach und bestand auf einem klaren Ja oder Nein. In Jills Augen machte so etwas gute Journalisten aus. In den Augen ihres Chefs verbarg sich dahinter das unhöfliche Verhalten einer aufdringlichen Frau. Je mehr Jill versuchte, ihn zu beeindrucken, desto stärker zog er sich zurück.

Doch Jills Chef wies ihre Anfragen nicht nur zurück, er machte auch zahlreiche kleine Anspielungen darauf, wie schlecht sie ihre Arbeit machte. Schickte Jill ihm ein zweiseitiges Exposé zu ihrer neuesten Idee, antwortete ihr Chef mit einer knappen E-Mail: »Zu wenig Information.« War Jills folgendes Exposé drei Seiten lang, schrieb er zurück: »Zu lang. Kürzen Sie das für mich.« Bestand Jill auf einem Meeting mit ihm, weigerte er sich und meinte, er finde, sie sei zu abhängig von seiner Meinung. Deshalb solle sie diese Aufgabe allein ausarbeiten – es sei denn natürlich, sie fühle sich dem nicht gewachsen? Ergriff Jill aber eigenhändig die Initiative, maßregelte er sie, weil sie respektlos und unberechenbar sei, um im nächsten Team-Meeting zu kritisieren, sie sei kein Team-Player. Je mehr Jill versuchte, einen guten Eindruck bei ihrem Chef zu hinterlassen, desto weniger schien er sie zu beachten.

Wenn Jill sich nicht so verzweifelt nach der Anerkennung dieses Mannes gesehnt hätte, hätte sie vielleicht erkennen können, dass nichts, was sie tat, diesem Mann je gefallen würde. Vielleicht wäre sie in der Lage gewesen, sich zu sagen: »Bei dem gibt es für mich nichts zu gewinnen, also habe ich drei Möglichkeiten – ich kann es aussitzen und abwarten, bis etwas Besseres in Sicht ist, ich kann sofort kündigen, oder ich reiche bei der Gleichstellungsbehörde eine Beschwerde ein, damit sein unsägliches Verhalten bestraft wird.« Keine dieser Möglichkeiten gefiel Jill besonders, und es wäre durchaus angemessen, die Umstände als »unfair« zu bezeichnen. Aber wenigstens hätte sie den Tatsachen dann offen ins Auge geblickt und das Beste aus dieser verfahrenen Situation gemacht.

Stattdessen machte Jill sich selbst Vorwürfe. Obwohl sie offen zugegeben hätte, dass sie ihren Chef nicht besonders gut leiden konnte, war er doch ein Mann, dessen Meinung ihr überaus viel bedeutete. Je schlechter er sie behandelte, desto härter arbeitete sie, um ihn zu beeindrucken. Als all ihre Versuche unvermeidlich scheiterten, gab sie sich selbst die Schuld. Eine *gute* Journalistin hätte diesem Mann gefallen. Eine *gute* Journalistin hätte einen Weg gefunden, zu ihm durchzudringen. Bei einer *guten* Journalistin hätte alles geklappt. Bei Jill war all das nicht der Fall. Also war sie wohl keine gute Journalistin.

Ich wollte Jill dazu bringen zu sehen, dass ihre Situation sich ihr ganz anders darstellen würde, wenn sie erkannte, wie abhängig sie von der Meinung ihres Chefs war. Würde sie einen Weg finden, auf seine Anerkennung zu verzichten – sich also selbst beurteilen, statt sich von ihm beurteilen zu lassen, dann könnte sie sich von dem Gaslighting befreien. Aber Jill war noch weit davon entfernt, die Hoffnung aufzugeben, von diesem Mann doch noch anerkannt zu werden. Und als sie sich schließlich geschlagen gab, machte sie nicht ihm Vorwürfe, sondern sich.

»Ich kann es nicht ertragen, dass ich es nicht schaffe, zu ihm durchzudringen«, sagte sie mir Sitzung für Sitzung. »Es macht mich verrückt zu wissen, dass er mir einfach nicht zuhört, ganz egal, was ich sage oder mache. Egal, wie gut ich bin, er sieht es nicht. Egal, wie hart ich arbeite, es interessiert ihn nicht. Ihm ist total gleichgültig, was ich mache. Und dann komme ich mir so ...«

»So was?«, hakte ich nach.

»So wertlos vor«, sagte Jill schließlich ganz leise. »Als hätte ich es geschafft, alle in der Arbeit zu täuschen. Nur dieser Kerl hat mich durchschaut.«

Weil Jills Selbstbild als kompetenter und intelligenter Mensch von ihrem Chef abhängig war, konnte seine Meinung sie so verletzen. Und genau wie Liz, die so viele Beweise dafür hatte, dass ihr nach außen so charmanter Chef sie heimlich sabotierte, hatte auch Jill Probleme damit, ihre Situation richtig einzuschätzen. Statt realistisch zu beurteilen, was sie in Anbetracht ihrer Lage erreichen konnten, versuchten beide Frauen immer noch, es zu »schaffen«, und warfen sich dann vor, »nicht gut genug« zu sein. Obwohl das Gaslighting bei Liz erst Grad 2 erreicht hatte – sie beschäftigte sich immer wieder mit der Beziehung zu ihrem Chef – und bei Jill bereits Grad 3 – hoffnungslos, freudlos und verzweifelt, wie sie war –, war doch der Grund im Wesentlichen gleich: ein Gaslighter als Chef, der unbedingt recht haben musste, und ein Opfer, dass sich nach seiner Anerkennung sehnte.

Um sich von diesem Gaslighting zu befreien, mussten Liz und Jill ein Gefühl für ihren eigenen Wert bekommen und bereit sein, ihren Job zu verlieren – auch wenn ihnen schlussendlich vielleicht nicht gekündigt würde. Nur dann würden sie dem Gaslighting widerstehen können, weil sie nur dann dem Drang zur Verschmelzung widerstehen würden. Nur dann würden sie akzeptieren, dass sie und der jeweilige Chef unterschiedlich dachten und empfanden. Dann würden sie die verzweifelten Versuche einstellen, die Anerkennung ihres Chefs um jeden Preis zu erlangen.

Glamour- und Good-Guy-Gaslighter

Bisher haben wir uns Melanie und Jill angeschaut, bei denen das Gaslighting Phase 3 erreicht hat. Sie hatten es beide mit einem Tyrannisator zu tun, einem Mann, der sie beleidigte und diskriminierte. Aber wie sieht es mit den Frauen aus, die an einen Glamour- oder einen Good-Guy-Gaslighter geraten waren? Wie äußerte sich diese dritte Phase bei ihnen?

Erinnern Sie sich noch an Sondra, die Sozialarbeiterin? Sie führte eine anscheinend perfekte Ehe mit ihrem verständnisvollen Ehemann Peter, beschrieb ihr Leben aber als freudlos und erstarrt. Als sie zu mir kam, hatte das Gaslighting bei ihr bereits Phase 3 erreicht. Sie konnte sich nicht einmal vorstellen, je wieder glücklich zu sein. »Ich fühle mich matt«, sagte sie immer wieder. »Matt und wie betäubt.«

Sondra beharrte darauf, dass ihre Ehe großartig sei und dass sie und ihr Mann alles teilten. Also fragte ich, was sie gern zusammen unternahmen. Sondra erklärte, sie seien zu beschäftigt, um etwas anderes zu tun, als sich um das Haus und die Kinder zu kümmern. In früheren Jahren hatte Sondra immer mal versucht, mehr Zeit zu zweit zu ermöglichen. Aber irgendwie hatte es nie geklappt. »Er wollte wirklich, und ich auch«, sagte sie. »Aber ich weiß auch nicht. Es kam nie dazu.«

Ich regte an, Sondra solle Peter einen Abend zu zweit vorschlagen und abwarten, was passierte. Bei unserem nächsten Treffen erzählte sie: »Er wollte gern. Er fand die Idee gut. Aber als wir dann in unsere Terminkalender sahen, hat er mir gezeigt, dass er wirklich keine Zeit hat. Also versuchen wir es nächste Woche noch mal.«

In der folgenden Woche berichtete Sondra, Peter sei offenbar ganz aus dem Häuschen wegen den »Dates«. Er hatte das Thema von sich aus angesprochen, es irgendwie geschafft, einen Tisch im besten Restaurant der Stadt zu reservieren, und sogar vorgeschlagen, einen Babysitter zu organisieren.

Sondra war ganz aufgeregt. So bestätigte sich ihre Meinung, dass Peter ein »echt guter Kerl« sei. Doch als der gemeinsame Abend tatsächlich stattfand, war sie enttäuscht. Peter hatte ungewöhnlich lang gearbeitet, berichtete sie, und er hatte keine große Lust gehabt. Sie gingen in das Restaurant, in dem man nur so schwer einen Tisch bekam, aber er war zu müde, um viel zu essen, und schien in Gedanken woanders zu sein. Als sie dann noch im Kino einen Film sahen, den Sondra ausgewählt hatte, schlief er nach der Hälfte ein.

Obwohl alles »nach Plan gelaufen« war, war der Abend kein wirklicher Erfolg.

Für mich war Sondras Erfahrung ein typisches Beispiel für Good-Guy-Gaslighting. Es sah zwar so aus, als wäre Peter ein guter Kerl, aber er ließ sich nicht wirklich auf Sondra ein. Es herrschten nicht die Intimität und die Vertrautheit, die Sondra sich wünschte. Er hatte ein großes Tamtam um diesen Abend gemacht. Aber sein Verhalten war für Sondra unbefriedigend. Und sie war unfähig, es sich zu erklären. »Er hat alles gemacht, was ich wollte«, sagte sie wiederholt. »Wahrscheinlich ist es meine Schuld, dass ich trotzdem nicht glücklich bin.«

»Aber Sondra«, sagte ich, »er hat *nicht* alles gemacht, was Sie wollten. Sie wollten einen netten Abend mit Ihrem Mann verbringen, und er war gar nicht wirklich präsent. Er war körperlich anwesend. Das ist etwas ganz anderes als das, was Sie wollten.«

»Kann sein«, sagte sie matt. »Aber beklagen kann ich mich trotzdem nicht.«

Wenn Sondras und Peters Abend ein Einzelfall gewesen wäre, hätte es nicht viel bedeutet. Aber Sondra hatte oft das Gefühl, dass Peter ihren Bitten in einer Weise nachkam, die sie nicht zufriedenstellte. Meiner Meinung nach war ihm mehr daran gelegen, seinem Image als guter Kerl gerecht zu werden, als sich wirklich auf Sondra einzulassen. Und sie hatte seinen Standpunkt übergestülpt – sie wollte in Peter einen guten Kerl sehen, genau wie er auch.

Meine Patientin Olivia hatte ein ähnliches Problem mit ihrem Glamour-Gaslighter Martin. Sie war eine dunkelhäutige Frau mit auffallend hohen Wangenknochen, hochgewachsen und sehr schlank. Früher hatte Olivia als Model gearbeitet, jetzt arbeitete sie als Einkäuferin in einem örtlichen Warenhaus. Inzwischen war sie Anfang 40 und seit 15 Jahren mit

Martin verheiratet, einem Immobilienmakler. Am Anfang hatte sie sich von seiner romantischen Art und seinem extravaganten, glamourösen Lebensstil angezogen gefühlt. Inzwischen aber kam ihr dieser Glamour aufgesetzt vor.

»Gestern Abend«, erzählte Olivia mir, »war ich total müde, als ich von der Arbeit kam. Martin meinte: ›Keine Sorge, Baby. Ich verpasse dir die beste Massage deines Lebens.‹ Dabei hätte ich viel lieber in Ruhe ein Bad genommen, etwas gegessen und mich einfach unterhalten. Oder aber ich hätte mich auf dem Sofa zusammengerollt und Fernsehen geschaut – Hauptsache ruhig. Stattdessen musste Martin eine große Show abziehen mit Massageölen, Duftkerzen und Entspannungsmusik. Und die ganze Zeit hat er mit mir geredet und mir erzählt, wie schön ich bin und wie gut ich mich nach seiner Behandlung fühlen werde. Es kam mir vor, als würde er jemand anderen beschreiben. Ich hatte nicht den Eindruck, dass er mit *mir* spricht.«

Ich fragte Olivia, ob sie Martin gesagt hatte, wie sie sich fühlte, aber sie zuckte nur mit den Achseln. »Der hört seit zehn Jahren nicht mehr, was ich sage«, meinte sie traurig. »Warum sollte er jetzt damit anfangen?«

So, wie Sondra spürte, dass Peters »gute Taten« eigentlich gar nicht ihr galten, hatte Olivia oft den Eindruck, dass es Martin eigentlich mehr um seine romantischen Fantasien ging als um ihre Bedürfnisse und Vorlieben. Wie alle Opfer von Gaslighting dritten Grades war auch Olivia zu der Erkenntnis gelangt, dass es keinen Unterschied machte, was sie tat. »Was ich tue, was ich sage, hat keinerlei Auswirkung«, sagte sie mir. »Und wenn ich es schaffe, zu ihm durchzudringen, wird es noch schlimmer. Dann schmollt er eine Woche lang. Die Schuldgefühle, die ich dann habe, ertrage ich einfach nicht. Er versucht ja nur, ein guter Ehemann zu sein – warum kann ich das nicht genießen?«

Trotz ihres Unglücks war weder Sondra noch Olivia bereit, ihre Gaslighting-Beziehung der Phase 3 aufzugeben. Wir haben es bereits bei den anderen Opfern gesehen: Beide hatten das Gefühl, irgendwie selbst schuld zu sein an dem Problem. Sondra machte sich Vorwürfe, weil sie glaubte, zu fordernd zu sein. Eine andere Frau, meinte sie, würde Peters Anstrengungen zu schätzen wissen, statt immer unzufrieden zu sein. Sie wollte, dass ich ihr dabei half, glücklicher mit Peter zu sein, statt ihn immer ändern zu wollen.

Olivia hatte ebenfalls den Eindruck, das Problem sei sie. Sie meinte, wenn sie spontaner, romantischer und aktiver wäre, könnte sie auch mit Martin mithalten. Olivias zwei Schwestern und ihre Mutter hatten alle eine gescheiterte Ehe hinter sich – alle Ehemänner waren entweder gegangen oder hatten sie betrogen. Deshalb hatte Olivia noch stärkere Schuldgefühle, weil sie nicht fähig war, den hingebungsvollen, romantischen Martin zu schätzen.

Beide Frauen fürchteten sich außerdem vor dem emotionalen GAU, der fast immer mit dem Gaslighting einhergeht. In Sondras Fall bestand dieser GAU in Peters Zorn. Während er meist versuchte, ein guter Kerl zu sein, explodierte er manchmal vor Wut. Und Sondra war sich nie sicher, wann bei ihm die Sicherungen durchbrannten. War der Anfall vorüber, verhielt er sich, als sei nichts gewesen. Brachte Sondra das noch einmal zur Sprache, entschuldigte er sich kurz und wechselte dann das Thema. Sondra hatte den Eindruck, dass er gar nicht begriff, wie aufwühlend seine Ausbrüche für sie waren. »Aber er hat doch gesagt, dass es ihm leidtut«, erklärte sie mir, als ich nachhakte. »Wie kann ich da verlangen, noch weiter darüber zu reden?« Einmal mehr hatte Peter »alles richtig gemacht«. Einmal mehr war Sondra nicht wirklich zufrieden.

Olivia dagegen empfand Martins Schmollen als emotionalen GAU, weil sie sich dann so schuldig fühlte. Sie hatte doch bereits ein schlechtes Gewissen, weil sie ihn nicht genug schätzte. Deshalb war es einfach zu viel, wenn er »so zerknirscht durchs Haus schlich«, wie sie es nannte. Noch schlimmer war für sie, dass er ihr danach immer ein großzügiges Geschenk machte. Dann wurden die Schuldgefühle noch größer.

Frauen, die an einen Glamour-Gaslighter oder einen Good-Guy-Gaslighter geraten sind, tun sich schwer damit, sich und anderen zu erklären, worin das Problem besteht. Romantik und entgegenkommendes Verhalten klingen ja auch gut. Was sollte daran falsch sein?

Falsch ist das Gaslighting.

Ein Glamour-Gaslighter zieht aus purem Eigennutz eine große Show ab. Gleichzeitig versucht er, die betroffene Frau davon zu überzeugen, dass alles nur für sie sei. Er sagt seiner Partnerin, sie solle die romantische Inszenierung genießen. Aber er achtet gar nicht wirklich darauf, ob sie es auch tut. Er spielt sich auf, und sie soll es gut finden.

Ein Good-Guy-Gaslighter setzt einfach seinen Kopf durch. Gleichzeitig will er seine Frau davon überzeugen, dass sie *ihren* Kopf durchsetzt. Oder er macht etwas halbherzig, versucht seine Frau aber davon zu überzeugen, dass er mit vollem Herzen bei der Sache ist. Gleichzeitig suggeriert er, dass es verrückt wäre, mehr zu verlangen.

Als Folge davon fühlt das Gaslighting-Opfer sich einsam, ist verwirrt und frustriert, kann aber nicht sagen, warum. Macht eine solche Frau Einwände, führt der Gaslighter den emotionalen GAU herbei: Er brüllt, droht damit, sie zu verlassen, oder bombardiert sie mit Kritik. Und wenn er dem emotionalen GAU eine Entschuldigung folgen lässt, wie Peter es tut, oder ein Geschenk, wie Martin es tut, fühlt sie sich noch schlechter. Zu keinem Zeitpunkt werden ihre Gefühle berücksichtigt, aber immer wird von ihr verlangt zu glauben, dass es um ihre Gefühle ginge. Das ist frustrierend und macht einsam. Und wenn das lange so geht, führt es direkt in die Depression.

ACHTEN SIE AUF SICH: KÖRPER UND GEIST IM EINKLANG

Es ist eine der schlimmsten Folgen von Gaslighting dritten Grades, dass man von seinen Empfindungen und dem intakten Ich abgetrennt wird, das man einmal war.

Um wieder ein Gefühl dafür herzustellen, bieten sich Aktivitäten an, die Körper und Geist verbinden: Yoga, Tai-Chi, Kampfsportarten und andere Formen von Meditation in Bewegung. Sie alle beruhen darauf, den Geist zu beruhigen und sich seinem Inneren zu öffnen – nicht durch Diskutieren oder Analysieren, sondern durch konzentrierte Bewegungen, die Körper, Geist und Verstand mit einbeziehen. Schließen Sie sich einer Gruppe an im örtlichen Sportverein, in einem Yoga-Zentrum oder einer Schule für Kampfsport. Oder fragen Sie im Gesundheitsladen oder einem alternativen Buchladen, ob man Ihnen einen Lehrer empfehlen kann.

Vielleicht meditieren Sie auch lieber. Das können Sie in einem Kurs oder mithilfe von Büchern lernen. (Fragen Sie vor Ort, was Yogalehrer oder Kampfsporttrainer empfehlen.) Beim Meditieren sitzen Sie 15 bis 30 Minuten, konzentrieren sich auf Ihren Atem und lassen den Gedanken einfach freien Lauf. Menschen, die meditieren, berichten, dass sie ruhiger und mehr bei sich sind. Sie können besser mit Stress umgehen. Beim Meditieren hat auch Ihr Innerstes die Möglichkeit, gehört zu werden.

Warum bleiben wir?

Was veranlasst anderweitig starke Frauen wie Melanie, Jill, Sondra und Olivia, in ihren Phase-3-Beziehungen auszuharren? Wie wir gesehen haben, entwickelt sich die Dynamik in einer Gaslighting-Beziehung zwischen einem Gaslighter, der recht haben muss, um seine Macht und den Sinn für das eigene Selbst zu wahren, und einem Opfer, das den Gaslighter verklärt und verzweifelt um seine Anerkennung ringt. Solange auch nur ein Teil von Ihnen glaubt, er bräuchte den Gaslighter, um sich besser zu fühlen, das Selbstvertrauen zu stärken oder den Sinn für den eigenen Wert zu verbessern, so lange ist man anfällig für Gaslighting.

Darüber hinaus habe ich vier Gründe dafür gefunden, warum Menschen in Gaslighting-Beziehungen bleiben, obwohl diese zehrend, freudlos und lähmend sind.

KÖRPERLICHE GEWALT

Neben den anderen Gründen, die ich gefunden habe, fürchten sich Frauen, die Phase 3 erreicht haben, manchmal vor körperlicher Gewalt – oder wurden bereits Opfer davon. Oder der Gaslighter droht ihnen zumindest damit. Wenn Sie oder Ihre Kinder körperlich angegriffen wurden oder sich bedroht fühlen, verlassen Sie Ihr Heim und begeben Sie sich an einen sicheren Ort – das Haus eines Verwandten, ein Frauenhaus oder auch ein Restaurant. Von dort können Sie telefonieren und über Ihre nächsten Schritte entscheiden. Ihre erste Sorge muss Ihrer körperlichen Sicherheit und der Ihrer Kinder gelten. Die emotionalen Konsequenzen können nur berücksichtigt werden, wenn Sie wissen, dass Sie und Ihre Kinder in Sicherheit sind und auch bleiben werden.

1. Der materielle Aspekt

Viele Frauen wollen, ehrlich gesagt, die finanzielle Sicherheit oder den Lebensstandard nicht aufgeben, den ihr Gaslighting-Partner (oder vielleicht auch Chef) ihnen bietet. Obwohl sie wissen, dass sie nicht glücklich sind, glauben Sie zu Recht oder zu Unrecht, dass ein niedrigerer Lebensstandard sie noch unglücklicher macht. Viele Frauen haben auch das Gefühl, dass ihre Kinder durch eine Scheidung (oder eine berufliche Veränderung) leiden würden – aus finanziellen und/oder emotionalen Gründen. Manche Frauen halten ihre Phase-3-Gaslighter auch für gute Väter, selbst wenn sie als Ehemänner schwierig sind. Oder sie sind der Meinung, die Kinder hängen an ihren Vätern, auch wenn einige Aspekte dieser Beziehung ebenfalls Anlass zur Sorge geben. Frauen, die für einen Phase-3-Gaslighter arbeiten, haben vielleicht Jobs, die ihnen einzigartige Möglichkeiten in Hinsicht auf Kreativität, berufliches Vorankommen oder Bezahlung bieten.

Natürlich nehmen wir diese möglichen Vorteile manchmal verzerrt wahr. Wir übertreiben den Nutzen, den der Verbleib in einer Gaslighting-Beziehung bringt, und wir reden die Möglichkeiten klein, die wir außerhalb dieser Beziehung hätten. Jill war sich beispielsweise sicher, nie im Leben einen anderen Job zu finden, der so gut war wie der aktuelle. Das war Teil der Macht, die ihr Chef über sie hatte – das Gefühl, dass er ihr ganzes Berufsleben kontrollierte. Als sie sich aber langsam vom Gaslighting befreite, erkannte sie, dass sie jung und talentiert war und gute Referenzen besaß. Selbst wenn ihr jetziger Chef ihr kein gutes Zeugnis ausstellen würde, ihr Exchef und die Lehrer der Journalismusschule würden es bestimmt tun. Sie hatte noch so viel Zeit, um sich in ihrem Bereich zu etablieren – mit oder ohne Hilfe ihres jetzigen Chefs.

Ähnlich war es bei Melanie. Als sie darüber nachdachte, Jordan zu verlassen, galt ihre erste Sorge dem Geld. Melanie war bei ihrer alleinerziehenden Mutter groß geworden. All ihre Kindheitserinnerungen kreisten um die Angst ihrer Mutter, ihre Rechnungen nicht bezahlen zu können. Melanie brauchte eine Weile, um zu erkennen, dass ihre Arbeit als Marktanalystin weit besser bezahlt war als die zahllosen Kellnerinnenjobs ihrer Mutter. Obwohl sie möglicherweise keine so schöne Wohnung besitzen oder so tolle Urlaube wie mit Jordan verbringen würde, musste sie sich um ihr Überleben keine Sorgen machen.

Manchmal sind unsere materiellen Bedenken natürlich absolut gerechtfertigt. Als ich Sondra einmal fragte, ob sie sich je vorstellen könne, Peter zu verlassen, erbleichte sie vor Schreck. »Wie könnte ich meinen Kindern das antun?«, fragte sie mich. »Sie hängen an ihm.« Da ich selbst geschieden und Mutter war, wusste ich, wovon sie sprach. Es ist hart, Kinder von ihrem Vater zu trennen. Jede Mutter, die das vorhat, sollte die Bedürfnisse ihrer Kinder berücksichtigen. Die Trennung mag die richtige Entscheidung sein, aber es wird auch echte Verluste geben.

Genauso war es bei Jill. Wäre ihre Situation eine andere gewesen, hätte sie recht damit gehabt, um ihre berufliche Zukunft zu fürchten. Wäre sie zum Beispiel bereits über 50 gewesen, darf man davon ausgehen, dass sie nur schwer einen neuen Job finden würde, vor allem auf diesem Niveau. Oder sie hätte für eine Firma arbeiten müssen, die sich auf eine bestimmte Art Journalismus spezialisiert hat. Dann hätte ein Wechsel bedeutet, sich mit einer anderen Arbeit vertraut zu machen, vielleicht mit weniger Budget oder anderen ungewollten Einschränkungen. Die Entscheidung, den Gaslighting-Chef zu verlassen, hätte dann auch einen echten beruflichen Rückschritt bedeutet.

Tatsache ist, wir wissen nicht immer, was die Zukunft bringt. Wir wissen nicht genau, wie eine Scheidung sich auf unsere Kinder auswirkt oder wie der Verbleib in der unglücklichen Beziehung auf sie wirkt. Wir wissen nicht wirklich, wie es uns mit weniger Geld gehen wird oder welche Art Job wir finden werden. Wir können nur die Vor- und Nachteile abwägen, den möglichen Verlust vergleichen mit dem Preis, den wir zahlen müssen, wenn wir in der Gaslighting-Beziehung ausharren, die uns deprimiert und uns die Lebensfreude nimmt. Wer sich in Phase 3 befindet, hat oft das Gefühl, nicht viel verlangen zu dürfen, schon gar keine Freude. Aber diese Freude existiert. Sie haben ein Anrecht darauf und verdienen sie wie jeder andere auch.

2. Angst vor Vereinsamung und Alleinsein

Viele Menschen können die Vorstellung nicht ertragen, keine Beziehung zu haben. Das Ende einer Partnerschaft wäre für sie das Ende der Welt. Sie können sich nicht vorstellen, allein zu leben.

Viele Menschen haben generell Angst davor, im Stich gelassen zu werden. Diese Angst beeinflusst jede ihrer Beziehungen, auch die zu Freunden, Kollegen und Vorgesetzten. In all diesen Fällen löst die Vorstellung, eine Beziehung zu beenden oder zu lockern, die tief sitzende Angst vor dem Alleinsein aus. Und das ist oft schmerzlicher und beängstigender als das schlimmste Gaslighting. Also verklären wir den Gaslighter und versuchen verzweifelt, die Sache am Laufen zu halten, statt zuzugeben, wie unerfreulich und unbefriedigend die Beziehung inzwischen ist.

Es gibt Menschen, deren Identität sich daraus speist, eine Beziehung oder einen bestimmten Beruf zu haben. Als ich beispielsweise mit Melanie darüber nachdachte, wie es sich wohl anfühlen würde, nicht mit Jordan verheiratet zu sein, sagte sie tonlos: »Dann wäre ich nichts. Ohne ihn bin ich nichts.«

Jill äußerte sich ähnlich. »Wenn ich es in diesem Job nicht schaffe, dann bin ich ein Nichts.«

An dieser Stelle sollten wir uns nochmals daran erinnern, dass wir nicht wissen, was die Zukunft bringt. Trotz des Grauens sind wir vielleicht total erleichtert, wenn wir uns aus einer Gaslighting-Beziehung befreien. Eventuell fühlen wir uns dann gar nicht allein, sondern stark und ausgeglichen. Oder aber wir vermissen den Gaslighter, sind aber trotzdem froh, dass wir gegangen sind. Zugegeben, manchmal stellen sich Einsamkeit und Trauer wie befürchtet ein, wenn wir eine Gaslighting-Beziehung beenden oder zurückfahren. Aber trotz des Schmerzes wissen wir, dass wir die richtige Entscheidung getroffen haben.

In unserem Kulturkreis heißt es oft, dass man auch glücklich wird, wenn man nur das Richtige tut. So einfach soll das sein. Ich denke, die Wahrheit ist etwas komplexer. Auch die richtige Entscheidung kann Sorgen, Kummer und Angst mit sich bringen. Aber wenn wir uns unseren Ängsten stellen und sorgfältig abwägen, werden wir vielleicht dankbar sein für die Entscheidung, mit der wir unsere Integrität bewahrt haben.

3. Angst vor Erniedrigung

Sehen wir den Tatsachen ins Auge: Wer unter Gaslighting dritten Grades leidet, führt keine gute Beziehung. Viele von uns empfinden es als schlimme Erniedrigung, zugeben zu müssen, dass es so schlecht steht. Die Beziehung zu beenden kommt dem Eingeständnis gleich, versagt zu haben. Harrt man jedoch aus, scheint sich einem die Chance zu bieten, die Verluste wiedergutzumachen.

Auf jeden Fall dachte Melanie so über ihre Ehe und Jill über ihre Arbeit. Beide Frauen fanden es erniedrigend zuzugeben, die Situation nicht aus eigener Kraft regeln zu können. Melanie dachte, ein besserer Mensch als sie könne es schaffen mit Jordan. Jill war davon überzeugt, dass ein überragender Journalist ihren verbohrten Chef für sich einnehmen könne. Statt die Gaslighter in einem realistischen Licht zu sehen, wollten beide lieber den Kopf einziehen und es weiter versuchen. Selbst eine übermenschliche Anstrengung schien besser zu sein als das Eingeständnis des »Scheiterns«.

Leider kommt man nicht weit, wenn man die Wahrheit meidet. Nie wird man einen Weg finden, glücklicher zu werden, wenn man die eigene Situation ignoriert, ob man sich nun dafür oder dagegen entscheidet, die Gaslighting-Beziehung dritten Grades zu beenden. Man muss sich eingestehen, dass etwas nicht stimmt. Dann muss man rational und rigoros beurteilen, ob eine Verbesserung möglich ist.

Es war unabdingbar, dass Melanie sich ohne Wenn und Aber eingestand, was für eine Art Mann Jordan war. Genauso unabdingbar war für sie zu erkennen, wie unfair und unvernünftig seine Kritik war und wie sehr sie durch diese Kritik verletzt wurde. Und sie musste sehen, wie unglücklich sie inzwischen war, wie verstört, verwirrt und frustriert. Sie musste sich eingestehen, dass *das* ihre Ehe war – kein schützender Hafen, den sie mithilfe einer Therapie wiederzuerlangen hoffte, sondern eine deprimierende Gaslighting-Beziehung dritten Grades. Vielleicht würde alles besser werden, vielleicht auch nicht, aber solange Melanie der Wahrheit nicht ins Gesicht sah, würde sich nichts ändern.

Das Gleiche galt für Jill. Sie musste erst einmal erkennen, wie unvernünftig ihr Chef sich verhielt. Sie musste der Möglichkeit ins Auge sehen, dass es ihm vielleicht lieber war, sie – eine gute Journalistin – aufgrund seiner irrationalen

Vorurteile oder Vorlieben zu verlieren. Genauso musste sie akzeptieren, dass sie ihn vielleicht nicht würde umstimmen können. Was wollte sie tun, wenn das der Fall war? Noch härter arbeiten und das Beste hoffen würden ihr nicht weiterhelfen. Aber den Dingen ins Auge sehen schon.

Wenn man mit dem Gefühl der Erniedrigung ringt, sollte man Verständnis mit sich selbst haben und akzeptieren, dass es keine Schande ist, einen Fehler zu machen oder auch mehrere Fehler. Vielleicht stellen Sie ja sogar fest, dass man immer noch gut davonkommt, wenn man sich erniedrigt fühlt, aber von seinem Elend befreit ist.

Bedenken Sie auch, dass die Zeit viele Wunden heilt. Eine Situation, die für Sie sehr erniedrigend war, wird zu einer verschwommenen Erinnerung, wenn Sie erst einen besseren Job oder eine befriedigendere Beziehung gefunden haben.

4. Die Macht der Fantasie

Viele von uns halten wegen ihrer Fantasien über den Gaslighter und sich selbst an schwierigen Beziehungen fest. Wir sehen in dem Gaslighter unseren Seelenverwandten, den Mann, ohne den wir nicht leben können, die Liebe unseres Lebens. Oder wir hängen an der romantischen Vorstellung, »Freunde für immer« zu sein. Wir verbinden mit dieser Beziehung kostbare Erinnerungen an eine langjährige Freundschaft. Vielleicht sehen wir uns in unserer Fantasie die Karriereleiter emporklettern. Es kommt uns wie der Ausverkauf unserer Hoffnung auf beruflichen Erfolg vor, einen Arbeitgeber zu verlassen, auch wenn er ein Gaslighter ist. Und wenn es um die Familie geht, sind unsere Fantasien besonders ausgeprägt. Viele von uns verbindet ein starkes Band mit Eltern oder Geschwistern, die uns von klein auf kennen. Wir sehen in ihnen Menschen, denen wir alles verdanken. Wir sollten ihnen vertrauen oder besonders nahestehen können, meinen wir. Selbst wenn wir erwachsen und längst ausgezogen sind, fühlen wir uns verloren, weil wir sie verlassen haben. Deshalb halten wir an der Vorstellung fest, dass es da einen allmächtigen Menschen gibt, der auf uns aufpasst und uns bedingungslos liebt.

Bei uns allen spielt die Fantasie eine wichtige Rolle in der Gaslighting-Beziehung, auch wenn wir das nicht erkennen. Wenn Patienten, Freunde oder Bekannte sich leidenschaftlich über ihren Gaslighter äußern, halten sie das für Tatsachen.

Hier einige Beispiele:

- »Es fing so gut an. Ich kann nicht glauben, dass wir nicht dahin zurückkönnen.«
- »Er ist mein Seelenverwandter. Niemand hat je solche Gefühle in mir ausgelöst wie er.«
- »Ich denke ständig an ihn. Ich liebe ihn so sehr. Ein Leben ohne ihn ist für mich unvorstellbar.«
- »Sie ist meine beste Freundin. Sie war immer meine beste Freundin. Sie war immer da.«
- »Sie kennt mich so gut. Niemand sonst kennt mich so gut.«
- »Sie versteht mich einfach. Ich brauche so jemanden in meinem Leben.«
- »Ich habe so tolle Erinnerungen an sie. Wir haben zusammen so viel durchgemacht.«
- »Das ist der beste Job, den ich je hatte. Ich verdanke diesem Mann so viel. Ich kann ihn nicht im Stich lassen.«
- »So eine Stelle kriege ich nie wieder.«
- »Niemand würde so viel für mich riskieren wie er.«
- »Er ist begabt und auf dem Weg nach ganz oben. Davon kann ich nur profitieren.«
- »Sie ist meine Mutter. Sie würde alles für mich tun. Wie kann ich sie im Stich lassen?«

- »Ich konnte mich immer auf meinen Vater verlassen. Auch wenn er mich anbrüllt, am Ende steht er immer zu mir.«
- »Meine Schwester ist wie eine Freundin für mich. Auch wenn wir immer streiten, weiß ich, dass ich auf sie zählen kann.«
- »Ich habe immer zu meinem großen Bruder aufgesehen. Ich weiß, dass er immer auf meiner Seite ist, auch wenn er mich schlechtmacht.«

Ich bin überzeugt, dass meine Patienten und Freunde diese Aussagen aufrichtig meinen. Genauso bin ich aber davon überzeugt, dass sie – ob nun bewusst oder unbewusst – nicht wirklich die ganze Wahrheit sagen.

Was steckt dahinter, wenn wir uns so an eine Beziehung klammern, in der wir uns elend, erschöpft und verwirrt fühlen? Und warum geben wir so viel auf, um sie weiterzuführen?

Diejenigen unter uns, die in einer Gaslighting-Beziehung ausharren, haben – meist unbewusst – beschlossen, dass man in der Lage sein muss, alles hinzunehmen, und dass es in unserer Macht steht, alles hinzubekommen. Melanie beispielsweise musste und wollte glauben, dass sie eine gütige, treusorgende Frau war, die mit ihrer allumfassenden Liebe eine glückliche Ehe erschaffen würde – wenn nötig, auch im Alleingang. Egal, wie schlecht Jordan sich benahm, sie konnte, wollte und sollte genug Liebe aufbringen, damit es zwischen ihnen klappte. Zuzugeben, wie unglücklich sie mit Jordan war, hieße, auf dieses idealisierte Ich zu verzichten. Sie hätte akzeptieren müssen, dass sie ihren schwierigen Gatten nicht allein mit der Kraft ihrer Liebe bezwingen konnte.

Ähnliches galt für Jill. Sie musste und wollte sich für so stark und talentiert halten, dass kein Chef dieser Welt sie abschießen konnte. Sie wollte glauben, dass sie auch unter ungünstigsten Umständen gute Arbeit abliefern konnte. Dass sie etwas Schlechtes allein aufgrund ihrer Fähigkeiten in etwas Gutes verwandeln konnte. Sich einzugestehen, dass es ihrem Chef einfach egal war, wie geschickt sie sich anstellte, kam ihr wie eine Bankrotterklärung vor.

Wie Sie sehen, sind das Machtfantasien. Wir haben ein Bild von uns erschaffen, demzufolge wir jede Situation beeinflussen können, wenn wir es nur richtig machen. Statt auf Abstand zum Gaslighter zu gehen und nach vorn zu blicken, wollen wir verzweifelt beweisen, dass wir ihn ändern können. Sind wir gescheitert, reden wir uns ein, dass sein schlechtes Benehmen nicht wirklich zählt, weil wir stark sind.

Diese Anstrengungen haben ihre Wurzeln in der Kindheit. Schlechte, unzuverlässige Eltern drängen ihre Kinder in eine emotionale Ecke. Die Wahrheit über sie – dass sie sich manchmal selbst wie egoistische Kinder verhalten – wäre nicht zu ertragen. Welcher Zwei-, Vier- oder auch Zwölfjährige könnte die Erkenntnis ertragen, dass die Mama ihn nicht beschützen kann und dass der Papa es vielleicht nicht auf die Reihe kriegt? Wie furchtbar, das Kind unzuverlässiger, liebloser Eltern zu sein! Man weiß, dass man noch nicht alt und stark genug ist, um selbst auf sich aufzupassen. Wenn *sie* es also nicht tun, wer dann? Und wenn selbst Mutter und Vater einen nicht lieben, müssen wir so wertlos sein, dass niemand sonst uns lieb haben kann.

Wir sehen die Dinge mit erschreckender Klarheit. Aber wir erkennen nicht, dass unsere Eltern uns aufgrund ihrer eigenen Grenzen nicht umsorgen und lieben können, so, wie wir es gern hätten. Stattdessen fangen wir an, uns selbst Vorwürfe zu machen (»Das muss an mir liegen«). Und so läuft es auch später mit dem Gaslighter. Aber damit ist es nicht genug. Wir entwickeln Fantasien, um Vernachlässigung und

Enttäuschung zu kompensieren. In diesen Fantasien scheinen wir mehr Einfluss zu haben. Wenn wir stark und mächtig genug sind, ist es vielleicht nicht so schlimm, dass unsere Eltern nicht für uns da sein können – wir können uns stattdessen um sie kümmern! »Egal, was Mama anstellt, ich komme schon klar«, sagt sich ein kleines Mädchen vielleicht. Oder: »Egal, wie sehr der Papa mich enttäuscht, es zählt nicht.« Wir möchten uns gern für stark, tolerant, verständnisvoll und nachsichtig halten – Hauptsache, das Versagen der Eltern wird dadurch belanglos.

Leider kaschieren diese hoffnungsvollen Ideen über uns selbst Sorge, Angst und Wut – diese Gefühle hat ein Kind, das sich nicht darauf verlassen kann, einen liebenden, starken Erwachsenen an seiner Seite zu wissen. Wir alle brauchen die Anerkennung, Bewunderung und Liebe anderer. Und wenn jemand des Weges kommt, der uns das verspricht, zieht uns das unwiderstehlich an. Aber Menschen, die anfällig für Gaslighting sind, gehen noch weiter.

Sie entwickeln dreierlei Fantasien:

1. So, wie die Eltern in der Kindheit die einzige Quelle der Fürsorglichkeit hätten sein sollen, so wird später der Gaslighter zur einzigen solchen Quelle. Er und nur er wird uns verlässlich lieben. Er ist unser Seelenverwandter, unser Mentor, unser bester Freund. Und zum Beweis dieser Liebe suchen wir seine Anerkennung.

2. Ist er nicht der Versorger, den wir brauchen, meinen wir, ihn ändern zu können. Allein mit der Kraft unserer Toleranz, unserer Liebe und unserem guten Beispiel werden wir ihn in die Eltern verwandeln, die wir wollten und auch verdient hatten.

3. Wie schlecht er sich auch benimmt, es zählt nicht, denn wir sind ja stark (oder großherzig oder fürsorglich) genug, um das zu überwinden. Unsere Fähigkeit, ihn zu ändern, ist vielleicht nicht überragend, aber unsere Fähigkeit, ihn zu erdulden, ist es bestimmt.

Statt den Gaslighter wegen seines schlechten Benehmens also weniger zu mögen, lieben wir ihn umso mehr, denn so bietet sich eine weitere Gelegenheit zu beweisen, wie stark wir sind. Wären wir doch als Kinder auch so stark gewesen! Leider waren wir es nicht – aber jetzt können wir es nachholen! Jetzt gelingt uns mit bloßer Willenskraft eine gute Beziehung. Und wenn wir dafür jemanden in Kauf nehmen müssen, der uns beleidigt, ignoriert oder seine Bedürfnisse über unsere stellt – wenn wir dafür einen schwierigen Partner, Chef oder eine zickige Freundin hinnehmen müssen, dann sei's drum. Wenigstens bekommen wir jetzt etwas als Ausgleich für all unser Elend, einen wahren Seelenverwandten, einen großartigen Mentor, eine echte beste Freundin.

Wir klammern uns an diese Vorstellung, denn so scheinen wir unserer größten Angst aus dem Weg gehen zu können: dass uns nie jemand so lieben wird, wie wir geliebt werden wollen. Dann wären wir wieder enttäuscht und allein, genau wie als Kinder. Doch parallel führt das schlechte Benehmen des Gaslighters dazu, dass wir uns weniger mögen. Denn nie gelingt es uns, seine Anerkennung zu gewinnen und zu beweisen, wie gut, tüchtig und liebenswert wir doch sind.

Tja, wenn es bei uns so läuft, dann gibt es sowohl schlechte als auch gute Nachrichten. Die schlechte Nachricht lautet, dass wir unsere Fantasien über die Bedeutung der Gaslighting-Beziehung womöglich ernsthaft aufgeben müssen. Wenn eine Patientin mit gebrochener Stimme zu mir sagt: »So einen Mann finde ich nie wieder«, muss ich so ruhig wie möglich antworten: »Nein, vielleicht nicht. Aber möchten Sie das überhaupt? Sie sagen doch die ganze Zeit, wie unglücklich Sie sind. Möchten Sie unter diesen Umständen wirklich so weitermachen?«

Oder eine Patientin sagt voller Wut oder Panik: »Was soll ich denn ohne diesen Job machen? Was, wenn ich nie wieder eine so gute Stelle finde? Was, wenn ich nie mehr in meinem Beruf arbeiten kann oder nicht auf diesem Niveau? Was, wenn ich nie mehr einen Mentor finde, der mich so gut versteht wie dieser Mann?« Dann lautet meine Antwort zwangsweise: »Vielleicht finden Sie wirklich nicht wieder einen solch guten Posten. Aber wenn Sie bleiben, hält Sie das sicher davon ab, sich auch nur etwas Besseres vorzustellen.«

Und wenn eine Patientin sagt: »Ich habe diese Freundin mit 14 kennengelernt. Niemand, den ich erst jetzt kennenlerne, wird wissen, wie ich als Jugendliche war. Sie ist die Einzige, die mich von früher kennt.« Dem muss ich zustimmen. »Sie verlieren etwas Wichtiges, wenn Sie diese Freundschaft beenden«, muss ich eingestehen. »Aber bedenken Sie auch, wie oft Sie mir erzählen, wie unglücklich Sie darüber sind, wie Ihre Freundin Sie behandelt. Glauben Sie, dass die Freundschaft so viel Unglück wert ist?«

Die schlechte Nachricht lautet also, dass wir vielleicht wirklich etwas Besonderes aufgeben müssen, falls wir uns entscheiden, die Gaslighting-Beziehung zu beenden. Möglicherweise finden wir keinen anderen Mann, den wir so leidenschaftlich lieben, so aufregend finden oder für unseren Seelenverwandten halten. Möglicherweise finden wir keinen anderen Förderer oder Job, die vergleichbar wären mit dem, was wir aufgeben. Möglicherweise finden wir auch nie wieder eine Freundin, an der wir so hängen oder die uns so gut kennt wie die beste Freundin, deren Gaslighting uns in den Wahnsinn treibt.

Die gute Nachricht lautet, dass wir den Mut haben, diese Gaslighting-Beziehungen zu beenden und aufrichtig zu sehen, was sie uns gekostet haben. Allmählich ist für uns das Ende der schrecklichen Angst absehbar, die uns unser ganzes Leben lang verfolgt hat – die Angst davor, ungeliebt und allein zu sein. Jetzt sind wir alt genug, um die Elternstelle zu übernehmen und so für uns zu sorgen, wie es uns als Kinder nicht möglich war. Wir können jetzt sehen, dass die Welt voller Liebe ist – wie viele liebevolle Freunde, wohlmeinende Kollegen und potenzielle Lebensgefährten in unser Leben treten können, um den »Seelenverwandten« zu ersetzen, auf den wir so sehr angewiesen waren.

Wir müssen erkennen, dass unser wahres Selbst nicht auf die Unterstützung eines anderen Menschen angewiesen ist. Wir sind nicht mehr die hilflosen Säuglinge oder Kleinkinder, die ihre Eltern zu Helden stilisieren mussten. Jetzt können wir endlich unsere Mitmenschen um ihrer selbst willen schätzen lernen. Jetzt brauchen wir sie nicht mehr als die guten Eltern, die wir nicht hatten. Wir werden unsere eigenen Eltern und sorgen für uns. Dann basieren unsere Beziehungen zu Partnern, Kollegen und Freunden auf Liebe und Verlangen, und nicht länger auf Entbehrung und Verzweiflung. Und wenn man uns schlecht behandelt, können wir sicher sein, den Mut zu haben, Nein zu sagen und zu gehen, wenn es sein muss. Damit steigt die Wahrscheinlichkeit deutlich, gut behandelt zu werden.

Meiner Erfahrung nach wiederholen Menschen, die aus einer Gaslighting-Beziehung aussteigen, ihr früheres Verhalten eher nicht, also diesen Hang zur Magie und zu Freundschaften, die einen vor dem retten sollen, was man am meisten fürchtet. Ohne das Bedürfnis, vergangenen Kummer zu heilen, werden Beziehungen normaler und befriedigender. Das Adrenalin mag weg sein. Aber ist das so schlimm? Was, wenn der Name Ihres Neuen im Display erscheint, und Sie lächeln, statt Herzrasen zu bekommen? Was, wenn Sie sich leicht und friedvoll fühlen, statt vor Nervosität nicht essen zu können? Was, wenn die Liebe Ihnen nicht mehr wie ein aufregendes, gefährliches Abenteuer oder eine anspruchsvolle, problematische Matheaufgabe vorkommt? Sondern wie eine sichere, beruhigende und erfreuliche Zweisamkeit?

Wenn Sie die Fantasien aufgeben, die das Gaslighting befördert haben, können Sie trotzdem noch fesselnde Gespräche, befriedigenden Sex, tiefe Freundschaften und wertvolle berufliche Kontakte haben. Aber die haben dann möglicherweise nicht mehr die Intensität der Verbindungen, die Sie eingegangen sind, als Sie die Beziehungen so dringend brauchten. Ihre neuen Verbindungen fühlen sich vielleicht nicht so an, als würden sie Ihr Leben retten oder Ihr Dasein auf den Kopf stellen. Aber Sie haben auch nicht das Gefühl, auf glühenden Kohlen zu sitzen. Sie spüren nicht jedes Mal einen Klumpen im Magen, wenn das Telefon (nicht) klingelt. Sie wälzen sich nicht mehr schlaflos im Bett und fragen sich, wie Sie ihn glücklich machen können. Sie sind erwachsen und wissen, dass Sie vielleicht manchmal einsam sein, oft aber auch geliebt werden. Nur eines werden Sie nicht mehr – sich jemandem unterordnen, der Sie schlecht behandelt.

ACHTEN SIE AUF SICH: THERAPIEN UND ANDERE ANGEBOTE

Wenn Sie eine Veränderung ins Auge fassen – oder zumindest mehr über Ihre Möglichkeiten erfahren wollen –, möchten Sie vielleicht professionelle Hilfe in Anspruch nehmen. Da ich selbst Therapeutin bin, rate ich Ihnen zu einer Therapie als Möglichkeit der Begleitung. Eine Therapie kann manchmal schmerzhaft und frustrierend sein, aber sie kann auch Unterstützung und Halt geben. Nichts erleichtert so sehr wie das Wissen, dass ein anderer Mensch an uns glaubt, unsere Sorgen versteht und sich für unsere Ziele einsetzt.

Wenn eine Therapie nichts für Sie ist, ziehen Sie eine andere Art Hilfe oder Unterstützung in Betracht. Ein Life Coach hat in der Regel keine therapeutische Ausbildung, ist aber gut geeignet, um Ihnen bei der Definition Ihrer Ziele zu helfen und diese gezielt zu verfolgen. Religiöse Berater oder Seelsorger können Ihnen Unterstützung und spirituelle Einsichten geben (manche haben auch eine therapeutische Ausbildung). Vielleicht gibt es vor Ort oder in Ihrer Kirchengemeinde eine Selbsthilfegruppe. Wenn Sie oder jemand, der Ihnen nahesteht, ein Suchtproblem hat oder zu Drogenmissbrauch neigt, könnte ein Zwölf-Punkte-Plan das Richtige sein.

Welche Schritte auch immer Sie erwägen, ich rate Ihnen dringend dazu, Ihre Freunde oder Angehörigen einzubinden. Dazu gehören alle Leute, denen Sie Ihrer Meinung nach am Herzen liegen und die Ihre Situation klar überblicken. (Manchmal kann es ganz schön schwer sein, Menschen zu finden, auf die beide Punkte zutreffen!) Aber manchmal reichen selbst die besten Freunde nicht aus. Manchmal brauchen Sie jemanden, der etwas außerhalb Ihres Lebens steht, damit Sie mit ihm die nächste Etappe Ihrer Reise planen können. Dieser »Außenseiter« kann ein Therapeut oder ein anderer Helfer sein, der Sie auf dem Weg zurück ins Leben begleitet.

Die Erschaffung Ihrer neuen Welt

Ich möchte dieses Kapitel mit einer sehr speziellen Visualisierungsübung beenden, die mein Kollege und Mentor, der Psychoanalytiker Frank Lachmann, einst mit mir gemacht hat. Jedes Mal, wenn ich das Gefühl habe, bei etwas stärker nachzugeben als gewollt, oder nicht mehr klar erkenne, was ich will und wer ich bin, kehre ich zu dieser Übung zurück. Sie kann in vielen Bereichen angewendet werden (das ist bei mir der Fall). Aber sie könnte sich auch als besonders nützlich erweisen, um mit der Erschöpfung und der Verwirrung fertigzuwerden, die oft mit Gaslighting dritten Grades einhergehen.

Wem gewähren Sie Zutritt zu Ihrer Welt?

- Stellen Sie sich vor, Sie leben in einem schönen Haus mit einem schönen Zaun drumherum. Nehmen Sie sich einen Moment Zeit, um es sich auszumalen – Lage, Zimmer, Ausstattung. Nehmen Sie sich auch für den Zaun etwas Zeit. Voraus besteht er? Wie hoch ist er? Sie sollen sich vorstellen, dass dieser Zaun sehr sicher ist, so sicher, dass niemand ihn überwinden kann.

- Finden Sie jetzt die Öffnung im Zaun, den Durchgang oder das Törchen, durch das willkommene Gäste eintreten. Machen Sie sich klar, dass Sie der einzige Torwächter sind. Sie haben die totale Kontrolle darüber, wer eintritt und wer nicht. Sie dürfen hereinlassen, wen Sie wollen, und Sie dürfen jeden abweisen, ohne einen Grund zu nennen. Lassen Sie sich einen Moment Zeit, um zu spüren, wie diese Macht sich anfühlt. Vielleicht lassen Sie die Gesichter derer, die Sie einlassen, vor Ihrem geistigen

Auge vorbeiziehen, und stellen sich auch die Leute vor, die Sie draußen lassen möchten. Erleben Sie die Macht, die Sie als Torwächter Ihres Hauses haben.

- Stellen Sie sich jetzt vor, dass nur Leute hereinkommen dürfen, die freundlich sind und auf Ihre Gefühle Rücksicht nehmen. Und wenn jemand hereinkommt, Sie dann aber anpöbelt oder Ihre Wirklichkeit hinterfragt, muss er gehen und darf erst zurückkommen, wenn er bereit ist, Sie gut zu behandeln. (Vielleicht werden Sie auch der Leute überdrüssig, die mal abweisend und mal nett sind. Dann könnten Sie beschließen, diese Leute auch nicht mehr einzulassen, egal, wie nett sie sind!)

- Visualisieren Sie Ihr Haus, Ihren Schutzwall und Ihr Tor mindestens einen Viertelstunde lang. Beobachten Sie, wer hereinmöchte und wen Sie hereinlassen wollen. Malen Sie sich aus, was passiert, wenn Sie Ja oder Nein sagen. Schauen Sie auf die Antworten der Leute, die Sie abgewiesen oder eingelassen haben. Und auf Ihre Reaktion darauf.

- Wenn Sie möchten, können Sie danach ein paar Minuten lang aufschreiben, was Sie aus dieser Erfahrung gelernt haben. Oder Sie sprechen mit einem Freund/einer Freundin darüber. Vergessen Sie nicht, dass dieses umzäunte Haus Ihnen Zuflucht bietet, wann immer Sie wollen.

Jetzt wissen Sie, was Sie im Gaslight-Tango gefangen hält. Und Sie haben gesehen, wie schlimm die drei Phasen des Gaslightings sein können. Es ist Zeit, den Gashahn zuzudrehen! Im nächsten Kapitel zeige ich Ihnen, wie das geht.

Kapitel 6

DEN GASHAHN ZUDREHEN

Während ihrer Therapie bei mir versuchte Katie herauszufinden, wie sie dem Gaslighting ein Ende setzen könnte. Zuerst war sie noch optimistisch und dachte, sie könne ihre Beziehung zu Brian verbessern. Doch sie musste feststellen, dass ihre Bemühungen zu zeigen, dass sie eine gute und treue Partnerin war, Brian oft veranlassten, das Gaslighting zu verstärken. Er setzte dann auf den emotionalen GAU, brüllte sie an und beleidigte sie. Sie fand diese Reaktion beängstigend und aufwühlend und war oft kurz davor, aufzugeben.

Katie musste erst einmal verstehen, dass man den Gashahn nur zudrehen kann, wenn man wirklich bereit ist zu handeln. Erst dann ist man auf jede Art Widerstand vorbereitet, den der Gaslighter und auch man selbst leisten könnte. Man kann eine Gaslighting-Beziehung nur ändern, wenn man theoretisch bereit ist, sie zu beenden, auch wenn es möglicherweise nicht so weit kommt. Sie müssen sich mit der Vorstellung vertraut machen, dass sowohl Sie als auch der Gaslighter das Recht auf eine eigene Meinung haben.

Dann müssen Sie nämlich nicht seiner negativen Sicht auf Sie nachgeben. Und Sie müssen ihn nicht dazu bringen, Ihnen zu bestätigen, dass Sie ein guter Mensch sind. Außerdem müssen Sie bereit sein zu gehen, wenn der Gaslighter Sie ständig dafür bestraft, dass Sie eigene Ansichten haben. Bevor er nicht weiß, dass Sie ernsthaft bereit sind, ihn zu verlassen, sieht er möglicherweise keinen Grund, sein Verhalten zu ändern.

Deshalb werde ich Ihnen in diesem Kapitel einen Sechs-Punkte-Plan vorstellen, mit dessen Hilfe Sie zur Tat schreiten können. Sie sollen bereit sein, aktiv zu werden. Und dann zeige ich Ihnen fünf Wege, um den Gashahn zuzudrehen.

SCHREITEN SIE ZUR TAT, BEENDEN SIE DAS GASLIGHTING – EIN SECHS-PUNKTE-PLAN

1. Benennen Sie das Problem!
2. Seien Sie nicht zu hart mit sich!
3. Gestatten Sie sich, Opfer zu bringen!
4. Treten Sie in Kontakt mit Ihren Gefühlen!
5. Halten Sie sich für stark!!
6. Machen Sie den ersten Schritt, um Ihr Leben zu verbessern. Dann den nächsten.

=> *Ich gehe noch genauer ab Seite 231 auf diese Punkte ein.*

Die Entscheidung zum Beenden des Gaslightings treffen

Betrachten wir etwas genauer, was ich weiter oben gesagt habe: Man wird eine Gaslighting-Beziehung nur ändern können, wenn man ernsthaft bereit ist, sie zu beenden. Da das so wichtig ist, wiederhole ich es noch einmal:

Sie müssen ernsthaft bereit sein, sie zu beenden.

Nun mag es sein, dass Sie in vielen Situationen der Meinung sind, Sie müssten die Beziehung nicht beenden. Manchmal schleicht sich das Gaslighting schrittweise in eine Beziehung und kann auch wieder rückgängig gemacht werden. Manchmal greift ein Mensch nur auf Gaslighting zurück, weil er sich besonders unsicher fühlt. Dann können Sie das Problem lösen, indem Sie sich weigern, darauf einzugehen, und indem Sie die Auslöser meiden – Bemerkungen, Taten oder Situationen, die Sie oder den Gaslighter dazu veranlassen, den Gaslight-Tango zu eröffnen.

Wenn Ihr Gaslighter gewillt ist zuzugeben, dass es ein Problem gibt, kann vielleicht ein guter Paartherapeut helfen. Vielleicht reicht auch Ihr neu erworbenes Bewusstsein, um Schlimmeres abzuwenden. Bei manchen Gaslightern ist es vielleicht möglich, die eigene Beteiligung zurückzufahren, ohne den Kontakt ganz abzubrechen. In Kapitel 7 helfe ich Ihnen dabei herauszufinden, ob es für Sie das Richtige ist, die Beziehung zu beenden. Aber wenn Sie dazu nicht wirklich bereit sind, wird das Ganze nicht funktionieren.

Warum nicht? Weil Sie wie Katie mit ziemlicher Sicherheit an einen Punkt gelangen werden, an dem der Gaslighter in seine alten Muster zurückfällt. Auch wenn es bis dahin ganz gut lief. Das liegt in der Natur des Menschen – er ändert sich nicht von heute auf morgen. Der Gaslighter könnte das Gaslighting sogar verstärken. Er könnte beispielsweise größeren Druck ausüben, das Brüllen wird lauter, statt gelegentlich kommt ständig Kritik, und statt Sie ab und an zu schneiden, straft er Sie mit tagelangem Schweigen. Irgendwann tut er vielleicht alles in seiner Macht Stehende, damit Sie wieder zu der alten, unterdrückten Version Ihrer selbst werden.

Vielleicht hat ja nicht nur er Mühe, sich zu ändern. Sie könnten selbst Zweifel an diesem neuen Weg haben. Vielleicht überkommt Sie der Drang zur Verschmelzung, oder Sie werden überwältigt von der Sehnsucht danach, vom Gaslighter anerkannt zu werden. Sie könnten versucht sein, die schlechten Zeiten zu vergessen und nur an die guten zu denken. Auch das liegt in der menschlichen Natur. Den meisten von uns fällt es schwer, sich zu ändern, und selten tun wir es von heute auf morgen.

Was hilft Ihnen also dabei, den übermächtigen Kräften zu widerstehen, wenn Sie versuchen, alles beim Alten zu belassen? Was befähigt Sie, anders zu handeln, obwohl Sie und Ihr Gaslighter innerlich finden, dass alles beim Alten bleiben »sollte«?

Nur eines kann eine Änderung in Ihrer Beziehung herbeiführen: Ihr Bekenntnis zu dem Leben, das Sie sich wünschen – einem gaslight-freien Leben. Um dieser Verpflichtung nachzukommen, müssen Sie bereit sein, *alles* zu tun – sogar dazu, Ihre große Liebe, Ihre beste Freundin oder den perfekten Job zu verlassen. Sie müssen dem Gaslighter seine Meinung zugestehen, so, wie Sie Ihre haben. Weder unterwerfen Sie sich seinem Standpunkt noch versuchen Sie, ihn von Ihrem zu überzeugen. Sowohl Sie als auch der Gaslighter müssen wissen, dass Sie die Beziehung nicht weiterführen, wenn Sie nicht mit Respekt behandelt, sondern dafür bestraft werden, dass Sie Ihre eigene Meinung haben.

Das heißt, wie gesagt, nicht, dass Sie wirklich gehen müssen. Aber wenn Sie innerlich nicht dazu bereit sind, werden Sie vielleicht die Strapazen des vor Ihnen liegenden Weges nicht aushalten.

DAS GASLIGHTING ABSTELLEN: SIND SIE BEREIT, DIE BEZIEHUNG ZU BEENDEN? VISUALISIEREN SIE ALS ENTSCHEIDUNGSHILFE!

- **Stellen Sie sich Ihre Beziehung in einer Woche vor.** Achten Sie möglichst auf jedes Detail. Was haben Sie an? Welchen Gesichtsausdruck haben Sie? Welchen Gesichtsausdruck hat der Gaslighter? Was sagt er? Wie fühlen Sie sich dabei?
- **Jetzt stellen Sie sich die Beziehung in einem Jahr vor.** Achten Sie wieder auf jedes Detail. Wie sieht Ihr Leben aus? Wo arbeiten Sie? Was macht Sie glücklich? Sehen Sie sich zusammen mit dem Gaslighter. Was sagen Sie zueinander? Wie sehen Sie beide aus? Wie fühlen Sie sich bei dieser Vorstellung?
- **Stellen Sie sich nun die Beziehung in drei Jahren vor.** Achten Sie einmal mehr möglichst auf jedes Detail. Wie sieht Ihre Beziehung aus? Wie sieht Ihr Leben jetzt aus? Ist es das Leben, das Sie sich wünschen?
- **Wie wahrscheinlich es ist, dass Ihre jetzige Beziehung Ihnen die erwünschte Zukunft bringt?** Wie wird die Zukunft wohl aussehen, wenn Sie so weitermachen wie bisher? Was sind Sie bereit zu opfern, um diese Beziehung weiterzuführen? Was sind Sie bereit zu opfern, um das Leben zu bekommen, das Sie sich wünschen?

Bitte behalten Sie auch folgende Aspekte im Gedächtnis. Beim Lesen des Sechs-Punkte-Plans sollten Sie bedenken, dass viele Wege zum Ziel führen können. Sie können diese Punkte in beliebiger Reihenfolge ausprobieren, ganz wie es Ihnen passt. Ich halte es für sinnvoll, dem von mir dargelegten Ablauf zu folgen. Aber wenn ein späterer Schritt Sie eher motiviert, dann ist das eben Ihr Weg. Vielleicht möchten Sie auch gleich mehrere Schritte auf einmal machen.

Bedenken Sie auch, dass sich dieses Vorgehen vielleicht nicht sofort gut anfühlt. Vielleicht geht es Ihnen wie Katie und Sie verfallen in Panik, fühlen sich einsam oder sind traurig. Am Anfang ihres Widerstands gegen Brians Gaslighting wachte Katie nachts mit Herzrasen und Magenkrämpfen auf. Sie dachte nur daran, wie einsam sie sein würde, wenn sie mit ihm brechen musste. Bei der Arbeit war sie manchmal plötzlich den Tränen nahe, weil sie daran dachte, wie einsam sie gewesen war, bevor sie Brian traf. Und wie glücklich war sie in den ersten Wochen ihrer Beziehung gewesen! Sie dachte daran, wie sein Gesicht aufgeleuchtet hatte, wenn er sie sah, oder wie er ihr die Füße massiert hatte. In solchen Momenten fragte sie sich, wie sie ein Leben ohne ihn je ertragen sollte. Oder aber sie erinnerte sich daran, wie er ihr wieder einmal vorwarf, mit anderen Männern zu flirten. Dann mahlten ihre Kiefer, und sie empfand eine Wut, die stärker war als alles, was sie kannte.

Oder Katie dachte daran, wie sehr sie es hasste, dass Brian ihr ständig Vorwürfe machte. In solchen Momente erinnerte sie sich daran, wie ungern sie mit ihm stritt, und wie schrecklich es sich anfühlte, wenn er sie anbrüllte. Dann fiel ihr auch wieder ein, wie gut es sich angefühlt hatte, ihm Paroli zu bieten und ihnen beiden klarzumachen, dass sie respektvoll behandelt werden wollte. Sie wollte nicht dafür bestraft werden, eine eigene Meinung zu haben. Jetzt war sie immer noch verängstigt, traurig und einsam, aber auch entschlossen.

Wenn Sie allmählich erkennen, dass die Dinge anders laufen könnten, werden auch Sie vielleicht Wut und Verzweiflung in einer Heftigkeit empfinden, die Sie nicht für möglich gehalten hätten. Da kommen Sie sich vielleicht launisch und unberechenbar vor – erst sind sie aufgedreht und kurz darauf erschöpft oder deprimiert. All das gehört dazu, wenn Menschen etwas verändern. Versuchen Sie also, diese Gefühle nicht zu ernst zu nehmen. Sie kommen und gehen. Genießen Sie Momente der Heiterkeit und Euphorie in dem Wissen, dass auch sie vermutlich schnell wieder vorbei sein werden! Es wird eine Weile dauern, bis Ihre Gefühle sich einpendeln. Also verlieren Sie nicht die Geduld und bleiben Sie am Ball.

Bitte bedenken Sie auch, dass es eine außerordentliche Leistung ist, das eigene Verhalten zu ändern. Und von dieser Leistung werden Sie Ihr ganzes Leben profitieren. Egal, ob Sie Ihre Beziehung nun behalten oder nicht, an sich selbst zu arbeiten wird Ihnen zugutekommen, um zukünftige Beziehungen ausgeglichener, glücklicher und befriedigender zu gestalten – ob nun die Beziehung zum Gaslighter oder zu einem anderen Menschen. Es mag Sie auch in Staunen versetzen, wie sich alles Mögliche in Ihrem Leben ändert – wie Ihre Beziehungen zur Arbeit, zu Freunden, Partner, Familie und der Umwelt im Allgemeinen sich durch Ihre Bemühungen verbessern, den Gashahn auch in anderen Lebensbereichen zuzudrehen. Während Sie also beklagen, was Sie möglicherweise aufgeben müssen, sollten Sie nicht vergessen zu bejubeln oder wenigsten zu schätzen, was Sie gewinnen.

Abschließend sollten Sie sich bewusst machen, dass der Prozess, zur Tat zu schreiten und das Gaslighting zu beenden, sich lange hinziehen kann. Vielleicht können Sie in wenigen Tagen ein Wunder vollbringen, vielleicht sehen Sie wochenlang keine Ergebnisse. Vielleicht sehen Sie einen Fortschritt und merken dann, dass Sie und Ihre Beziehung erneut Schwierigkeiten haben. Mit ziemlicher Sicherheit werden Sie schlechte Tage und gute Tage haben – Zeiten, in denen Sie sicher sind, wieder Rückschritte zu machen, und Zeiten, in denen Sie wissen, dass Sie fast am Ziel sind. So oder so, atmen Sie durch, seien Sie nicht zu hart zu sich und halten Sie sich an die Menschen, denen Sie vertrauen. Hauptsache, Sie bleiben am Ball. Dann schaffen Sie es auch.

WAS SIE TUN KÖNNEN, UM IHRE ENTSCHLOSSENHEIT ZU STÄRKEN

- Machen Sie es sich zur Aufgabe, einmal am Tag mit einem zuverlässigen Freund oder Angehörigen zu sprechen oder zumindest einmal in der Woche einen Therapeuten aufzusuchen, um Ihre Perspektive aufrechtzuerhalten.
- Schreiben Sie Ihre letzten drei Gespräche mit dem Gaslighter auf und überarbeiten Sie das Geschriebene. Bedenken Sie dabei, wie Sie vergleichbare Situationen in Zukunft handhaben möchten.
- Wann haben Sie zuletzt Freude bei etwas empfunden? Beschreiben Sie den Moment oder finden Sie ein Bild, das diesen Moment heraufbeschwört. Hängen Sie es so auf, dass Sie es jeden Tag sehen können. Es soll Sie daran erinnern, wie Ihr neues Leben aussehen soll.

Schreiten Sie zur Tat, beenden Sie das Gaslighting: Ein Sechs-Punkte-Plan

Hier kommen die sechs Möglichkeiten, wie Sie zur Tat schreiten können, um das Gaslighting zu beenden. Sie können sich an die von mir vorgeschlagene Reihenfolge halten oder eine andere wählen, die Ihnen sinnvoll erscheint. Das Wichtigste ist, überhaupt anzufangen.

1. Benennen Sie das Problem!

Wir haben gesehen, wie schwierig es sein kann zu erklären, worin das Problem besteht – auch vor uns selbst. Das ist vor allem der Fall, wenn wir an einen Glamour- oder Good-Guy-Gaslighter geraten sind. Meine Patientin Olivia, die als Einkäuferin in einem Warenhaus tätig war und deren Mann sich als Glamour-Gaslighter entpuppt hatte, erzählte mir von einem frustrierenden Gespräch mit einer irritierten Freundin. »Er schenkt dir Sachen, die dir nicht wirklich gefallen?«, hatte die Freundin ungläubig gefragt. »Er will dich massieren, und du willst lieber ein Bad nehmen? Und darüber regst du dich auf? Mädchen, was stimmt nicht mit dir?«

Olivia stotterte und stammelte bei dem Versuch, das Problem darzulegen. Martins Geschenke – eine Rüschenbluse, ein hauchzartes Negligé, Reizwäsche – schienen eher für das Objekt seiner Fantasien gemacht statt für die echte Olivia. Sie trug Hosenanzüge und einfache Wäsche und schlief lieber unbekleidet. Und die berühmten Massagen ihres Mannes kamen ihr so inszeniert vor, dass man sie nie wirklich entspannend finden konnte. Wie bereits gesagt, hatte Olivia ein schlechtes Gewissen, weil sie die romantischen Gesten ihres Mannes nicht zu schätzen wusste. Einen Großteil unserer ersten Sitzungen brauchten wir, um herauszufinden, warum Olivia angesichts der Geschenke erschöpft und frustriert war, statt sich geliebt und geehrt zu fühlen.

»Ich glaube, manchen Leuten liegt das Schenken einfach nicht«, pflegte sie zu sagen.

»Haben Sie ihm gesagt, wie Sie seine Geschenke und Aufmerksamkeiten finden?«, fragte ich sie.

»Ja, irgendwie schon. Ich habe ihm gesagt, dass mir nicht so nach einer Massage ist. Dass ich lieber mit ihm vor dem Fernseher kuscheln würde. Aber da wurde sein Blick ganz glasig, und dann hat er so verletzt ausgesehen ... Ich hatte das Gefühl, ihn wirklich enttäuscht zu haben.«

»Also Sie haben ihn enttäuscht, weil Sie nicht schätzen, was er für Sie tun wollte.«

»Ja, schon.«

»Olivia«, sagte ich, »wem sollte die Massage guttun, Ihnen oder ihm?«

Ungläubig sah sie mich an. So hatte sie die Dinge eindeutig noch nie gesehen. Aber endlich war Olivia in der Lage, ihr Problem zu benennen: *Mein Ehemann tut viele nette Dinge für mich, aber sie scheinen keinen Bezug zu dem Menschen zu haben, der ich bin. Oft habe ich den Eindruck, dass seine Geschenke und guten Taten eher dazu dienen, dass ER sich gut fühlt, nicht ich. Noch schlimmer aber ist das Gefühl, dass mit mir etwas nicht stimmt, weil ich seine Geschenke nicht mag.*

Dass sie ihr Problem erkannt hatte, erleichterte Olivia mehr, als sie je erwartet hatte. Endlich verstand sie, warum sie so unzufrieden war. Sie hatte einen Weg gefunden, ihre Situation zu beschreiben, ohne ihren Mann einfach »schlecht« oder »gut« zu finden. Und sie hatte sich auf das konzentriert, was ihrem Gefühl nach nicht funktionierte.

Um das Problem zu beschreiben, sollten Sie auch benennen, *was er tut* und *was Sie tun*. Bei Olivia sah dieser Teil so aus:

Was er als Gaslighter tut: Macht mir Geschenke, die nicht zu mir passen, und erwartet dann Dankbarkeit.

Was ich als Opfer tue: Habe den Eindruck, dass mit mir etwas nicht stimmt, weil ich die Geschenke nicht mag; fühle mich einsam und missverstanden.

WEITERE BEISPIELE DAFÜR, WIE MAN SEIN PROBLEM BENENNEN KANN:

- Mein Mann sagt mir oft Dinge, die mir wehtun, und dann fühle ich mich immer schlecht. Früher habe ich mit ihm gestritten, aber jetzt sehe ich keinen Sinn mehr darin. Ich möchte diese bösen Sachen nicht hören, und ich möchte deshalb nicht immer so deprimiert sein.

Was er als Gaslighter tut: mich beleidigen.

Was ich als Opfer tue: mit ihm streiten (früher); es hinnehmen und mich schlecht fühlen (jetzt).

- Immer wieder lasse ich mich auf die gleichen, langen Diskussionen mit meiner Freundin ein, und nie kommt etwas dabei heraus. Danach frage ich mich immer, warum ich keine bessere Freundin sein kann. Ich bin es leid, immer Schuldgefühle zu haben. Mit keiner anderen Freundin läuft das so!

Was sie als Gaslighter tut: mir vorwerfen, ich sei eine schlechte Freundin.

Was ich als Opfer tue: mit ihr streiten; sie bitten, ihre Meinung zu ändern, damit sich nicht als wahr erweist, dass ich eine schlechte Freundin bin.

- Meine Chefin scheint mich zu mögen, aber mir kommt das eigenartig vor. Sie lädt mich nicht mehr zu den wichtigen Meetings ein, bei denen ich früher immer war. Und sie hat meine Arbeit mit den wichtigsten Kunden der Firma eingeschränkt. Sie behauptet, es gäbe kein Problem. Also weiß ich, dass sie lügt. Es missfällt mir, nicht Bescheid zu wissen.

Was sie als Gaslighter tut: hält mich nicht auf dem Laufenden, lügt mich an.

Was ich als Opfer tue: so tun, als würde ich ihr glauben (versuchen, ihr zu glauben).

- Meine Mutter schafft es immer wieder, mir ein schlechtes Gewissen zu machen. Ich wünschte, sie würde einmal etwas gut finden, was ich tue. Und dafür hasse ich mich. Ich fühle mich, als würde ich vor ihr auf dem Boden kriechen, damit sie einmal »gutes Mädchen« sagt.

Was sie als Gaslighter tut: so tun, als hätte ich etwas falsch gemacht.

Was ich als Opfer tue: mich noch mehr darum bemühen, dass sie mich lobt, damit sich nicht als wahr herausstellt, dass ich es falsch mache.

2. *Seien Sie nicht zu hart mit sich!*

Zu meinen, dass man eine schlechte Behandlung auch verdient hat, ist einer der selbstzerstörerischsten Aspekte daran. Und wenn wir verantwortlich handeln und verstehen wollen, welche Mitschuld wir an der destruktiven Dynamik haben, der wir zu entgehen versuchen, führt das möglicherweise dazu, dass wir den Eindruck haben, die schlechte Behandlung wirklich verdient zu haben. Schließlich haben wir mitgemacht. Wir haben uns dem Gaslighter unterworfen, mit ihm gestritten oder durchblicken lassen, dass es uns nichts ausmacht. Wir haben versucht, die Situation zu kontrollieren, oder nach einem Gefühl der Sicherheit getrachtet. Also haben wir uns genauso schuldig gemacht wie er und verdienen, was uns zustößt, nicht wahr?

Falsch. Ihr Ziel ist es nicht, sich auszuzanken, sich mit Schuldgefühlen zu belasten oder sich Vorwürfe zu machen. Ihr Ziel ist es einzig und allein, Ihre Situation zu verbessern. Um das zu erreichen, müssen Sie wissen, inwiefern Sie selbst zu dem Problem beitragen. Und was Sie tun können, um das zu ändern. Aber das ist etwas ganz anderes, als zu beschließen, dass Sie »verdienen«, was Ihnen zustößt, oder dass Sie sich daran die Schuld geben.

Wie würden Sie beim Anblick eines kleinen Mädchens reagieren, das wieder und wieder versucht, einen schlecht gelaunten, verschlossenen Erwachsenen zum Spielen zu bewegen? Was würden Sie denken, wenn es wieder und wieder zu dieser abweisenden Person läuft und jedes Mal etwas Neues ausprobiert, um sie zu überreden? Was, wenn das Kind seinen ersten Versuchen Trotzanfälle, Schläge oder Worte der Wut folgen lässt? Welchen Rat würden Sie ihm geben? Welche Einstellung hätten Sie ihm gegenüber? Was würden Sie ihm noch sagen?

Ich neige zu der Annahme, dass Sie diesem Mädchen mitfühlend begegnen würden, auch wenn Sie ihm raten würden, nicht mehr zu dem Erwachsenen zu gehen, der sich so abweisend verhält. Vielleicht raten Sie ihm, sich anders zu verhalten, aber Sie würden auch verstehen, dass dieses Mädchen alles gibt, auch wenn es sich damit gerade selbst schadet.

Ich möchte Sie auffordern, sich selbst genauso mitfühlend zu begegnen wie diesem Kind – oder jedem Ihrer Freunde oder Angehörigen. Gehen Sie wohlwollend und liebevoll mit sich um, auch und gerade wenn Sie in Erfahrung bringen wollen, wer Sie sind und was Sie getan haben. Mit sich selbst nicht so hart ins Gericht zu gehen ist manchmal die schwierigste Aufgabe von allen. Aber meiner Erfahrung nach beginnen genau dann die Veränderungen.

3. Gestatten Sie sich, Opfer zu bringen!

Kein Zweifel: Es könnte Sie sehr wohl etwas kosten, Ihre Gaslighting-Beziehung zu beenden. Wer also bereit ist zu gehen (auch wenn er es letzten Endes nicht tut), muss einfach mit der Aussicht auf einen gewaltigen Verlust leben.

»So einen Mann finde ich nie wieder«, sagen meine Patientinnen. »Nie wieder werde ich mit jemandem zusammen sein, der so aufregend, so an mich gewöhnt, so sexy und so ein echter Seelenverwandter ist.«

Oder: »Nie wieder kriege ich so einen guten Job. Nie wieder finde ich eine Stelle, die so gut zu meinen Talenten und Fähigkeiten passt, zu meinen Zielen und Träumen.«

Oder: »Nie wieder finde ich so eine Freundin – jemanden, der mich so gut kennt und der so viel mit mir durchgemacht hat.«

Oder: »Ich wage gar nicht, mir vorzustellen, was aus unserem Familienleben wird, wenn ich nicht mehr mit meiner/meinem Mutter/Vater/Schwester/Bruder/Tante/Onkel/Cousin rede. Wie wird es dann an Thanksgiving? Wer kommt dann zu meinem Geburtstag – und wer nicht? Und darf ich meine Kinder von einem Verwandten fernhalten?«

Bereits im vorigen Kapitel haben wir gesehen, dass man die möglichen Verluste auch überbewerten kann. Es kann sehr wohl sein, dass Sie einen anderen Mann treffen, einen anderen Job kriegen oder eine neue Freundin finden, die Ihnen so viel geben wie der Gaslighter, vielleicht sogar mehr. Es könnten sich Lösungen für Ihre familiäre Situation anbieten, die Sie jetzt noch gar nicht absehen können. Lösungen, die weit befriedigender sind als Ihre jetzige Situation. Sie könnten feststellen, dass Ihnen beim nächsten Mal andere Dinge wichtig sind oder dass Sie endlich in der Lage sind zu bekommen, was Sie immer wollten, und zwar in verbesserter Form.

Oder Sie könnten recht behalten. Wenn Sie Ihre Gaslighting-Beziehung riskieren, könnten Sie etwas verlieren, das Sie nie wieder haben werden.

Die Sache ist die: Sie wissen es nicht. Aber Sie wissen sehr wohl, dass Sie in einer Beziehung stecken, die Sie aushöhlt und Ihnen die Lebensfreude nimmt. Möglicherweise sind Sie bereits Kompromisse eingegangen in Bezug auf Arbeit, Freunde, Partner oder Familie, um die Gaslighting-Beziehung am Leben zu erhalten. Vielleicht haben Sie bereits einige Ihrer Träume und Hoffnungen fahren lassen. Mit an Sicherheit grenzender Wahrscheinlichkeit wird Ihre Gaslighting-Beziehung nicht besser, wenn Sie nichts unternehmen. Nur wenn Sie etwas ändern, besteht Hoffnung auf Besserung. Und ja, Sie könnten etwas von großem Wert riskieren, wenn Sie das tun.

Ist es die Sache also wert? Sie werden im Vorfeld nie den Ausgang kennen, wie hoch die Risiken wirklich sind, was wirklich bei der Sache für Sie herausspringt. Können Sie diese Zuversicht aufbringen?

Auf diese Frage können natürlich nur Sie selbst eine Antwort geben. Sind Sie bereit zu handeln, weil Sie so einfach nicht mehr weitermachen wollen und obwohl Sie wissen, dass Sie ein großes Risiko eingehen?

Nie werde ich vergessen, wie eine Patientin einst begründete, warum sie ihre Gaslighting-Beziehung schließlich doch beendet hatte. »Ich hatte keine Ahnung, was als Nächstes kommt«, sagte sie mir. »Aber ich war nicht länger bereit, mich so schlecht zu fühlen.« Mehr muss man manchmal nicht wissen.

DIESE FRAGEN VERHELFEN IHNEN ZU MEHR ZUVERSICHT

- Habe ich heute eine Entscheidung getroffen, nach der ich mich gut fühlte? Worum ging es?
- Habe ich heute eine Entscheidung getroffen, nach der ich mich schlecht fühlte? Worum ging es?
- Führe ich ein integeres Leben, in Übereinstimmung mit meinen Werten?
- Wenn nicht, was muss ich tun, um mein Leben und meine Wertvorstellungen in Einklang zu bringen?
- Wie stelle ich mir das beste Leben vor, zu dem ich fähig bin?
- Was muss ich dafür tun?

4. Treten Sie in Kontakt mit Ihren Gefühlen.

Oft schalten wir unsere Gefühle aus, um eine Gaslighting-Beziehung weiter zu ertragen. Wer das Gaslighting abstellen will, muss sein Gefühle zulassen.

Um Zugang zu Ihren Gefühlen zu bekommen, führen Sie folgende Übung aus.

Wecken Sie Ihre Gefühle: Legen Sie sich Stift und Papier zurecht. Notieren Sie die Antworten zu den Fragen in der Form Ihrer Wahl: in Sätzen, Stichpunkten – was Ihnen am besten gefällt. Sie können Ihre Antworten auch zeichnen oder malen.

1. Welches Erlebnis hat Sie zuletzt emotional bewegt? Das kann etwas so Bedeutendes wie die Krankheit eines Angehörigen sein, aber auch ein kleiner Wortwechsel mit einem Kassierer. Beschreiben Sie den Vorfall.

2. Was haben Sie gefühlt?

3. Was haben Sie gedacht?

4. Was haben Sie getan?

So hat Katie die Fragen beim ersten Mal beantwortet.

1. *Als ich im Laden um die Ecke Kaffee kaufen wollte und erst nach dem Kleingeld fischen musste, sah mich der Kassierer nur wütend an und sagte schließlich: »Gehen Sie einfach zur Seite, damit Sie die Schlange nicht länger aufhalten.«*

2. *Ich kam mir dumm vor. Ich hatte den Eindruck, dass ich das Kleingeld hätte finden müssen.*

3. *Ich dachte, ich wäre zu langsam gewesen.*

4. *Ich lächelte ihn an und entschuldigte mich.*

Als mir Katie ihre Übung zeigte, half ich ihr dabei zu erkennen, dass sie keine Gefühlswörter verwendet hatte, um ihre Emotionen zu beschreiben. »Ich kam mir dumm vor« war weniger ein Gefühl als ein Gedanke. Katie dachte, man sei dumm, wenn man es nicht schaffte, das Geld schnell genug zur Hand zu haben. »Ich hatte den Eindruck, dass ich das Kleingeld hätte finden müssen« war ebenfalls ein Gedanke. Sie hatte eine Vorstellung davon, was sie hätte tun sollen. Ich bat Katie, diesen Teil der Übung noch einmal zu machen und dabei Gefühlswörter zu benutzen, Wörter wie *traurig, wütend, frustriert, verzweifelt, besorgt, ängstlich, verstört, beschämt, aufgeregt, glücklich.* Es sollten Wörter sein, die wirklich ihre Gefühle beschreiben, nicht ihre Gedanken.

»Ich glaube, ich habe mich geschämt«, sagte Katie mir. Dann schüttelte sie den Kopf. »Ist das nicht albern?«, fragte sie. »Warum sollte ich mich wegen einer solchen Kleinigkeit schämen?« In Kontakt mit ihren Gefühlen zu treten erlaubte es Katie, die Gefühle auch zu fühlen und sie dann loszulassen. Wenn Katie sich nicht bewusst geworden wäre, dass sie sich geschämt hatte, hätte sie diese Scham vielleicht unwissentlich noch lange mit sich herumgetragen.

Ich bat Katie, die ganze Übung noch einmal zu machen. Hier das Ergebnis ihres zweiten Versuchs.

1. *Brian war böse auf mich, weil mich ein anderer Typ auf dem Rückweg vom Laden angelächelt hatte. Ich sagte: »Jetzt machst du es wieder.« Daraufhin brüllte er lauter. Ich ging ins Schlafzimmer und schloss die Tür.*

2. *Sein Brüllen verstörte mich. Ich war stolz, weil ich rausgegangen war. Und geschämt habe ich mich auch.*

3. *Ich fand, dass er mich nicht hätte anbrüllen sollen. Ich fand, ich hätte bleiben sollen. Ich fand aber auch, dass ich rausgehen musste.*

4. *Ich wartete im Schlafzimmer, bis er aufhörte zu brüllen. Dann habe ich Abendessen gemacht.*

Katie war von der Übung fasziniert, weil sie erkannte, wie viele verschiedene Gefühle sie angesichts des einen Vorfalls hatte und wie viele verschiedene Gedanken. »Mir war gar nicht klar, dass ich auch stolz war«, gab sie zu. »Das fühlt sich gut an.«

ANZEICHEN DAFÜR, DASS SIE IHRE GEFÜHLE VERDRÄNGEN

- Sie fühlen sich benommen, matt, apathisch, gelangweilt.
- Sie können nicht mehr so genießen wie früher.
- Sie empfinden keine sexuelle Lust mehr. Attraktive Menschen erregen Sie nicht mehr, nicht mal ein bisschen.
- Sie haben mehrmals im Monat körperliche Beschwerden wie Migräne, Magen- oder Darmprobleme, Rückenschmerzen, Sie kränkeln, Sie fiebern. Sie haben Unfälle.
- Sie haben verstörende Träume.
- Plötzlich reagieren Sie emotional auf Dinge, die Ihnen eigentlich nichts bedeuten – Sie weinen bei einer Fernsehwerbung oder verlieren gegenüber einem Verkäufer die Beherrschung.
- Ihre Essgewohnheiten ändern sich. Entweder essen Sie zwanghaft oder haben keinen Appetit.
- Ihre Schlafgewohnheiten ändern sich. Entweder schlafen Sie deutlich länger, oder Sie haben Schwierigkeiten beim Einschlafen. Oder beides.
- Sie sind ohne erkennbaren Grund angespannt und nervös.
- Sie sind ohne erkennbaren Grund erschöpft.

5. *Halten Sie sich für stark!*

In einer Gaslighting-Beziehung fühlen wir uns oft hilflos und unfähig, als könnten wir nichts richtig machen. Zu sehen und sich einzugestehen, dass man Stärken hat, kann über den Erfolg der Veränderungen entscheiden.

Jill, die ehrgeizige Journalistin, deren Gaslighting-Beziehung zu ihrem neuen Chef Phase 3 erreicht hatte, war wie gelähmt. Sie fand diesen Schritt deshalb besonders hilfreich. Wie Sie aus dem vorigen Kapitel wissen, fand Jill es erniedrigend, dass es ihr nicht gelungen war, sich den Respekt ihres Chefs mit harter Arbeit und Talent zu sichern. »Ich dachte, ich wäre eine ganz heiße Nummer, aber jetzt sieht es aus, als wäre ich ein *Nichts*«, wiederholte sie des Öfteren. Oder: »Wenn ich es in diesem Job nicht schaffe, dann bin ich ein Nichts.« Da sie sich seine Anerkennung so verzweifelt wünschte, hatte sie ihm absolute Macht über ihr Selbstbild eingeräumt. Sagte er, sie mache einen guten Job, dann tat sie das auch. Sagte er, sie sei unfähig, dann musste auch das wahr sein. Wie konnte Jill diese Beziehung riskieren, wenn dabei für sie so viel auf dem Spiel stand?

Ich arbeitete mit Jill daran, sie an andere Kompetenzen und Stärken zu erinnern, Fähigkeiten, die mit ihrem Job erst einmal nichts zu tun hatten. Ich bat Jill, ihre Stärken aufzulisten. Als sie darauf beharrte, sie habe keine – zumindest keine nennenswerten –, bat ich sie, drei oder mehr Freunde zu befragen, von denen jeder ihr dabei behilflich sein sollte, fünf oder mehr ihrer Stärken zu finden.

Als Jill zu unserem nächsten Treffen kam und die Liste ihrer Stärken zückte, begann sie zu weinen. Plötzlich kamen all die Sorgen wieder an die Oberfläche, die sie sich wegen der stetigen, andauernden Aushöhlung ihres Selbstbilds durch ihren Chef gemacht hatte. Sie betrauerte, dass sie sich von ihm hatte diktieren lassen, wer sie war. Zu wissen, dass andere Menschen andere Dinge in ihr sahen, half Jill, wieder zu spüren, was sie selbst in sich sah.

Jetzt wusste Jill, dass sie Stärken hatte, die für andere gut sichtbar waren. Daraufhin hatte sie auch den Mut, ihre Defizite zu akzeptieren. »Ich habe mich für eine so schlechte Journalistin gehalten, dass ich diesen Mann einfach brauchte. Ich brauchte ihn, um einen Halt zu finden«, sagte Jill später einmal. »Es war, als wäre ich nichts, und nur er hatte die Macht, mich zu etwas zu machen. Aber als ich erkannte, dass ich bereits etwas war, brauchte ich ihn weniger. Und ab da konnte ich endlich darüber nachdenken, was an unserer Beziehung nicht stimmte. Vorher konnte ich mir das nicht leisten.«

HALTEN SIE SICH FÜR STARK:

- Listen Sie Ihre Stärken auf.
- Zweifeln Sie an selbstkritischen oder abwertenden Gedanken, zum Beispiel »Ich tauge nichts« oder »Ich werde nie glücklich sein«.
- Machen Sie etwas, das Sie zufriedenstellt.
- Meiden Sie Menschen, die eine schlechte Meinung von Ihnen haben und Sie Kraft kosten.
- Umgeben Sie sich mit Menschen, die Ihre Stärken sehen und unterstützen.
- Verlassen Sie sich auf Ihre Stärken. Lassen Sie sich von ihnen dabei helfen, mit Ihren Zweifeln fertigzuwerden.

6. Machen Sie den ersten Schritt, um Ihr Leben zu verbessern – dann den nächsten!

Wie mitreißend ist es doch, zur Tat zu schreiten! Welche Tat, ist egal, Hauptsache, Ihr Leben verbessert sich dadurch. Auch wenn diese Tat anscheinend nichts mit Ihrer Beziehung zu tun hat, wird sie Ihnen dabei helfen, gegen das Gaslighting vorzugehen. Eine meiner Patientinnen merkte eines Tages, dass sie häufig Einladungen von Kunden bekam, die mit der PR-Agentur zu tun hatten, für die sie arbeitete. Es handelte sich um Einladungen zu Galerieeröffnungen, Theateraufführungen, Cocktailpartys oder gelegentlich auch zu Filmpremieren. Die Einladungen galten auch für ihren Mann, doch er wollte nicht, dass sie beide hingingen. Seiner Meinung nach verbrachten verheiratete Paare ihre Abende zu zweit zu Hause.

Eine dieser Einladungen anzunehmen war für meine Patientin deshalb ein kleiner, aber wichtiger Schritt, um zur Tat zu schreiten und ihr Leben zu verbessern. Sie genoss den Abend und erkannte, dass sie für dieses Vergnügen gern bereit war, die Vorwürfe ihres Mannes zu ertragen, sie sei selbstsüchtig und nur an ihrer Karriere interessiert. Sie hatte ihn nicht direkt auf das Gaslighting angesprochen oder auf eine Veränderung ihrer Beziehung. Aber sie selbst hatte eine Veränderung angestoßen.

Eine andere meiner Patientinnen hatte sich für einen Kurs in Aktzeichnen angemeldet. Die Vorstellung, nackte Körper zu zeichnen, hatte sie immer nervös gemacht, aber sie zeichnete gern. Und die Gelegenheit war günstig, diese Neigung zu vertiefen. Sie erwähnte den Kurs gegenüber ihrem Mann nicht. Als er einige Wochen später davon erfuhr, interessierte er sich nicht sonderlich dafür. Aber das Bewusstsein der Selbstermächtigung gab ihr Auftrieb und half ihr später dabei, ihren Mann zu hinterfragen. Wenn man Wochen, Monate oder Jahre unter Gaslighting gelitten hat, ist man oft nicht mehr so stark wie zu

Beginn der Beziehung. Unter anderem deshalb ist es so schwer, das Gaslighting zu beenden. Wieder zu alter Stärke zu finden – und sich die Chance zu geben, aktiv zu werden – ist ein geeignetes Werkzeug, wenn man zur Tat schreiten und den Gashahn zudrehen will.

Den Gashahn zudrehen

Also, sind Sie bereit für die große Tat? Dann ist es Zeit, den Gashahn zuzudrehen! Im Folgenden fünf kleine Anregungen für einen Perspektivwechsel, die Ihnen dabei helfen sollen, die Dynamik zwischen Ihnen und dem Gaslighter zu verändern. Sie müssen nicht alle Anweisungen auf einmal befolgen und auch nicht in einer bestimmten Reihenfolge. Vielleicht müssen Sie diese Punkte auch gar nicht alle abhaken. Fangen Sie einfach mit der Anweisung an, die Ihnen am sinnvollsten erscheint, und schauen Sie, was kommt.

FÜNF MÖGLICHKEITEN, UM DEN GASHAHN ZUZUDREHEN:

1. Trennen Sie die Wahrheit von der Verzerrung!
2. Unterscheiden Sie zwischen Gespräch und Machtkampf! Umgehen Sie Machtkämpfe.
3. Was löst bei Ihnen das Gaslighting aus, was bei ihm?
4. Halten Sie sich an Ihre Gefühle statt an »richtig« und »falsch«!
5. Bedenken Sie, dass Sie die Meinungen anderer nicht kontrollieren können – auch wenn Sie recht haben!

1. Trennen Sie die Wahrheit von der Verzerrung!

Häufig tischt der Gaslighter uns eine Version der Ereignisse auf, die uns total irritiert. Sie enthält gerade so viel Wahrheit, dass wir das Gesamtpaket für wahr halten. Die Wahrheit von der Verzerrung zu trennen wäre also ein sinnvoller erster Schritt zum Beenden des Gaslightings.

Dieser Ansatz war besonders für Liz hilfreich, deren verlogener Chef versuchte, ihre Arbeit zu sabotieren. Immer hatte dieser Chef eine plausible Erklärung für alles, wogegen sie Einspruch erhob. Erkundigte sie sich, ob einem Kunden wirklich mitgeteilt worden sei, sie wolle nicht mehr für ihn arbeiten, beharrte ihr Chef darauf, dass dieser Kunde log. Legte Liz eine Kopie der Mitteilung vor und fragte, wer dafür verantwortlich sei, erklärte ihr Chef das umständlich mit irgendwelchen Umstrukturierungen. Oder er gab irgendjemandem aus Liz' Abteilung die Schuld an dieser Mitteilung. Oder er zuckte die Achseln und sah sie verwirrt an. Er wirkte immer warmherzig, freundlich und gelassen. Es gab keine Anzeichen dafür, dass etwas nicht stimmte – kein Gebrüll, keine Beleidigungen, keine offenen Angriffe, außer von Liz selbst, die immer frustrierter wurde. Und da alle anderen in der Firma ihn anscheinend bezaubernd fanden, kam sich Liz nach jedem weiteren Treffen verrückter vor. Das Gefühl wurde noch dadurch verstärkt, dass er immer so ruhig blieb, während sie jedes Mal außer sich war.

Das Blatt wendete sich erst, als Liz es sich zur Aufgabe machte, die Wahrheit von der Verzerrung zu trennen. Sie stellte fest, dass ihr Denken viel klarer wurde, als sie sich zwang, die Wahrheit ruhig und aufrichtig zu betrachten – statt die Anschuldigungen ihres Chefs oder ihre Verteidigungsversuche. »Es kam mir vor, als würde ich kopfüber an der Decke baumeln«, sagte sie mir einmal. »Aber dann fragte ich mich:

›Was hältst eigentlich du von der Sache, Liz?‹ Und ich spürte beinahe körperlich, wie ich mich umdrehte und wieder auf die Füße kam.«

Das sagte Liz' Chef	Das dachte Liz	Die Wahrheit von der Verzerrung trennen
»Es gibt kein Problem.«	»Oh Gott, warum denke ich immer, es gibt ein Problem?«	»Also gut, ich weiß, dass es ein Problem gibt. So vieles ergibt hier keinen Sinn. Also sagt er mir aus irgendeinem Grund nicht die Wahrheit.«
»Ich wünschte, Sie würden mir vertrauen.«	»Ich vertraue ihm nicht. Aber ich würde gern. Es wäre so schön, wenn es zwischen uns gut laufen würde.«	»Wer die Wahrheit verzerrt, dem vertraue ich nicht.«
»Wenn Sie flexibler wären, kämen wir vielleicht besser zurecht.«	»Warum kritisiert er mich? Warum sieht er denn nicht, wie hart ich arbeite? Warum sieht er nicht, wie viel Mühe ich mir gebe?«	»Das Problem ist nicht, dass ich nicht flexibel bin, sondern dass er versucht, mich zu sabotieren, und mich dann anlügt.«

Wäre Liz' Chef vertrauenswürdig und kollegial gewesen, hätte er natürlich die gleichen Dinge sagen können, und dann wären sie auch ernst gemeint und aufrichtig gewesen. Aber in dieser Situation waren sie ein Manipulationsversuch. Manchmal kann man eben nicht nach den Aussagen eines

Menschen gehen – oder seinem Tonfall, seiner Körpersprache und seinem Auftreten. Manchmal muss man sich fragen, was man wirklich denkt, und sich an diese Wahrnehmung halten. Sollte sich herausstellen, dass Sie falsch liegen, geben Sie es zu und beheben Sie Ihren Fehler. Stellt sich aber heraus, dass Sie richtig liegen, gratulieren Sie sich, und machen Sie so weiter. Wie auch immer, als Ausgangspunkt dient immer Ihre gefühlte Wahrheit, nicht die des Gaslighters. Wenn Sie den Gaslighter aber verklärt haben und eine gute Meinung von ihm haben wollen, werden Sie vielleicht versucht sein, Ihre Version der Geschehnisse durch seine zu ersetzen. Tun Sie das nicht! Denn dann tanzen Sie prompt wieder den Gaslight-Tango.

2. Unterscheiden Sie zwischen Gespräch und Machtkampf. Umgehen Sie Machtkämpfe.

Gaslighting ist auch deshalb so heimtückisch, weil man nicht immer sofort erkennt, worum es bei einem Gespräch wirklich geht. Sehen wir uns noch einmal an, wie Katie und Brian darüber stritten, ob sie wirklich mit anderen flirtete. Was passiert wirklich?

BRIAN: »Hast du gesehen, wie der Kerl dich heute Abend angegafft hat? Für wen hält der sich?«

KATIE: »Ich bin sicher, der hat sich nichts dabei gedacht, Brian. Er war einfach freundlich.«

BRIAN: »Du bist ganz schön naiv! Man sollte meinen, dass du es inzwischen kapiert hast. Der wollte nicht *freundlich* sein, Katie. Der wollte dich angraben.«

KATIE: »Aber nein. Er hatte einen Ehering.«

BRIAN: »Als würde das so einen abhalten. Und wieso hast du ihn unter die Lupe genommen? Wieso ist dir überhaupt aufgefallen, dass er einen Ehering anhat? Du scheinst ja ganz schön interessiert zu sein an ihm.«

KATIE: »Ich interessiere mich nicht für ihn! Ich bin doch mit dir zusammen.«

BRIAN: »Als wäre es nicht schlimm genug, dass der Kerl vor meinen Augen mit dir flirtet. Jetzt musst du auch noch andere Typen abchecken. Du könntest wenigstens warten, bis ich weg bin, bevor du versuchst, mich zu ersetzen.«

KATIE: »Ich versuche doch nicht, dich zu ersetzen, Brian. Ich will mit dir zusammen sein. Ich habe mich für dich entschieden. Jetzt glaub mir doch, bitte, bitte. Ich will nur dich. Und ich würde dich *nie* betrügen.«

BRIAN: »Du könntest wenigstens ehrlich zu mir sein.«

KATIE: »Aber ich bin doch ehrlich. Siehst du denn nicht, wie viel du mir bedeutest?«

BRIAN: »Wenn ich dir so viel bedeute, dann gib zu, dass du diesen Typ abgecheckt hast. Sei aufrichtig, und sag mir die Wahrheit. Gib zu, dass du den Typ abgecheckt hast.«

KATIE: »Habe ich nicht! Wie kannst du so was Gemeines über mich sagen? Ich liebe dich doch. Bitte glaub mir! Bitte, Brian.«

BRIAN: »Lüg mich nicht an, Katie. Wenn ich etwas nicht leiden kann, dann das.«

Der Wortwechsel geht noch über eine Stunde weiter. Brian wird immer wütender und hartnäckiger in seiner Rechthaberei, Katie versucht immer verzweifelter, Brian für sich einzunehmen. Sie hat den Eindruck, er habe bewiesen, was für eine schlechte, untreue Partnerin sie ist, wenn sie ihn nicht vom Gegenteil überzeugen kann. Also muss sie sich beiden zwingend beweisen, dass sie eine gute, treue Partnerin und ein liebevoller Mensch ist.

Da sie so tief im Gaslighting steckten, hatten weder Brian noch Katie wirklich über den Vorfall gesprochen. Für Brian war das Ganze eigentlich ein Machtkampf darüber, ob er recht hatte oder nicht. Und auch für Katie war das Gespräch ein Machtkampf: Sie versuchte, Brian dazu zu bringen, ihr zuzustimmen. Dann müsste sie sich auch keine Gedanken darüber machen, ob seine Vorwürfe der Wahrheit entsprachen.

Worin besteht also der Unterschied zwischen einem Machtkampf und einem ernst gemeinten Gespräch? In einem solchen Gespräch hören sich die Sprecher zu und sprechen die Bedenken ihres Gegenübers an, auch wenn sie dabei manchmal emotional werden. Hier eine andere Möglichkeit, wie ein Paar mit der Situation hätte umgehen können:

ER: »Ich kann es nicht fassen, dass du mit dem Kerl geflirtet hast!«

SIE: »Aber ich habe doch nur freundlich mit ihm geredet! Das hatte nichts zu bedeuten!«

ER: »Es sah aber ganz danach aus. Woher soll ich das denn wissen?«

SIE: »Das musst du doch gar nicht, Liebling. Ich verspreche dir, du bist der einzige Mann in meinem Leben. Du bist der Mann, mit dem ich nach Hause gehe. Du bist der einzige, der mich interessiert.«

ER: »Wenn du das so sagst, klingt es gut. Aber wenn ich sehe, wie du anderen Männern schöne Augen machst, flippe ich aus.«

SIE: »Mir war nicht bewusst, dass dich das so beschäftigt. Sorry. Aber ich muss dir auch sagen, wenn ich nicht offen mit anderen Leuten sprechen kann, weil du immer gleich denkst, ich flirte, dann flippe *ich* aus.«

ER: »Das ist ja ätzend! Ist dir denn ganz egal, wie ich mich fühle?«

SIE: »Nein. Und ich will das wirklich klären. Wir sollten nach einer Lösung suchen, die für beide von uns passt.«

Wie Sie sehen, kochen in diesem Gespräch durchaus die Gefühle hoch, aber es gibt kein Gaslighting. Zwei Menschen mit zwei sehr unterschiedlichen Meinungen, aber keiner versucht sich an Machtspielchen. Beide sagen nur, was sie empfinden und was sie wollen. Er sagt, wie er sich fühlt, wenn sie flirtet. Sie sagt, wie sie sich fühlt, wenn sie nicht mehr offen mit anderen reden kann. Er versucht nicht zu beweisen, dass er recht hat, und sie auch nicht. Beide versuchen nur, ein schwieriges Problem zu lösen: Wie können sie beide glücklich werden, obwohl sie im Moment unterschiedliche Dinge wollen?

Wenn also Sie und der Gaslighter etwas ernsthaft klären wollen, dann nur zu. Reden Sie stundenlang, oder planen Sie gleich mehrere Gesprächsrunden ein. Wenn das Thema Ihnen beiden am Herzen liegt, könnte es sein, dass Sie auch jahrelang darüber diskutieren. Ein Paar zu sein bedeutet nicht, dass man automatisch übereinstimmt. In manchen Punkten werden Sie nie übereinstimmen. Solange Sie aber respektvoll miteinander reden und zuhören – wie emotional auch immer es dabei zugeht, so lange ist alles in Ordnung (auch wenn es manchmal schmerzt oder unheimlich ist).

Sind Sie aber der Meinung, dass ein Machtkampf stattfindet, sollte Ihr erster Schritt zum Beenden des Gaslightings darin bestehen, ihn als solchen zu erkennen und zu umgehen. Sonst geht der Gaslight-Tango immer weiter.

Hier ein Beispiel für einen Machtkampf zwischen meiner Patientin Mariana und ihrer Freundin Sue. Der Streitpunkt war folgender: Mariana wollte, dass die beiden Frauen sich in der Nähe Ihres Wohnorts trafen, Sue bevorzugte einen Treffpunkt, der näher bei ihr lag. Achten Sie darauf, wie das eigentliche Thema zurücktritt und der Gaslight-Tango beginnt.

MARIANA: »Du könntest ja nächste Woche hierherkommen.«
SUE: »Mir wäre etwas in der Nähe lieber.«

MARIANA: »Das ist echt unpraktisch für mich. Kannst du nicht herkommen?«

SUE: »Wir treffen uns ständig bei dir in der Nähe. Ich weiß nicht, ob dir das klar ist, aber es stimmt.«

MARIANA: »Nein, tun wir nicht.«

SUE: »Von den letzten sieben Treffen haben fünf bei dir im Viertel stattgefunden. Ich bin's ehrlich gesagt leid. Ich hab das Gefühl, dass du mich völlig ignorierst, Mariana. Ich glaube, du hältst dich ernsthaft für den Nabel der Welt. Das ist total verletzend.«

MARIANA: »Ich will dich doch nicht verletzen! Wie kannst du denn so was sagen?«

SUE: »Was soll ich denn sonst glauben? Anscheinend denkst du, nur weil du immer so lange arbeitest, müssen sich alle nach dir richten. Aber ich habe auch noch ein Leben, weißt du. Oder findest du das nicht wichtig?«

MARIANA: »Natürlich finde ich das wichtig. Du bist doch so eine gute Freundin. Jetzt sei nicht böse auf mich. Dann treffen wir uns halt bei dir im Viertel, wenn du willst.«

SUE: »Aber ich finde es schlimm, dass ich solchen Druck auf dich ausüben muss. Jetzt habe ich das Gefühl, dass du egoistisch bist *und* mich manipulierst. Du gibst nach, aber dafür muss ich bestimmt bezahlen. Ich habe das Gefühl, dass es da für mich nichts zu gewinnen gibt. Was auch passiert, du hast die Oberhand.«

MARIANA: »So etwas sollst du nicht denken, bitte. Unsere Freundschaft bedeutet mir sehr viel. Ich ertrage es nicht, wenn du solche Sachen sagst.«

SUE: »Ja, was erwartest du denn, wenn du dich so egoistisch aufführst? Ich habe den Eindruck, nichts, was mir wichtig ist, zählt für dich. Vielleicht sollten wir uns mal eine Zeit lang nicht sehen.«

MARIANA: »Bitte sag nicht so was. Was kann ich denn tun, um das wiedergutzumachen?«

SIE WISSEN, DASS EIN MACHTKAMPF STATTFINDET,

- wenn viele Beleidigungen fallen.
- wenn Sie auf der Stelle treten.
- wenn einer von Ihnen Sachen anspricht, die nichts mit dem Thema zu tun haben.
- wenn Sie den gleichen Streit bereits mehrere Male hatten, er aber nie zu etwas führte.
- wenn Ihr Gegenüber immer die gleiche Antwort gibt, egal, was Sie sagen.
- wenn Sie den Eindruck haben, dass Ihr Gegenüber bestimmt.

Im genannten Beispiel sprechen weder Sue noch Mariana wirklich über einen Treffpunkt. Vielleicht wählt Mariana tatsächlich öfter den Ort für ein Treffen aus und sollte daher entgegenkommender sein. Vielleicht beschwert Sue sich tatsächlich zu Recht. Aber keine der Frauen befasst sich damit, was wirklich geschieht, und keine macht konkrete Pläne. Sie wollen nur herausfinden, wer mehr Macht hat. Hat Sue mehr Macht, kann sie Mariana dazu bringen, ihre Meinung zu ändern und zuzugeben, dass sie Sue eine schlechte Freundin ist. Hat Mariana mehr Macht, kann sie Sue dazu bringen, ihre Meinung zu ändern und zuzugeben, dass Mariana ihr in Wahrheit eine gute Freundin ist.

Weil Mariana ihre Selbstwahrnehmung aufgegeben hatte und Sue festlegen ließ, wer sie war, konnte Sue immer über sie richten. Mariana dagegen war in der Defensive und bettelte um ein mildes Urteil. Infolgedessen fühlte Mariana sich nach diesen Streitigkeiten – auch denen, die sie gewann – immer schwach und erschöpft. Nie bekam sie, was sie wirklich wollte, nämlich das Gefühl, ein guter Mensch und eine gute Freundin zu sein. Sie bekam nur Sues vorläufiges »nicht schuldig«, das Sue widerrufen konnte, sobald die nächste Verhandlung anstand. Mariana mochte zwar einige Schlachten gewinnen – indem sie Sue dazu brachte, einige ihrer schlimmsten Behauptungen zurückzunehmen –, aber den Krieg würde sie nie gewinnen. Sie würde nicht triumphieren können, indem Sue endgültig zugab, dass Mariana eine gute Freundin war. Ganz egal, was Mariana tat, Sue hatte immer die Macht, über sie zu urteilen. Tatsächlich überließ Mariana Sue die Macht regelmäßig. Sie hoffte, dass Sue diese Macht nutzen würde, um sie für »gut« zu befinden. Dadurch würde auch Marianas Selbstverständnis eine Aufwertung erfahren. Darum gab Mariana – wie auch immer das Urteil lautete – letztendlich immer nach und pflichtete Sue bei. Sie wollte, dass Sue über ihren Wert befand, nicht sie selbst.

Mit der Zeit erkannte Mariana, dass sie nicht aufs Gewinnen erpicht sein durfte, wenn sich wieder ein solcher Machtkampf ankündigte, sondern darauf, ihn zu umgehen. Durch den Versuch zu gewinnen würde sie nur länger im Gerichtssaal festsitzen und die mächtige Richterin um Gnade anflehen. Sich dagegen zu entscheiden hieße, das Gaslighting zu beenden. Dann könnte sie ihr eigener Richter werden und selbst entscheiden, wie sie sich verhalten sollte und ob sie »ein guter Mensch« war.

Mariana fing an, einige Sätze zu verwenden, die ihr helfen sollten, sich rechtzeitig auszuklinken: »Du hast deine Meinung, ich habe meine.« »Ich denke, so kommen wir nicht weiter.« »Ich fühle mich unter Druck gesetzt, deshalb will ich nicht weiterreden.« Sue reagierte nicht immer auf die gleiche

Weise. Manchmal respektierte sie Marianas Bemühungen, und die beiden Frauen konnten sich erfreulicheren Gesprächsthemen zuwenden. Manchmal legte sie auch einfach verärgert auf und entschuldigte sich dann später. Aber wenigstens bekräftigte Mariana ihre eigene Fähigkeit und Verantwortung dafür, sich selbst zu beurteilen. Sie überließ nicht mehr Sue die Macht, das zu tun. Und sie ließ sich auch nicht mehr in einen Machtkampf verwickeln, den sie nicht gewinnen konnte.

WAS SIE SAGEN KÖNNEN, UM EINEN MACHTKAMPF ZU UMGEHEN

- »Du hast recht, aber ich will nicht weiter darüber streiten.«
- »Du hast recht, aber ich will nicht, dass man so mit mir redet.«
- »Ich führe dieses Gespräch gern weiter, aber bitte ohne Beschimpfungen.«
- »Das Gespräch geht in eine Richtung, die mir nicht behagt. Lass uns später noch mal darauf zurückkommen.«
- »Ich denke, dieses Gespräch führt zu nichts.«
- »Ich glaube nicht, dass ich im Moment konstruktiv sein kann. Lass uns ein anders Mal weiterreden.«
- »Da werden wir uns wohl nicht einig.«
- »Ich möchte das Gespräch jetzt nicht weiterführen.«
- »Schon klar, und ich werde auch darüber nachdenken. Aber jetzt möchte ich nicht weiter darüber reden.«

- »Ich würde das Gespräch wirklich gern weiterführen, aber nur, wenn wir einen freundlicheren Tonfall finden.«
- »Mir gefällt gar nicht, wie ich mich gerade fühle, und ich möchte dieses Gespräch nicht weiterführen.«
- »Anscheinend merkst du gar nicht, dass du behauptest, ich würde die Realität nicht erkennen. Bei allem Respekt, dem stimme ich nicht zu. Ich liebe dich, aber darüber möchte ich mit dir nicht reden.«
- »Ich unterhalte mich gern so vertraulich mit dir, aber nicht, wenn du mich demütigst.«
- »Du demütigst mich vielleicht nicht absichtlich, aber ich fühle mich gedemütigt. Und ich werde das Gespräch nicht weiterführen.«
- »Für mich ist das gerade kein guter Zeitpunkt, um darüber zu reden. Finden wir lieber einen anderen Zeitpunkt, der uns beiden passt.«

WIE SIE SICH ENTZIEHEN UND DOCH IHREN UNMUT ÄUSSERN KÖNNEN

- »Bitte hör auf, in diesem Tonfall mit mir zu reden. Das mag ich nicht.«
- »Ich kann nicht verstehen, was du zu sagen hast, wenn du so schreist.«
- »Ich kann nicht verstehen, was du zu sagen hast, solange du so verächtlich mit mir sprichst.«
- »Ich will mich nicht unterhalten, solange du mich anbrüllst.«

- »Ich werde nicht weiter mit dir streiten.«
- »Wie ich es sehe, verdrehst du die Realität, und das gefällt mir nicht. Ich rede später mit dir, wenn ich mich beruhigt habe.«
- »Vielleicht wolltest du mich nicht verletzen, aber im Moment bin ich zu aufgewühlt zum Reden. Wir können später darüber reden.«

3. Was löst bei Ihnen das Gaslighting aus, was bei ihm?

Vergessen Sie nicht, dass nicht nur der Gaslighter den Gaslight-Tango tanzt, sondern auch Sie. Aller Wahrscheinlichkeit nach gibt es für Sie beide Gaslight-Trigger-Situationen, die Sie zum Tanzen auffordern. Wenn Sie diese Auslöser erkennen, können Sie ihnen auch besser aus dem Weg gehen.

Damit wir uns nicht missverstehen: Ich behaupte nicht, dass Sie verantwortlich für das Gaslighting sind. Und er ist nicht verantwortlich dafür, dass Sie mitmachen. Ich sage nur, dass jeder von Ihnen den Gaslight-Tango eröffnen kann, und dass Sie beide es mit größerer Wahrscheinlichkeit in bestimmten Situationen tun.

Nähern Sie sich diesem Punkt also, ohne sich zu schämen und ohne Vorwürfe zu äußern. Konzentrieren Sie sich lieber darauf, die Auslöser des Gaslightings zu erkennen, um dann den Gashahn zuzudrehen.

Finden Sie Themen und Situationen, die Gaslighting auslösen könnten.

Gaslighting ist eine Reaktion auf Stress. Menschen werden entweder zum Gaslighter oder zum Opfer, wenn sie sich bedrängt fühlen. Achten Sie darauf, ob es Ihnen oder dem Gaslighter Probleme bereitet, wenn folgende Themen zur Sprache kommen:

- Geld
- Sex
- Familie
- Feiertage
- Urlaub
- Lebensentscheidungen: Hochzeit, Umzug, Jobwechsel
- Kinder
- Eine Meinungsverschiedenheit
- »Regeln«, zum Beispiel: »Wir müssen etwas mitbringen, wenn wir zum Essen eingeladen werden« oder »Du kannst doch nicht ohne Krawatte zu einem formellen Anlass erscheinen«.

Trish und Aaron ließen sich oft auf den Gaslight-Tango ein, wenn es um das Thema Geld ging. Da Aaron sehr aufs Geld achtete und Schulden ihn nervös machten, ging er regelmäßig zum Gaslighting über, wenn eine Rechnung kam oder unerwartete Ausgaben anstanden. Weil Trish das wusste, beschloss sie, besonders vorsichtig zu sein und das Gaslighting nicht zu provozieren, wenn es um Geld ging. Sie wollte sichergehen, dass sie sich nicht in ein sinnloses Hin und Her verhedderte, wenn es um ihre Kompetenzen ging.

Olivia bemerkte, dass Martin immer dann zum Gaslighting neigte, wenn es beim Sex nicht so klappte. Schien sie ihn in sexueller Hinsicht abzuweisen, dann legte er mit dem Glamour-Gaslighting los, was in seinem Fall bedeutete, dass er in Sachen Romantik einen Zahn zulegte – noch mehr Kerzen und Entspannungsmusik, um zu beweisen, dass er sexuell anziehend war. Obwohl Olivia keinen Sex mit ihm hatte, wenn ihr nicht danach war, sagte sie doch so freundlich wie möglich Nein – um dann auf der Hut zu sein vor dem Gaslighting, das vielleicht folgte.

Meine Patientin Sondra – mit der angeblich perfekten Ehe – hatte den Eindruck, dass ihr Ehemann bei Themen rund um die Familie zum Good-Guy-Gaslighter wurde. Peter reagierte immer dann mit Gaslighting, wenn es um seine oder Sondras Familie ging. Sondra dagegen kritisierte Peter besonders dann, wenn sie sich Sorgen um die Kinder machte. Diese Reaktion provozierte Peters Gaslighting. Also war auch dieses Thema heikel.

Sondra dachte lange und intensiv darüber nach, ob ihre Ehe besser würde, wenn sie ihre Familien einfach weniger sahen. Sie beschloss, es auszuprobieren. Obwohl sie nicht bereit war, ihre Familie seltener zu besuchen, war es für sie okay, allein hinzufahren.

Sondra erkannte auch, dass sich Peter aufgrund ihrer Ängste und ihrer Kritik unsicher fühlte. Wenn Peter bemerkte, dass Sondra verärgert oder unzufrieden war, fühlte er sich macht- und wertlos. Er glaubte eben daran, dass ein guter Ehemann in der Lage sein sollte, es seiner Frau immer recht zu machen. Sich machtlos zu fühlen löste bei Peter das Gaslighting aus, um wieder ein Gefühl der Macht zu haben: Wenn er beweisen konnte, dass er recht hatte und Sondra sich irrte und dass sie schuld an ihrer Unzufriedenheit war, nicht er, dann fühlte er sich stärker und selbstsicherer. Sondra verstand, dass sie für diesen Prozess nicht verantwortlich war, aber ihre Angst und ihre Kritik lösten ihn aus.

Also wandte sie sich direkt an Peter: »Mir ist klar, dass ich jedes Mal Angst kriege, wenn wir über die Kinder sprechen. Dann benehme ich mich, als könntest du nichts richtig machen. Ich weiß, dass ich darauf vertrauen kann, dass du ein guter Vater bist. Und es tut mir leid, wenn ich je einen anderen Eindruck erweckt habe. Ich werde versuchen, mich zusammenzureißen. Aber falls du merkst, dass ich wieder überängstlich reagiere, wäre ich dir dankbar, wenn du es mir sagst.«

Zu Sondras Erstaunen nahm Peter sie beim Wort. Das Gaslighting hörte nicht auf, ging aber deutlich zurück, obwohl Sondra noch damit beschäftigt war, ihr eigenes Verhalten zu ändern! »Jetzt muss ich mich aber wirklich zusammenreißen wegen der Kinder«, scherzte sie, als sie mir erzählte, wie ihr Mann sie das erste Mal zur Ordnung gerufen hatte. »Oje!« Aber ich konnte erkennen, dass sie vorrangig erleichtert war. Peter und Sondra ging es besser mit dieser Regelung. Und obwohl noch einiges an Arbeit vor ihnen lag, hielt Sondra das für einen gelungenen Anfang.

Fallen Ihnen Themen oder Situationen ein, bei denen Sie und der Gaslighter besonders anfällig für den Gaslight-Tango sind? Nehmen Sie sich einen Moment Zeit, um sie zu notieren.

Welche Aussagen oder Handlungen könnten das Gaslighting auslösen?

Auch hier möchte ich nicht, dass wir uns missverstehen. Wenn Ihre Aussagen oder Handlungen bei Ihrem Partner das Gaslighting auslösen, bedeutet das nicht, dass Sie verantwortlich für sein schlechtes Benehmen sind. Es bedeutet auch nicht, dass Sie sich unnötig verbiegen müssen, um seine Reaktion zu vermeiden. Aber es könnte relativ leicht sein, seine Worte oder sein Verhalten so zu wählen, dass sie der Beziehung dienlich sind.

Es gibt beispielsweise Männer, die sich in die Enge getrieben fühlen, wenn eine Frau anfängt zu weinen. Ich persönlich finde erst einmal nichts falsch daran zu weinen. Denken Sie trotzdem kurz darüber nach, ob Tränen in Ihrer Beziehung das Gaslighting auslösen. Fühlt sich der Gaslighter durch Ihre Tränen bedrängt? Versucht er, kaum sieht er Sie weinen, Ihnen zu beweisen, dass er mit irgendetwas recht hat? Setzt er verstärkt auf Einschüchterungen, Good-Guy-Manipulationen oder glamouröse Gesten, damit Sie mit dem Weinen aufhören? Lösen Ihre Tränen den emotionalen GAU aus? Wenn Sie der Meinung sind, dass Ihre Tränen ein Gaslight-Auslöser in Ihrer Beziehung sind, überlegen Sie, ob Sie die Tränen in Gegenwart des Gaslighters zurückhalten können. Oder aber Sie verlassen den Raum.

Andere Männer reagieren besonders empfindlich auf bestimmte Aussagen. Peter zum Beispiel konnte es nicht ertragen, wenn Sondra sagte: »Du hast meine Gefühle verletzt.« Sobald sie das sagte, fing er mit dem Gaslighting an. Er versuchte, ihre Selbstwahrnehmung zu trüben und ihr zu beweisen, wie recht er hatte. Sagte Sondra statt »Du hast meine Gefühle verletzt« einfach »Ich wünschte, du fändest einen anderen Weg, um das zu sagen«, war für Peter die Welt in Ordnung. Aber irgendetwas an der Aussage »Du hast meine Gefühle verletzt« schien ihm wirklich auf den Geist zu gehen. Sondra konnte sich also weiter für ihre Interessen einsetzen. Aber eine sorgfältige Wortwahl machte viel aus.

Martin seinerseits hatte große Probleme mit der Aussage »Das macht mich traurig«. Olivia bemerkte, dass ihr Mann wirklich das Gefühl brauchte, seine Frau glücklich machen zu können. Hatte er den Eindruck, dazu nicht fähig zu sein, fing er mit dem Gaslighting an. Dann wollte er sie dazu bringen zuzugeben, dass alles in Ordnung sei. Obwohl Olivia nicht bereit war, ihre Trauer ständig vor ihrem Mann zu verbergen, konnte sie nachvollziehen, dass er diesen Zustand sehr viel ernster nahm als sie. Also würde sie ihn fortan bitten, sie zu trösten, wenn sie ernsthaft traurig war. Denn sobald er etwas für sie tun konnte, neigte er weniger zum Gaslighting. War sie aber nur ein bisschen traurig, weil sie zum Beispiel einen Herz-Schmerz-Film gesehen oder von der tragischen Geschichte eines entfernten Bekannten gehört hatte, dann wollte sie sich ihre Traurigkeit fortan für ihre Freundinnen aufheben.

Für viele Männer ist eine Bitte, die sie nicht erfüllen können, ein weiterer Gaslight-Auslöser. Zu Beginn ihrer Beziehung hatte Katie beispielsweise Brian gebeten, ihr beim Umzug zu helfen. Wie es der Zufall wollte, war Brian an dem einzigen Tag, der für Katie passte, aus beruflichen Gründen außerhalb der Stadt. Er konnte den Termin nicht verschieben, fand es aber furchtbar, dass er ihr nicht zur Hand gehen konnte. Stattdessen gewann Katie ihren Bruder als Helfer, was Brian derart stresste und frustrierte, dass es zu einem frühen Gaslighting-Anfall kam. Er beschuldigte Katie, ihren Bruder zu nutzen, um Brian bloßzustellen. Und er beharrte darauf, dass ihr Bruder ihn sowieso nicht leiden konnte.

Wäre Katie bewusst gewesen, dass eine solche Konstellation bei Brian als Gaslight-Auslöser wirkte, hätte sie umsichtiger vorgehen können. Statt beiläufig zu erwähnen, dass ihr Bruder einspringen würde, was einen langen Streit nach sich zog, hätte sie sagen können: »Ich weiß doch, wie gern du mir beim Umzug helfen würdest, Schatz, und dafür liebe ich dich, das darfst du mir glauben. Und ich weiß auch, dass du vielleicht sogar deine Termine für mich verschieben würdest, wenn ich dich wirklich bräuchte. Aber das will ich nicht. Ich kann dir gar nicht sagen, was mir das bedeutet! Dass du das tun würdest, gibt mir das Gefühl, geliebt und beschützt zu werden. Aber keine Sorge, ich finde schon einen anderen Weg.« Sie hätte Brian Zeit lassen können, die Nachricht zu verinnerlichen. Dann hätte sie ihm bei anderer Gelegenheit sagen können, dass ihr Bruder »für ihn einsprang«.

Vielleicht hätte dieser Ansatz Brians Gaslighting verhindert, vielleicht auch nicht. Aber wenigstens hätte Katie alles ihr Mögliche getan, *und* sie hätte sich wappnen können, um die Rolle des Opfers zu meiden.

Denken Sie über den Gaslighter nach. Gibt es spezifische Situationen, in denen er verstärkt zum Gaslighting neigt? Wie könnte man seinen Stress und den Drang zum Gaslighting mildern? Schaffen Sie es, in diesen Situationen besonders vorsichtig zu sein, um sich nicht ins Gaslighting verwickeln zu lassen?

Welche Art Machtspielchen oder Manipulation könnte das Gaslighting auslösen?

Jetzt betreten wir schwieriges Terrain. Wie sieht es aus, wenn Sie sich nicht von Ihrer besten Seite zeigen? Reizen Sie den Gaslighter, weil Sie zu kritisch oder anspruchsvoll sind? Werten Sie ihn ab, spielen Sie mit seiner Verletzlichkeit? Sagen oder tun Sie wissentlich Dinge, die ihn provozieren?

Ehrlich gesagt, wäre ich sehr überrascht, würden Sie behaupten, nie solche Machtspielchen zu treiben. Wir sind alle keine Heiligen. Jeder Mensch ist manchmal ein bisschen gehässig. Aber vielleicht erkennen Sie ja ein Muster, das den Gaslighter provoziert. Jetzt wäre ein guter Moment, um dieses Muster zu ändern.

Trish beispielsweise – die Patientin, die immer mit ihrem Mann über Geld stritt – gestand sich ein, dass sie oft Aarons Herkunft aus der Arbeiterschicht erwähnte, wenn sie ihn treffen wollte. Dann machte sie eine beiläufige, aber abschätzige Bemerkung darüber, wie verwunderlich es sei, dass er sich angesichts seiner Herkunft mit teuren Weinen auskannte.

Oder sie deutete auf eine schäbig gekleidete Frau und fragte scheinheilig: »Meinst du, dieser Hut würde deiner Mutter gefallen?« Eine Zeit lang fand Trish diese Sticheleien berechtigt, weil Aaron ihre begüterte Herkunft so kritisierte und herabsetzte. Doch als sie erkannte, dass ihre Bemerkungen zu Gaslighting-Anfällen führten, war ihr das Anlass, fortan darauf zu verzichten.

Welche Sticheleien oder Machtspielchen reizen Ihren Gaslighter? Können Sie sich vorstellen, darauf zu verzichten?

Mit welcher Methode versuchen Sie, die Anerkennung des Gaslighters zu gewinnen und sich bei ihm abzusichern?

Sie dürfen mir glauben: Ich weiß, wie es sich anfühlt, wenn man verzweifelt bei einem anderen Menschen nach Bestätigung sucht. Ich weiß, wie es sich anfühlt zu glauben, dass man sich nur mit der Anerkennung des Gaslighters sicher fühlt, und dass man nur dann beweisen kann, was für ein guter, tüchtiger und liebenswerter Mensch man ist. Aber ich weiß auch, dass der Gaslighter oft selbst Angst hat, wenn man bei ihm Bestätigung sucht oder er unsere Ängste lindern soll. Und das führt dann ironischerweise zu noch mehr Gaslighting.

Genau so funktionierte es bei Katie. Je verzweifelter sie sich danach sehnte, dass Brian sie für eine gute, treue Freundin hielt, und je gekränkter sie auf seine Beleidigungen reagierte, desto ärgerlicher wurde Brian, und desto mehr drehte er an der Gaslight-Schraube. Brian hielt es für seine Aufgabe, Katie zu beschützen und glücklich zu machen. War ihr bange, ängstlich oder elend zumute, fühlte er sich zutiefst bedroht – insbesondere wenn er den Eindruck hatte, dass er der Grund war. Und wenn Brian sich bedroht fühlte, verlegte er sich aufs Gaslighting, woraufhin Katie sich noch elender fühlte. Ein Teufelskreis!

Aber es gibt eine gute Nachricht: Es stand in Katies Macht, diesen Teufelskreis zu durchbrechen. Wenn sie es schaffte, ihre eigenen Gefühle im Zaum zu halten, dann konnte sie dazu beitragen, eine gaslight-gefährdete Situation zu entschärfen. Sehen wir uns an, wie diese Methode bei einer weiteren Diskussion darüber wirkte, ob Katie geflirtet hatte.

BRIAN: »Hast du gesehen, wie der Kerl dich heute Abend angegafft hat? Für wen hält der sich?«

Katie weiß, dass er nur verbissener wird, wenn sie ihm sagt, dass er sich irrt. Stattdessen stellt sie ihm eine Frage.

KATIE: »Oh, da ist dir wohl etwas aufgefallen, was mir total entgangen ist. Hm. Was genau war denn?«

BRIAN: »Wie seine Augen aufgeleuchtet haben, als er dich sah, wie er sich zu dir hinübergebeugt hat ... Da gab es ungefähr eine Million Hinweise. Ich kann nicht glauben, dass dir das entgangen ist. Du bist so naiv!«

Es ärgert Katie, dass Brian sie naiv findet. Aber sie weiß, dass das Gaslighting nur schlimmer wird, wenn sie ihren Ärger zeigt. Also macht sie lieber einen Scherz.

KATIE: »Junge, Junge. Gut zu wissen, dass ich eine Dame von Welt bin. Sonst müsste ich mir jetzt Sorgen machen!«

BRIAN: »Was?«

KATIE: »Du hast gesagt, ich sei naiv. Aber das war sicher nur ein Ausrutscher, oder? Ich weiß doch, dass ich von meinem eigenen Freund nie etwas anderes als die größten Komplimente zu hören bekommen würde.«

BRIAN: »Ach, vergiss es.«

Haben Sie bemerkt, wie anders die Dynamik in dieser Situation ist? Katie hat einen Weg gefunden, um den Machtkampf zu entschärfen. Weder hat sie mit Brian gestritten, noch hat sie verärgert auf seine Worte reagiert. Denn dann hätte er sich wieder bedroht gefühlt und hätte beim Gaslighting einen Zahn zugelegt. Indem Sie in dieser heiklen Situation eine andere Reaktion gezeigt hat, konnte Katie den Gaslight-Tango unterbrechen – der Anfang vom Ende des Gaslightings.

ALTERNATIVEN FÜR GASLIGHT-GEFÄHRDETE SITUATIONEN

- **Machen Sie einen Scherz:** »Junge, Junge. Gut zu wissen, dass ich eine Dame von Welt bin. Sonst müsste ich anfangen, mir Sorgen zu machen!«
- **Stellen Sie eine Frage:** »Ach, du denkst, ich bin dumm? Wow, da ist dir wohl etwas aufgefallen, was mir total entgangen ist. Kannst du genauer sagen, was dir aufgefallen ist?« PS: Schlagen Sie einen spöttischen Ton an, gießen Sie Öl ins Feuer. Aber wenn Sie die Frage ernst stellen können, entlockt ihm das vielleicht eine Antwort.
- **Haken Sie nach:** »Als du das das letzte Mal gesagt hast, warst du sauer, weil wir zum Abendessen bei deiner Mutter mussten. Geht es dir heute ähnlich?«
- **Äußern Sie sich mitfühlend:** »Tut mir leid, dass du gerade solche Schwierigkeiten hast. Kann ich dir irgendwie helfen?«

4. Halten Sie sich an Ihre Gefühle statt an »richtig« und »falsch«!

Die Vorwürfe eines Gaslighters klingen häufig, als seien sie wahr. Vielleicht haben Sie ja auf der Party wirklich ein bisschen zu sehr mit dem Kerl geflirtet und schulden Ihrem Partner dafür eine Entschuldigung. Vielleicht war es wirklich nicht nett, Ihre Freundin zu versetzen für ein Date mit dem süßen neuen Typen von der Arbeit. Der Gaslighter pickt sich diese Schwächen und Fehltritte heraus, und Sie zucken bestätigend zusammen.

Dann geht der Gaslighter einen Schritt weiter. Brian beharrte beispielsweise darauf, dass Katie ihn absichtlich erniedrigen wollte. »Du willst mich in der Öffentlichkeit lächerlich machen, stimmt's?«, sagte er immer. »Gib's doch endlich zu!«

»Aber ich kann nicht zugeben, was nicht stimmt!«, entgegnete Katie dann perplex. Auch bei weiterem Nachdenken wusste sie einfach, dass sie nicht boshaft war. Schlimmstenfalls hatte sie sich ein wenig taktlos verhalten. Doch nach mehreren Stunden bitterer Vorwürfe fragte sie sich allmählich, ob Brian nicht doch recht hatte. Er war sich ja doch sehr sicher ... Und keines ihrer Argumente hatte ihn überzeugt ... Und sie wusste, dass sie irgendetwas falsch gemacht haben musste ...

Auch Marianas Freundin Sue war Meisterin darin, Marianas Fehler und Defizite aufzudecken. Wenn sie das tat, kam Mariana sich immer wie gelähmt vor, als verliehe diese Treffsicherheit Sue die totale Macht darüber zu bestimmen, wer Mariana war. Mariana wurde unfähig, sich gegen Sue zu behaupten, und wünschte sich immer verzweifelter ihre Anerkennung.

Es gibt nur einen Ausweg aus dieser Falle: Sie dürfen sich nicht länger den Kopf zerbrechen, wer von Ihnen recht hat, sondern müssen sich auf Ihre Gefühle konzentrieren. Empfinden Sie aufrichtige Reue, dann entschuldigen Sie sich und versuchen Sie, es wiedergutzumachen. Sind Sie aber perplex, am Boden zerstört, fühlen sich angegriffen oder spüren Panik, dann sollten Sie misstrauisch werden. Egal, was Sie vorher getan haben, egal, ob Sie das bedauern, das hier ist Gaslighting, und Sie sollten das Gespräch sofort beenden.

Für Mariana kam der Wendepunkt, als sie in letzter Minute ein Treffen mit Sue platzen ließ, um mit einem Arbeitskollegen auszugehen. Im Folgenden lesen Sie, wie Mariana sich während des Telefonats am nächsten Tag aus dem Machtkampf ausgeklinkt hat.

SUE: »Wie konntest du mir das antun? Du weißt doch, dass ich darauf baue, dich zu sehen! Wir hatten doch was vor. Und dann sagst du in letzter Minute ab, um dich mit einem Kerl zu treffen?«

MARIANA: »Ich weiß. Sorry. Ich kann verstehen, wenn du sauer bist. Er ist einfach so süß. Und ich hatte seit Monaten kein Date mehr. Aber du hast schon recht, das ist keine Entschuldigung. Wie kann ich das wiedergutmachen?«

SUE: »Was soll das denn heißen, es wiedergutmachen? Du hast ganz bewusst versucht, mir zu zeigen, wie wenig ich dir bedeute und wie überlegen du mir bist. Du warst schon immer neidisch, weil ich einen Freund habe und du nicht. Willst du mir damit eins auswischen?«

MARIANA: »Du liegst meilenweit daneben, Sue. Ich hätte unsere Verabredung nicht absagen sollen. Aber ich hab's ja nicht gemacht, weil ich gemein sein wollte. Ich wollte halt wirklich mit Jared ausgehen.«

SUE: »Ich glaube dir nicht. Und ich glaube, du weißt das. Du wolltest mir eins auswischen. Gib's zu!«

An diesem Punkt hätte Mariana in der Regel versucht, sich noch stärker zu verteidigen. Aber jetzt wollte sie ja das Gaslighting beenden. Also klinkte sie sich aus.

MARIANA: »Hör zu, es tut mir leid, dass ich unser Treffen abgesagt habe. Wenn du mir sagst, wie ich das wieder ausbügeln kann, dann würde ich es das nächste Mal gern besser machen. Sonst gibt es dazu nichts mehr zu sagen.«

SUE: »Was soll das denn heißen, nichts mehr zu sagen? Erst beleidigst du mich, und dann willst du nichts mehr mit mir zu tun haben?«

MARIANA: »Ich meine, was ich gesagt habe. Wenn das Gespräch so weitergeht, dann will ich nicht länger darüber reden.«

SUE: »Das ist doch unglaublich! Ist das noch eine andere Masche, um dich an mir zu rächen?«

MARIANA: »Nein, ist es nicht, und ich habe mich entschuldigt. Jetzt möchte ich gern über etwas anderes sprechen. Wenn du dazu nicht bereit bist, dann lege ich jetzt auf.«

ÜBEN SIE DAS AUSKLINKEN

- **Lesen Sie noch einmal den Kasten auf Seite 255.** Suchen Sie sich die Statements heraus, die am besten zu Ihrer Persönlichkeit passen und die der Gaslighter am besten erträgt. Falls nötig, überarbeiten Sie die Sätze oder schreiben Sie eigene auf.
- **Üben Sie mit einer Freundin.** Erklären Sie Ihrer Freundin, wie sie den Gaslighter spielen soll. Sagen Sie ihr, wie er vermutlich reagieren wird. Dann machen Sie ein Rollenspiel. Wie fühlt es sich an, diese Aussagen zu verwenden?
- **Entwerfen Sie eigene Dialoge.** Schreiben Sie selbst ein Gespräch auf. Überlegen Sie sich, was der Gaslighter sagen könnte und was Sie darauf am besten antworten. Vielleicht möchten Sie sich diese Antworten sogar laut vorsagen. »Wenn er ›Du bist eine Närrin‹ sagt, sage ich: ›Weißt du was, Schatz, ich möchte nicht, dass man so mit mir spricht.‹ Wenn er dann sagt: ›Ich rede mit dir, wie ich will‹, sage ich: ›Dann gehe ich nach Hause.‹«
- **Konzentrieren Sie sich auf wenige Sätze.** Vergessen Sie nicht: Sie wollen den Streit nicht verlängern, sondern ihn umgehen. Wählen Sie also einen hilfreichen Satz oder auch zwei. Die wiederholen Sie, oder Sie sagen nichts. Der Gaslighter ist darauf erpicht, recht zu haben, Sie werden seine Meinung also nicht ändern. Aber Sie könnten ihm

zeigen, dass sein Verhalten Konsequenzen hat, die ihm nicht gefallen. Das könnte ihn mit der Zeit zu einem Gesinnungswandel veranlassen.

- **Entscheiden Sie sich für bestimmte Konsequenzen.** Überlegen Sie im Vorfeld, welche Konsequenzen Sie überhaupt ankündigen möchten. Hier zwei Beispiele: »Wenn doch noch mal mehr als 20 Minuten zu spät kommst, verlasse ich das Restaurant.« »Ich sage dir dreimal, wenn du brüllst. Wenn du dann nicht aufhörst, gehe ich aus dem Zimmer.« Kündigen Sie keine Konsequenzen an, die Sie nicht einhalten können. Ihr Ziel ist es nicht, ihm zu drohen, sondern zu Ihrem eigenen Besten zu handeln.
- **Überlegen Sie sich eine Rückzugsstrategie.** Wenn der Gaslighter sich weigert, den Streit zu beenden, dann müssen Sie es tun – indem Sie auflegen, weggehen, das Thema wechseln oder sogar anbieten, einen Tee zu machen, wie Trish es in Kapitel 4 getan hat. Sie werden sich von Anfang an sicherer fühlen, wenn Sie wissen, wie Sie das Gespräch beenden können – auch wenn Sie diesen Plan dann gar nicht ausführen müssen.

5. *Auch wenn Sie recht haben – Sie können die Meinung anderer nicht kontrollieren!*

Ich weiß noch genau, dass ich deshalb zum Gaslighting-Opfer wurde, weil ich meinen Exgatten unbedingt dazu bringen wollte, mir zuzustimmen. Ich konnte es einfach nicht ertragen, dass er zu denken schien, es sei okay, drei Stunden zu spät zu kommen. Für ihn war meine Überempfindlichkeit das Problem. Also diskutierte ich endlos mit ihm. Ich wollte, dass er seine Meinung änderte. Inzwischen habe ich erkannt, dass ich genauso darauf erpicht war, seine Gedanken zu kontrollieren, wie er meine. Wenn er beispielsweise mit drei Stunden Verspätung nach Hause kam und ich mich beschwerte, dann ging er zum Gegenangriff über, um mir zu beweisen, was für ein unvernünftiger, unlockerer Kontrollfreak ich war. Ich aber war genauso darauf erpicht, ihn davon zu überzeugen, dass mein Frust berechtigt war.

20 Jahre später bin ich immer noch der Meinung, dass ich richtig lag und er falsch – selbstverständlich war mein Frust angebracht! Aber darum geht es nicht. Es war die Unfähigkeit zu akzeptieren, dass mein Mann seine eigene Sicht der Dinge hatte, die mich den Gaslight-Tango tanzen ließ, egal, was ich tat. Wollte er mich unvernünftig finden, dann tat er das. Es war egal, wie viel wir stritten oder wie verärgert ich war. Erst als ich verstanden hatte, dass er – und nur er – die Kontrolle über seine eigenen Gedanken hatte, machte ich einen entscheidenden Schritt Richtung Unabhängigkeit. Dabei zählte nicht, dass ich vielleicht recht hatte und dass er sich nicht ändern würde. Und es zählte auch nicht, was ich tat oder sagte.

Mein Patient Mitchell – dessen Mutter seinen neuen Kleidungsstil so verachtete – hatte ähnliche Erfahrungen gemacht. Bei unseren gemeinsamen Sitzungen ging es hauptsächlich darum, ihm grundsätzlich zu verstehen zu geben, dass es seiner Mutter freistand, ihn so zu sehen, wie sie wollte. Es war nicht seine Aufgabe, ihre Meinung zu ändern, sondern sich nicht mehr so darum zu kümmern, was sie dachte. Würde Mitchell damit aufhören können, seine Mutter zu verklären und ihre Anerkennung zu suchen, hätten auch die regelmäßigen Vorwürfe und Beleidigungen keinen Einfluss mehr auf ihn.

Lange Zeit war Mitchell nicht bereit zu akzeptieren, dass er die Reaktionen seiner Mutter nicht kontrollieren konnte. Obwohl seine Mutter ihn manchmal mit Zuneigung und Anerkennung überschüttete, war sie auch immer wieder kalt, abweisend und fast schon grausam. Mitchell fand diesen Gegensatz äußerst frustrierend. Er hielt an dem Glauben fest, dass die abrupten Wechsel im Verhalten seiner Mutter etwas mit seinem eigenen Benehmen zu tun hatten. Er glaubte, dass ihre Kälte eine Reaktion auf seine Schwächen war und ihre Wärme eine Antwort auf seine Stärken. Die Vorstellung war ihm verhasst, dass das Verhalten seiner Mutter von ihrer inneren Dynamik gesteuert wurde und nicht von seinen Defiziten und Erfolgen.

Mitchells Kampf war auch deshalb so schmerzlich, weil Kinder ihre Eltern als verlässliche Quelle der Liebe und Anerkennung brauchen. Auch wenn Eltern eine bestimmte Handlung nicht gutheißen, sollten sie ihre Kinder grundsätzlich schätzen, doch genau das tat Mitchells Mutter nicht. Mitchell sehnte sich nach diesem mütterlichen Wohlwollen. Daher fiel es ihm schwer zu akzeptieren, dass er dieses Wohlwollen wohl nie bekommen würde.

Um frei zu kommen vom Gaslighting seiner Mutter, musste Mitchell hinnehmen, dass er ihre Meinung nicht kontrollieren konnte. »Ich kann ihre Meinung nicht kontrollieren – auch wenn ich recht habe«, lautete Mitchells neues Mantra. Obwohl er es zu Anfang schrecklich fand, sich »im Recht – aber allein« zu fühlen, gefiel ihm dieses Gefühl mit der Zeit immer besser. Als Mitchell darauf verzichtete, die Reaktionen seiner Mutter zu kontrollieren, war er frei, seine eigenen zu entdecken und zu beeinflussen.

Welcher Schritt kommt als Nächstes?

Sie haben damit begonnen, den Gashahn zuzudrehen. Jetzt sind viele Reaktionen denkbar. Vielleicht entdecken Sie und Ihr Gaslighter neue Wege des Zusammenseins, so wie Sondra und Peter. Vielleicht verweigert der Gaslighter aber auch strikt jede Veränderung, wie es bei Melanie und Jordan der Fall war. Denkbar ist auch, dass Sie genau wie Katie und Brian immer noch versuchen herauszufinden, was möglich ist und was nicht.

Möglicherweise wissen Sie längst, was als Nächstes kommt. Wenn nicht, blättern Sie weiter zum nächsten Kapitel. Darin begleite ich Sie bei der Entscheidung, ob Sie die Beziehung weiterführen oder beenden wollen.

Kapitel 7

SOLL ICH GEHEN ODER BLEIBEN?

Katie war verwirrt. Sie hatte ernsthaft versucht, dem Gaslighting ihres besitzergreifenden Freundes Brian einen Riegel vorzuschieben. Und sie hatte das Gefühl, Fortschritte gemacht zu haben. Jedes Mal, wenn sie sich aus dem Gaslight-Tango ausklinkte – wenn sie Brian sagte, dass sie eine Diskussion nicht weiterführen wolle, oder tatsächlich den Raum verließ, um seine Anschuldigungen nicht hören zu müssen –, hielt er sich zurück oder entschuldigte sich sogar manchmal. Katie fand auch, dass sie dem Drang zur Verschmelzung immer besser widerstand. Sie war jetzt eher bereit, Unstimmigkeiten zu ertragen, und kam auch allmählich davon ab, immer Brians Zustimmung suchen zu müssen. Nach und nach kam sie zu der Empfindung, ein guter Mensch zu sein, auch wenn Brian das nicht bestätigte.

Trotzdem, so sagte Katie mir, schien Brian nicht daran interessiert, von sich aus Veränderungen anzustoßen. Wenn Katie die Dynamik des Gaslightings unterbrach, hielt Brian sich manchmal zurück. Aber er fing genauso oft wie früher mit dem Gaslighting an. Das bedeutete, dass Katie immer auf der Hut sein musste. Und wenn Katie ein Ausrutscher passierte – wenn sie wieder anfing, sich zu verteidigen oder sich für Dinge zu entschuldigen, die sie ihrer Meinung nach gar nicht getan hatte –, schien er allzu gern mit den alten Mustern weiterzumachen.

»Ich habe das Gefühl, ich muss alles allein machen«, sagte sie nach etwa drei Monaten gezielter Bemühungen. »Nicht, dass Brian nicht zu Änderungen bereit wäre, aber eine große Hilfe ist er auch nicht. Er kommt mir vor wie ein großer Felsbrocken, den ich allein den Hügel hochrollen muss. Wenn ich hart arbeite, mache ich auch Fortschritte. Aber sobald ich auch nur eine Sekunde aufhöre, rollt er wieder nach unten. Der Felsen wird dabei vielleicht nicht schwerer, aber leichter wird es auch nicht!«

Katie war sich nicht sicher, was sie als Nächstes tun sollte. Sie liebte Brian noch immer. Der Gedanke, ihn zu verlassen, behagte ihr gar nicht. Doch seine ständigen Anschuldigungen frustrierten sie zusehends, genau wie seine Ansicht, die Welt sei ein gefährlicher, elendiger Ort. War eine Veränderung unter diesen Umständen überhaupt zu erwarten? Welche Erwartungen waren realistisch, welche bloßes Wunschdenken? Am wichtigsten war die Frage, welche Veränderung sie überhaupt brauchte, um bereit zu sein, die Beziehung weiterzuführen.

Auch Liz war inzwischen klar, dass es so nicht weitergehen konnte. Sie verschwendete viel zu viel Zeit und Energie damit, über ihren Chef nachzugrübeln. Manchmal kam es Liz so vor, als sei dieser Chef inzwischen der wichtigste Mensch in ihrem Leben – wichtiger als ihr Ehemann, ihre beste Freundin und ihre Familie. »Ich bin es leid, dass er anscheinend alles und jeden verdrängt hat«, sagte sie mir. »Ich will mein Leben zurück!«

War es möglich, dass Liz ihr Leben zurückbekam und trotzdem die Stelle behielt, für die sie so hart gearbeitet hatte? Gab es einen Weg, den Job zu behalten, ohne beim Gaslight-Tango mitzumachen? Oder war ihr Chef so gut darin, sie in Rage zu bringen und zu manipulieren, dass selbst der geringste Kontakt zu ihm immer das Gaslighting in Gang setzen würde?

Liz begann, ernsthaft über einen Ausweg nachzudenken. Zum ersten Mal führte sie sich ihre beruflichen Möglichkeiten klar vor Augen. Gab es andere Agenturen, bei denen sie sich bewerben konnte, oder andere Kontakte, die ihr behilflich sein konnten? Und sie analysierte schonungslos, was ihr Chef wohl vorhatte: Legte er es wirklich darauf an, sie loszuwerden oder innerhalb der Firma zu isolieren? Konnte sie die Situation überhaupt beeinflussen? War er wirklich entschlossen, sie wegzujagen? Und sie stellte sich die ehrliche Frage, welche Rolle sie in der Beziehung spielte. Sie wollte sich nicht länger von ihrem Chef provozieren lassen. Aber war dieser Gedanke in Anbetracht der Panik und des verzweifelten Wunsches, ihm zu gefallen, überhaupt realistisch? Wie viel Kraft würde es sie kosten, ihre Antworten umzuformulieren? Könnte sie ihren Beruf dann überhaupt noch genießen? Was war sinnvoller – die Beziehung zu verändern oder zu gehen?

Als Mitchell sich endlich eingestanden hatte, was er ob des Verhaltens seiner Mutter wirklich empfand, war er wochenlang zutiefst deprimiert. Sein ganzes Leben hatte er versucht, seinen Kummer, seine Wut und seine Hilflosigkeit darüber zu verdrängen. Jetzt hatten sie ihn eingeholt. Eine Zeit lang fühlte er sich total erdrückt. »Ich will sie einfach nie wieder sehen«, sagte er wiederholt. »Ich brauche sie nicht! Warum sollte ich mich mit jemandem abgeben, der mich so behandelt?«

Den Kontakt abzubrechen war eine Grundsatzentscheidung. Das war Mitchell bewusst. Er fragte immer wieder, was ich davon hielt. Ich bin der Meinung, es ist – falls irgend möglich – immer besser, innerhalb der Familie noch miteinander zu sprechen – wie man es auch dreht und wendet. Das sagte ich ihm auch. Denn diese Beziehungen sind Teil unserer Geschichte und werden mit zunehmendem Alter oft wichtiger. Das gilt umso mehr, wenn man Kinder hat. Was aber, wenn diese Art Missbrauch in einer Beziehung nicht wiedergutzumachen ist? Was, wenn dieser Missbrauch uns daran hindert, im Leben voranzukommen? Oder wenn wir so darunter leiden, dass wir unser Leben gar nicht mehr genießen können? Dann sollten wir diesen Menschen konsequent aus unserem Leben verbannen.

Mitchell dachte also darüber nach, inwieweit die Beziehung zu seiner Mutter sein Leben beeinflusste – von seiner Kleiderwahl bis zu seiner Bindungsfähigkeit. Und er erwog, wie und ob er fortan Kontakt zu seiner Mutter halten sollte. Ein Teil von ihm wollte sie einfach aus seinem Leben verbannen. Doch er zwang sich, auch andere Möglichkeiten in Betracht zu ziehen: sie nur noch an Feiertagen treffen, sie einmal pro Monat statt einmal pro Woche besuchen, nur noch in Begleitung seiner Freundin oder eines anderen Freundes Zeit mit ihr verbringen, statt allein mit ihr zu sein. Des Weiteren erwog er, sich mehr Zeit für seine Entscheidungen zu nehmen. Dadurch hatte er die Möglichkeit, seine Meinung später noch zu ändern, sobald er sich stärker fühlte. Mitchell wusste, dass er an der Beziehung zu seiner Mutter etwas ändern musste. Aber er wusste lange nicht, welche Art Veränderung er sich wünschte.

Sich Zeit nehmen für einen Entschluss

Haben wir ernsthaft vor, uns vom Gaslighting zu befreien, kommt für viele von uns der Moment der Entscheidung, ob wir die Beziehung weiterführen oder beenden möchten. Aber ist man dazu auch bereit? Wie ich bereits gesagt habe, ist das die einzige Möglichkeit, sich wirklich vom Gaslighting zu befreien. Dann muss man entscheiden, ob man es auch wirklich tut.

Es mag ein Zeitpunkt kommen, an dem man keine andere Möglichkeit zu haben glaubt. Dann meint man, Schluss machen zu müssen, um sein Selbstwertgefühl zu bewahren und glücklich zu werden. Oder man sieht mehrere Optionen, findet es aber am besten, Schluss zu machen. Mit anderen Worten: Ob Sie nun verzweifelt sind oder nicht, an einem bestimmten Punkt merken Sie einfach, dass eine Beziehung vorbei ist.

Denkbar wäre auch, dass Sie an diesen Punkt kommen, aber beschließen zu bleiben. Dann haben Sie vielleicht das Gefühl, dass aus Ihrer Beziehung doch noch etwas werden könnte. Deshalb finden Sie, dass es gute Gründe gibt zu bleiben, obwohl Sie leiden und frustriert sind.

Unabhängig von Ihrer Entscheidung verbinden Sie vielleicht immer noch viel Positives mit dem Gaslighter. Vielleicht sind Sie immer noch bis über beide Ohren in Ihren Mann verliebt. Vielleicht haben Sie Ihre Freundin immer noch sehr gern. Gaslighter in der Familie lösen oft einen komplexen Mix aus Liebe, Wut, Kummer, Frust, Zuneigung und Verwirrung aus. Und ist der Gaslighter Ihr Chef oder Kollege, heißt das nicht, dass Ihr Job nicht noch andere Vorteile hat. Darum kann es sein, dass Sie dem Gaslighter immer noch Wertschätzung, Respekt oder Zuneigung entgegenbringen.

Ich möchte an dieser Stelle betonen, dass die positiven Gefühle, die wir mit dem Gaslighter verbinden, nicht zwangsweise Illusionen sein müssen. Wir Menschen sind widersprüchliche und komplexe Wesen. Keiner von uns ist perfekt. Es mag sein, dass das Verhalten eines Gaslighters missbräuchlich und problematisch war. Aber es ist auch denkbar, dass wir ihm Liebe, Zuneigung, Aufmerksamkeit, Ratschläge,

Abenteuer, Ausbildung oder Sicherheit verdanken. Er hat vielleicht einen wichtigen Abschnitt unseres Lebens geprägt oder uns zu einer Weiterentwicklung verholfen, die ohne ihn nicht stattgefunden hätte. Möglicherweise ist er auch ein Mensch, der andere, bewunderungswürdige Qualitäten hat oder uns aus einem unersichtlichen Grund bewegt.

Wird uns bewusst, dass wir missbraucht oder schlecht behandelt wurden, spüren wir oft den Drang zu einer heftigen Reaktion. Der Missetäter soll dafür zahlen. Wir wollen Gerechtigkeit, wir wollen Vergeltung, einen Ausgleich für das Leid, das man uns angetan hat. Unfassbar, dass wir einem Menschen einst wohlgesinnt waren, den wir jetzt für gefährlich und gemein halten. Dann kann es durchaus vorkommen, dass wir diesen Menschen konsequent aus unserem Leben verbannen möchten.

Diese Gefühle sind normal, und sie könnten unsere Entscheidung beeinflussen. Aber das muss nicht sein. Denn manchmal reagieren wir so heftig auf einen Gaslighter – insbesondere innerhalb der Familie –, weil wir uns über uns selbst ärgern. Wie konnten wir so blind sein? Wie konnten wir zulassen, dass man uns so schlecht behandelt? Wir wollten doch stark und selbstbewusst sein und unempfänglich für Gemeinheiten – warum sind wir diesem Ideal nicht gerecht geworden? Hätten wir nicht leistungsfähiger und effektiver sein können? Es kann sein, dass Scham, Groll, Wut und Kummer an uns nagen, wenn wir uns näher mit unserem Anteil an der Gaslighting-Beziehung befassen.

All diese Reaktionen sind wichtig, und man sollte sie zulassen. Sie helfen uns dabei zu verstehen, was mit uns passiert ist und was wir dagegen unternehmen wollen. Manchmal dienen sie auch als Leitfaden für sofortiges Handeln. »Raus hier«, raten sie uns, »so darf es keinen Tag weitergehen.« Manchmal ist es am besten, diesem Drang intuitiv nachzugeben.

Manchmal müssen sich die Gefühle aber erst setzen. Die Wogen müssen sich glätten, bevor wir handeln. Insbesondere bei lebenslangen Beziehungen, der Partnerschaft oder Kindern sollten wir uns die Zeit nehmen, alle Optionen zu überdenken. Vielleicht ist ja eine vorläufige Entscheidung besser als eine endgültige: lieber eine Trennung als eine Scheidung, lieber eine Auszeit, als endgültig den Kontakt abzubrechen. Man kann sich auch aus einer Beziehung zurückziehen, ohne es dem Gegenüber zu sagen. Das verschafft uns Luft, bevor wir endgültig über die Zukunft entscheiden.

Mariana frustrierte ihre Freundschaft zu Sue immer mehr. Die anstrengenden emotionalen Gespräche waren ihr allmählich verhasst. Sie kam sich vor, als würde sie ständig kontrolliert und beurteilt. Aber sie war seit der Highschool mit Sue befreundet. Und sie nie wiederzusehen war auch komisch. Sie wusste, dass sie etwas unternehmen musste. Sie war aber noch nicht sicher, was sie wollte. Sollte sie die Freundschaft beenden? Sich zurückziehen? Oder den schwierigen, langwierigen Änderungsprozess in Angriff nehmen – hoffentlich zusammen mit Sue?

Mariana war sich im Klaren darüber, dass sie Sue nicht geradeheraus sagen konnte, sie brauche eine Auszeit. Das würde zu genau der Art Diskussion führen, die sie vermeiden wollte. Aber Sue einfach nicht mehr zurückzurufen würde auch zu Nachfragen führen. Also erzählte sie Sue, dass sie beruflich in nächster Zeit sehr eingespannt sein würde, weshalb sie sich etwa einen Monat nicht sehen würden. Sie fand einen Weg, den Kontakt zu Sue auf kurze Anrufe und wenige E-Mails zu beschränken. Mariana hoffte, dass dieses vorübergehende und »inoffizielle« Aussetzen der Freundschaft ihr genug Luft ließe, um sich klarzumachen, was sie empfand und was sie tun wollte.

VIER FRAGEN ZUM THEMA GEHEN ODER BLEIBEN

1. Schaffe ich es, mich diesem Menschen gegenüber anders zu verhalten?
2. Schafft er es, sich mir gegenüber anders zu verhalten?
3. Bin ich bereit, die Arbeit auf mich zu nehmen, um die Dynamik zwischen dem Gaslighter und mir zu ändern?
4. Wie stehen die Chancen , dass ich in dieser Beziehung glücklich werde, wenn ich mein Bestes gebe?

1. Schaffe ich es, mich diesem Menschen gegenüber anders zu verhalten?

Solange Sie sich nicht anders verhalten, wird sich an Ihrer Gaslighting-Beziehung nichts ändern. Daran führt kein Weg vorbei. Um das Gaslighting zu beenden, müssen Sie sich vom Gaslighter lösen, sich aus einem Gaslighting-Gespräch ausklinken oder das Zimmer verlassen, sobald der emotionale GAU droht. Sie dürfen dem Drang zur Verschmelzung nicht nachgeben, müssen aber dem Gaslighter seinen eigenen Standpunkt zugestehen, auch wenn Sie wissen, dass er damit falsch liegt. Wenn Sie ängstlich, einsam oder unsicher sind, können Sie nicht auf die Unterstützung des Gaslighters zählen, denn oft sind es genau diese Gefühle, die das Gaslighting provozieren. Sind Sie ängstlich, und er kann nichts für Sie tun, fühlt er sich machtlos. Dann sucht er sein Heil im Gaslighting, weil er dann das Gefühl hat, Kontrolle und Macht ausüben zu können.

Wie sehr sind Sie bereit, sich zu ändern? Stellen Sie sich dazu die folgenden Fragen. Lesen Sie dann weiter, um zu erfahren, wie Katie, Liz und Sondra auf die Fragen geantwortet haben.

Kann ich das Gespräch umgehen, wenn er mit dem Gaslighting anfängt, oder muss ich ihm immer noch beweisen, dass ich recht habe? Streite ich innerlich weiter mit ihm, auch wenn ich nichts sage?

KATIE: »Ich muss nicht unbedingt recht haben. Ich glaube, ich würde das bei Brian hinkriegen. Es gibt Sachen, die mir schwerer fallen, als mich aus einem Streit auszuklinken.«

LIZ: »Es macht mich rasend, wenn ich höre, wie mein Chef die Wahrheit verdreht! Auch wenn ich nichts zu ihm sagen würde, würde ich das Gespräch im Kopf immer wieder durchgehen, das weiß ich. Ich ertrage es einfach nicht, wenn er so redet!«

SONDRA: »Als ich mich zum ersten Mal aus einem Gaslighting-Gespräch mit meinem Mann Peter ausgeklinkt habe, war ich richtig sauer. Ich hatte Magenschmerzen und habe angefangen zu zittern. Ich wollte unbedingt zu ihm durchdringen! Aber jetzt, einige Monate später, fällt es mir nicht mehr so schwer. Also würde ich das wohl ganz gut hinbekommen, denke ich.«

Finde ich bei ihm Rückhalt, wenn ich aufgrund des Gaslightings Angst um mich oder unsere Beziehung habe? Oder gibt es eine andere Möglichkeit, mich zu beruhigen, die nicht von ihm abhängt?

KATIE: »Hier wird es richtig schwer für mich. Ich würde mich so gern auf Brian stützen können. Ich glaube nicht, dass ich es schaffe, ihn nicht um seinen Beistand zu bitten. Ich bin mir, ehrlich gesagt, nicht sicher, ob ich das überhaupt will. Ich möchte die Möglichkeit haben, bei meinem Freund Rückhalt zu finden, ohne ihn dadurch aufzuregen.«

LIZ: »Klar, das kriege ich hin. Ich muss mir bestimmt nicht von diesem Typen versichern lassen, dass alles okay ist. Er soll nur endlich aufhören, sich so gemein zu verhalten.«

SONDRA: »Ich glaube, das ginge. Aber es ist heikel, weil Peter oft merkt, dass ich anscheinend sauer bin. Dann fragt er, ob alles in Ordnung ist und ob es mir gut geht. Manchmal will er eine ehrliche Antwort. Manchmal ist das aber auch der Anfang einer weiteren Gaslighting-Runde. Dann will er mir *beweisen,* dass ich keinen Grund habe, sauer zu sein, weil er angeblich alles richtig gemacht hat. Ich muss also vorher herausfinden, ob er es ehrlich meint oder mich nur ködern will. Aber ich glaube, es ginge.«

Wenn ich sage, dass ich das und das mache – zum Beispiel aus dem Zimmer gehe, wenn er brüllt, oder das Restaurant verlasse, wenn er mehr als 20 Minuten zu spät ist –, ziehe ich dann auch durch, was ich angekündigt habe?

KATIE: »Das finde ich furchtbar. Ich denke, ich würde es machen. Aber ich finde es furchtbar.«

LIZ: »Kein Problem, das schaffe ich. Allerdings bin ich nicht sicher, dass es auch wirkt. Ich habe den Eindruck, dass es egal ist, was ich tue. Er ändert sein Verhalten nicht.«

SONDRA: »Ja, das kann ich. Schließlich habe ich darin jede Menge Übung wegen der Kids!«

Nachdem Katie, Liz und Sondra die Fragen beantwortet hatten, bat ich jede von ihnen zusammenzufassen, was sie daraus gelernt haben. Wie würden Sie in Anbetracht Ihrer Antworten auf die eine große Frage antworten: *Schaffe ich es, mich diesem Menschen gegenüber anders zu verhalten?*

KATIE: »Wahrscheinlich könnte ich es. Aber ich bin mir nicht mehr sicher, ob ich es auch will! Wozu ist ein Partner denn gut, wenn man nicht mit seinen Sorgen zu ihm kommen oder ihn von Zeit zu Zeit um Beistand bitten kann? Vielleicht will ich das jetzt doch nicht durchziehen ...«

LIZ: »Ich sehe keine Möglichkeit mehr, mit diesem Mann zusammenzuarbeiten, ohne mich obsessiv damit zu beschäftigen, was er mir antut. Aber ich glaube, ich kann nicht anders.«

SONDRA: »Doch, ich glaube, ich kann mich Peter gegenüber anders verhalten. Es könnte mir sogar guttun, mich selbst zu ändern.«

2. *Schafft er es, sich mir gegenüber anders zu verhalten?*

Widmen wir uns noch einmal kurz der Frage, was einen Menschen veranlasst, zum Gaslighter zu werden. Ein Mensch verlegt sich aufs Gaslighting, wenn er sich gestresst oder bedroht fühlt. Aufgrund dieses Drucks will er beweisen, dass er recht hat. Dadurch fühlt er sich mächtig und stark, dadurch bestätigt er sich seine Selbstwahrnehmung.

Manche Menschen haben sich dem Gaslighting verschrieben, weil sie in ihrer Selbstwahrnehmung sehr unsicher sind. Aus dieser Unsicherheit heraus wird das Gaslighting zu ihrer normalen Umgangsform. Weil sie sich so schwach fühlen, lassen sie keine Gelegenheit aus, um andere in ihrem Denken zu manipulieren. Dadurch fühlen sie sich einflussreich und meinen, die Situation im Griff zu haben.

Manche Menschen verwenden Gaslighting für bestimmte Beziehungen, aber nicht für alle. Beim Ehepartner zum Beispiel verlegen sie sich aufs Gaslighting, nicht aber bei Untergebenen. Oder die Chefposition bringt den Gaslighter in ihnen zum Vorschein, während sie zum Ehepartner lieb und nett sind.

Wieder andere wenden Gaslighting nur gelegentlich an, als Reaktion bei Stress innerhalb oder außerhalb der Beziehung. Wenn Sie mit einem solchen Mann verheiratet sind, können Wochen oder Monate ohne einen Zwischenfall vergehen. Dann streiten Sie plötzlich über Geld. Oder er kommt mit einem der Kinder nicht klar. Oder er hat Ärger in der Arbeit. Oder seine Mutter muss ins Krankenhaus. Und plötzlich verlegt er sich aufs Gaslighting.

Hier die erste Frage, die sie sich über den Gaslighter stellen sollten.

Ist er ein überzeugter Gaslighter?

KATIE: »Das weiß ich nicht, ehrlich. Manchmal kommt es mir vor, als wäre er sehr überzeugt davon – schließlich macht er es ständig! Aber ich sehe ja, dass er damit aufhört, wenn ich mich anders verhalte. Also, ich weiß darauf keine Antwort.«

LIZ: »Oh, er ist voll und ganz dabei – zumindest was mich betrifft. Ich sehe doch, dass er zu den Männern gehört, die immer recht haben und ihren Kopf durchsetzen müssen. Es macht ihm Spaß, mich in die Mangel zu nehmen. Ich sehe, wie er grinst, wenn ich sein Büro verlasse. Ich denke nicht, dass er sich je ändern wird.«

SONDRA: »Meiner Meinung nach wird Peter immer Gaslighting anwenden, wenn er Stress hat. Aber ich habe das eine oder andere unternommen, um den Gashahn zuzudrehen, und es hat ziemlich gut funktioniert. Es hilft, dass wir über das Problem reden können und dass wir beide etwas verändern wollen. Ich würde nicht sagen, dass Peter ein überzeugter Gaslighter ist. Aber die Neigung dazu wird er wohl immer haben.«

Wie Sie sehen, können Liz und Sondra die Frage beantworten. Katie dagegen ist sich nicht sicher. Wenn auch Sie sich nicht sicher sind, möchte ich Ihnen folgende Übung vorschlagen, um das Gaslighting zu beenden. Geben Sie keiner einzigen Aufforderung nach, beim Gaslight-Tango mitzumachen. Lassen Sie sich keine Gelegenheit entgehen, dem Tanz auszuweichen. Meiden Sie jede Situation, in der Sie versucht sein könnten, Kontrolle auszuüben, zu erklären, zu analysieren, zu fantasieren oder auch nur mit dem Gaslighter zu verhandeln. Mit ziemlicher Sicherheit wird er irgendwann versuchen, den Tango fortzusetzen. Schauen Sie, was passiert, wenn Sie sich trotzdem weigern.

Katie hat das Experiment gemacht. Lesen Sie, was sie herausgefunden hat.

KATIE: »Als ich eine Woche lang versuchte, das Gaslighting zu beenden, hat Brian trotzdem weitergemacht. Manchmal konnte ich den Ablauf unterbrechen. Aber er hat immer wieder angefangen. Allmählich frage ich mich, ob das immer so gehen wird ...«

Wenn Sie immer noch nicht sicher sind, ob es dem Gaslighter gelingt, sein Verhalten Ihnen gegenüber zu ändern, können Sie sich noch eine andere Frage stellen: *Findet er einen Zugang zu mir?* Lassen wir das Gaslighting kurz außen vor. Haben Sie den Eindruck, er sieht sie als eigenständigen Menschen, den er respektiert, den er liebt und dem er zuhört? Oder kreist er doch immer eher um sich selbst – um zu beweisen, dass er recht hat, um Ihnen zu zeigen, was für ein guter Kerl er ist, oder um zu demonstrieren, wie romantisch er sein kann? Fühlen Sie sich ihm verbunden? Oder haben Sie den Eindruck, dass er oft nur eine Show abzieht?

Wenn der Gaslighter oft einen Zugang zu Ihnen findet, der Sie zufriedenstellt, gibt das Anlass zu glauben, das Gaslighting könne enden oder zumindest auf ein erträgliches Maß zurückgehen. Merken Sie aber, dass Ihre Beziehung meist unbefriedigend ist, weil es keine tiefere Verbindung gibt, dann findet der Gaslighter anscheinend keinen anderen Zugang zu Ihnen. Auch wenn er gerade kein Gaslighting anwendet, bringt er Ihnen kein Vertrauen und keinen Respekt entgegen. In diesem Fall geht das Gaslighting vielleicht zurück, wenn Sie versuchen, den Gashahn zuzudrehen. Aber Sie finden die Beziehung möglicherweise immer noch nicht befriedigend.

Ist er fähig, einen Zugang zu mir zu finden?

Katie: »Das weiß ich nicht. Als wir uns kennenlernten, dachte ich, Brian wäre der perfekte Partner. Er war fürsorglich und lieb, und ich fühlte mich bei ihm immer geborgen! Aber inzwischen habe ich so meine Zweifel. Vielleicht hat er nur versucht zu beweisen, dass er ein starker, fürsorglicher Mann ist. Und kaum hat er den Eindruck, er hätte versagt, fängt das Gaslighting an. Also ist er vermutlich nicht wirklich fähig, einen Zugang zu mir zu finden.«

Liz: »Ich weiß ja nicht, wie dieser Mann bei anderen Menschen ist, aber zu mir hat er ganz sicher keinen Zugang. Bei ihm dreht sich alles nur um ihn selbst. Das ist ein Machtspiel. Ich glaube nicht, dass er eine Vorstellung hat, wer ich bin. Ich bin für ihn nur eine Schachfigur.«

Sondra: »Peter kann sich so in seine Arbeit und seine eigenen Probleme vertiefen. Da vergisst er manchmal, dass auch ich ein Mensch bin. Dann passiert das mit dem Gaslighting. Er muss sich beweisen, was für ein guter Kerl er ist. Und in diesem Moment bin ich für ihn nur eine Zuschauerin. Aber es gibt auch Momente, in denen er wirklich merkt, wie es mir geht. Er merkt, wenn ich aufgebracht bin. Dann fordert er mich auch auf, mit ihm darüber zu reden, und ist mit Rat und Tat zur Stelle. Oder er merkt, dass ich müde bin, und sagt: ›Heute bringe ich die Kinder ins Bett. Leg du einfach mal die Füße hoch und ruh dich aus.‹ Er macht sogar das Abendessen für uns, wenn ich von einem Besuch bei meiner Familie komme – weil er so froh ist, dass er nicht mitmusste! Also denke ich, dass er sehr wohl in der Lage ist, sich in mich hineinzuversetzen. Manchmal kann er es nicht, aber meistens schon.«

WIE AUSGEPRÄGT IST DIE FÄHIGKEIT IHRES GASLIGHTERS, ZUGANG ZU IHNEN ZU FINDEN?

- Ist er in der Lage, Sie zu verstehen und Ihren Standpunkt zu respektieren?
- Geht er wenigstens manchmal auf Ihre Gefühle und Bedürfnisse ein?
- Stellt er wenigstens manchmal Ihre Gefühle und Bedürfnisse über seine?
- Bereut er es, wenn er Sie verletzt hat – und ändert sich dadurch sein Verhalten?
- Will er sich aus persönlichen Gründen ändern oder nur, um Ihnen zu gefallen und zu beweisen, was für ein guter Kerl er ist?

Erneut bat ich Katie, Liz und Sondra, zusammenzufassen, was sie über ihre Gaslighter erfahren hatten. Wie würden Sie auf die eine große Frage antworten: *Schafft er es, sich mir gegenüber anders zu verhalten?*

KATIE: »Ich bin mir nicht sicher. Im Augenblick müsste ich die Frage wohl verneinen.«

LIZ: »Sicher nicht.«

SONDRA: »Doch, ich glaube schon. Vielleicht nicht immer, aber meistens.«

3. Bin ich bereit, die Arbeit auf mich zu nehmen, um die Dynamik zwischen uns zu ändern?

Da Gaslighting so überwältigend ist, scheint es vor allem für Paare besonders schwierig zu sein, sich aus dieser Dynamik zu befreien. In Gaslighting-Beziehungen entsteht oft ein Teufelskreis: Sein aggressives Verhalten ruft bei Ihnen Abwehr hervor, was ihn noch aggressiver werden lässt.

Katie beispielsweise war sich bewusst, dass die Dynamik, die zwischen ihr und Brian herrschte, zum großen Teil dafür verantwortlich war, warum das Gaslighting in ihrer Beziehung Phase 3 erreicht hatte. Fühlte sie sich verängstigt und bedürftig und er sich ohnmächtig, weil er ihr nicht helfen konnte, verlegte er sich prompt aufs Gaslighting, um sich wieder als Herr der Lage zu fühlen. In Wirklichkeit wollte er sie davon überzeugen, dass es keinen Grund für ihre Angst gab, dass sie eigentlich gar keine Bedürfnisse hatte oder dass es falsch war, Bedürfnisse zu haben. Aber je aufgebrachter er war, desto ängstlicher und bedürftiger wurde sie. Und das machte alles noch schlimmer.

Daher war Katie sicher, dass Brian sich täuschte, als er ihr zum ersten Mal vorwarf zu flirten. Ihre Antwort fiel entsprechend aus: »Aber Schatz, ich habe doch nicht geflirtet!« »Das ist lächerlich, Brian, der Mann war einfach nur freundlich.« »Du musst dir wirklich keine Sorgen machen. Kapierst du das denn nicht?« Doch als Brian sie auch weiterhin beschuldigte, schwand Katies Selbstvertrauen. Ihre Antworten klangen immer ängstlicher und besänftigender: »Bitte, Brian, nimm das zurück!« »Das hatte wirklich nichts zu bedeuten. Das musst du mir glauben!« »Ich ertrage es nicht, dass du so schlecht von mir denkst. Jetzt fühle ich mich grässlich!«

Brian war ein ängstlicher, unsicherer Mann, aber er war kein Monster. Es machte ihn aufrichtig unglücklich, wenn Katie so aufgebracht war. Und er litt, weil er dafür verantwortlich war. Außerdem wurde Katie immer abhängiger und bedürftiger, je mehr ihr Selbstvertrauen schwand. Sie sehnte sich danach, dass Brian ihr Halt gab und ihr bewies, dass er sie liebte. Wie wir gesehen haben, nahm Brian Katies Verzweiflung sehr persönlich. Deshalb fühlte er sich unfähig, ihr zu helfen, und dieses Gefühl der Ohnmacht war ihm zuwider. Je verzweifelter Katie war, desto verbitterter, vorwurfsvoller und negativer reagierte Brian. Dadurch erreichte das Gaslighting Phase 2.

In dieser Phase 2 war Katie noch ängstlicher und verzweifelter, weil Brians Beleidigungen und Vorwürfe zunahmen. Angesichts ihrer flehentlichen Bitte nach Rückhalt fühlte er sich noch ohnmächtiger, hatte die Situation noch weniger im Griff. Warum schaffte er es nicht, diese Frau glücklich zu machen? Warum konnte er es nicht erzwingen? Was stimmte nicht mit ihm? So schwächlich und hilflos konnte er doch gar nicht sein, so ein schlechter Partner, so ein Versager. Das Problem konnte auch nicht seine mangelnde Stärke sein – er musste einfach stark und mächtig sein. Also stimmte ja wohl mit ihr etwas nicht. Brians eigene Unsicherheit und Verzweiflung führten dazu, dass er seine Vorwürfe und Angriffe ausweitete. Er versuchte mit aller Macht, Katie dazu zu bringen, ihm zuzustimmen: Er hatte recht, er war stark. Sie hatte unrecht, und sie war böse. Deshalb erreichte das Gaslighting schließlich Phase 3.

WELCHES VERHALTEN LÄSST DAS GASLIGHTING ESKALIEREN?

- **Sie rechnen damit, gedemütigt zu werden:**

  »Ich weiß, ich bin so dumm.«
  »Sei mir nicht böse. Du weißt doch, wie versunken ich sein kann.«
  »Ich fasse es nicht, wie selbstsüchtig ich war.«

- **Sie bitten flehentlich um Rückhalt:**

  »Obwohl ich so eine Chaotin bin, liebst du mich, oder?«
  »Ich fühle mich so einsam, Liebling. Siehst du denn nicht, wie sehr ich dich brauche?«
  »Ich wollte dich nicht verletzen. Bist du noch sauer?«

- **Sie nehmen an, er werde Sie schlecht behandeln:**

  »Bitte raste nicht wieder aus.«
  »Nicht eifersüchtig sein. Du weißt, dafür gibt es keinen Grund.«
  »Ich weiß, du hältst mich für blöd, aber ich kann nicht anders. Okay?«

Katie war entsetzt, als sie erkannte, dass ihre eigenen Reaktionen mit dazu geführt hatten, dass Brian noch mehr Angst hatte und sich noch besitzergreifender verhielt. Für seine Taten war sie nicht verantwortlich. Aber sie merkte, dass ihre Reaktionen Teil der Dynamik waren, die sie erschaffen hatten. »Ich wollte glauben, dass ich gut für ihn bin«, sagte sie eines Tages in meiner Praxis zu mir. »Aber allmählich glaube ich, dass ich das Schlechteste in ihm zum Vorschein bringe – und er in mir.«

Es hat sich durchweg gezeigt, dass in der Regel vom Gaslighting zwei Menschen betroffen sind, die Meinungsverschiedenheiten nur sehr schlecht ertragen können. Er will recht haben, Sie wollen anerkannt werden. Er erträgt es nicht, dass Sie nicht die gleiche Weltsicht haben wie er. Sie halten es nicht aus, dass er schlecht von Ihnen denkt. Jeder von Ihnen beiden bringt Bedürfnisse von hoher Intensität in die Beziehung ein. Diese Intensität führt dann oft zur nächsten Runde des Gaslight-Tangos. Hier kommen einige Fragen, die Sie sich stellen könnten, um eine Antwort auf die Frage zu finden, ob Sie beide diese Dynamik durchbrechen können.

Wo finde ich moralische Unterstützung?

Wie wir gesehen haben, beeinträchtigt das Gaslighting Ihre Fähigkeit, die Wahrheit von der Verzerrung zu unterscheiden. Es ist sehr schwer, dem Gaslighter ohne moralischen Beistand entgegenzutreten – Freunde, Angehörige, einen Therapeuten. Diese Menschen helfen Ihnen, im Blick zu behalten, was wirklich vor sich geht. Hier eine weitere Frage: *Habe ich wenigstens einen Menschen – ob Therapeut, Partner, Freundin, Schwester oder Bruder –, mit dem ich ganz offen über den Gaslighter reden kann und von dem ich ein aufrichtiges Feedback bekomme?*

KATIE: »Es behagt mir nicht, mit Freunden darüber zu sprechen. Aber wenigstens habe ich eine Therapeutin, der ich vertraue!«

LIZ: »Ja, klar, moralische Unterstützung habe ich jede Menge – meinen Mann, Freunde, Sie als Therapeutin. Aber inzwischen sind es alle leid, von meinen Problemen in der Arbeit zu hören.«

SONDRA: »Ja, ich habe genug Menschen um mich. Ich will zwar nicht immer hören, was sie zu sagen haben. Aber ich weiß, dass sie immer aufrichtig zu mir sind.«

Bin ich so diszipliniert, um auf meinen Grenzen zu bestehen? Wir haben zur Genüge gezeigt, dass Sie ihn nicht kontrollieren können. Sie können aber Ihre eigenen Reaktionen kontrollieren. Wenn es Ihnen ernst damit ist, etwas am Gaslighting in Ihrer Beziehung zu ändern, müssen Sie an den von Ihnen festgelegten Grenzen festhalten – egal, wie schrecklich sich das manchmal anfühlt. Einmal angenommen, Sie sagen ihm: »Ich bin es leid, dass du ständig zu spät kommst, Schatz. Und ich bin es leid, deshalb zu streiten. Wenn du das nächste Mal mehr als 20 Minuten zu spät kommst, gehe ich.«

So weit, so gut. Sie haben unmissverständlich eine Grenze festgesetzt, Sie sind für sich eingetreten. Jetzt kommt der schwierige Teil: Sie haben in Ihrem Lieblingsrestaurant einen Tisch reserviert, Sie freuen sich schon die ganze Woche auf den Abend ... und er kommt 20 Minuten zu spät. Haben Sie die Kraft zu gehen? Was ist beim nächsten Mal? Und dem übernächsten? Haben Sie diese Kraft nicht – was Ihnen niemand vorwerfen könnte –, dann schaffen Sie es vielleicht nicht, die Beziehung auf diese Art zu ändern.

KATIE: »Das kann ich. Aber ich bin nicht sicher, ob ich auch will.«

LIZ: »Das ist bei mir nicht denkbar. Wenn ich meinem Chef solche Grenzen setzen würde, würde er mich einfach feuern. Manchmal habe ich den Eindruck, er wartet nur darauf, dass ich ihm mit so etwas komme – damit er mich endlich rauswerfen kann.«

SONDRA: »Ich habe das schon getan, und es hat funktioniert. Leicht war es nicht, aber es ist die Sache wert.«

Bin ich diszipliniert und energisch genug, um zu sagen: »Hör auf!«?

Einmal angenommen, Sie sagen dem Gaslighter, dass Sie nicht gern angebrüllt werden. Sie teilen ihm mit, dass Sie beim nächsten Mal einfach auflegen oder aus dem Zimmer gehen werden – egal unter welchen Umständen.

Ein paar Mal machen Sie das auch, wenn es zu Hause wieder zum Streit kommt, und es funktioniert ziemlich gut. Sie gehen raus, er kann sich abreagieren, das Brüllen hört auf, und Sie gehen zum Alltag über, als sei nichts passiert. Manchmal entschuldigt er sich sogar, und Sie fühlen sich großartig – endlich ändert sich etwas!

Aber eines Tage brüllt er Sie bei einem Abendessen im Kreis der Familie an, vor Ihren und seinen Angehörigen. Gehen Sie auch dann aus dem Zimmer? Oder was ist spätnachts, wenn Sie sich nur noch nach Ihrem Bett sehnen? Stehen Sie dann auf und schlafen auf dem Sofa oder gehen sogar ins Hotel? Was ist frühmorgens, wenn Sie sich gerade für die Arbeit fertig machen? Würden Sie dann nicht doch das Brüllen ertragen, ohne Aufhebens, nur dieses eine Mal?

Sie sehen das Problem. Für diese Art Vorgehen braucht man Willenskraft. Nicht jeder hat die Kraft und die Energie dafür, vor allem nicht, wenn man andere Verpflichtungen hat. Sind Sie bereit, so viel Kraft zu investieren, um Ihre Beziehung zu retten, obwohl Sie nicht sicher sein können, dass es sich auszahlt? Wäre es da nicht klüger, diese Beziehung zu beenden und sich jemanden zu suchen, der kein Interesse an Gaslighting hat?

KATIE: »Diszipliniert genug bin ich, aber ob ich auch energisch genug bin?«

LIZ: »Auch das ist bei mir undenkbar. So kann ich meinem Gaslighter gegenüber nicht auftreten, er ist mein Chef. Wenn ich nicht mache, was er sagt, werde ich gefeuert.«

Sondra: »Wenn man den ganzen Tag arbeitet und noch Kinder hat, dann ist das mit der Energie so eine Sache. Dieser Teil ist mir am unangenehmsten. Offen gesagt, hasse ich ihn! Aber für meine Ehe tue ich alles.«

Bin ich zu Opfern bereit?

Benimmt man sich dem Gaslighter gegenüber anständig, bedeutet das manchmal, dass einem etwas entgeht – ein romantisches Dinner, ein Familientreffen, ein entspannter Abend zu Hause. Sie könnten den Eindruck gewinnen, viel von dem aufgeben zu müssen, was die Beziehung erstrebenswert macht. Oder noch schlimmer: Es könnte der Eindruck entstehen, dass Ihre Versuche, die Beziehung zu retten, sie im Gegenteil zerstören.

Wer seinen Grundsätzen treu bleibt, hat schnell die Rolle des Miesepeters – der keinen Humor hat, dafür aber ein aufbrausendes Temperament und eine geringe Toleranz gegenüber Fehlern und Hänseleien. Sind Sie bereit, auf die gute Meinung mancher Menschen zu verzichten, die Sie für verkrampft und intolerant halten?

Katie: »Ich kann das, aber ich glaube immer mehr, dass ich es gar nicht will!«

Liz: »Also, ich würde die Frage so verstehen: Bin ich bereit, meine Anstellung zu opfern – den Posten, für den ich so hart gearbeitet habe um das Gaslighting zu beenden? Soll ich diesen tollen Job aufgeben, nur weil mein grässlicher Chef mir das Leben schwer macht? Allmählich denke ich, ich werde es tun müssen. Und das wird ein großes Opfer.«

Sondra: »Diesen Teil mag ich wirklich am wenigsten. Aber ich kann das, wenn ich muss. Und ich bin immer noch der Meinung, dass meine Beziehung das wert ist.«

Einmal mehr bat ich Katie, Liz und Sondra, sich die entscheidende Frage zu stellen: *Bin ich bereit, die Arbeit auf mich zu nehmen, um die Dynamik zwischen dem Gaslighter und mir zu ändern?*

KATIE: »Wenn ich so überlege, was alles erforderlich ist, bin ich mir nicht sicher, ob ich die ganze Arbeit auf mich nehmen und all diese Opfer bringen will. Ich dachte, für Brian würde ich alles machen … Aber wenn das alles von mir verlangt wird, bin ich mir nicht mehr sicher …«

LIZ: »Es ist egal, was ich tue. Diese Beziehung wird sich nicht ändern.«

SONDRA: »Ich denke, die Chancen stehen gut, unsere Ehe zu retten. Und ich bin bereit, die Arbeit auf mich zu nehmen.«

4. Wie stehen die Chancen, dass ich in dieser Beziehung glücklich werde, wenn ich mein Bestes gebe?

Diese Frage entscheidet darüber, was Sie wirklich tun wollen. Wenn Sie realistisch betrachten, wer Sie sind, wer der Gaslighter ist und was Sie tun müssten, um die Dynamik zu unterbrechen, ist es Ihnen die Sache wert? Was werden Sie bekommen? Ist der Aufwand gerechtfertigt? Oder bekämen Sie im Gegenzug für Ihren harten Einsatz so wenig, dass Sie besser dran sind, wenn Sie einfach gehen?

Wie reagieren Sie spontan, wenn Sie diese Frage lesen? Hören Sie sich bereits »Bleib« oder »Geh« sagen? Wie reagieren Ihre Flugbegleiter – heißen Sie Ihre Antwort gut? Krampft sich Ihr Magen zusammen, wenn Sie ans Bleiben denken? Runzeln Ihre Begleiter die Stirn, schütteln den Kopf oder wenden den Blick ab? Werden Sie von Furcht überwältigt oder lässt Ihre Angst nach, wenn Sie ans Gehen denken?

Sind Ihre Begleiter entsetzt oder erleichtert? Es kann etwas dauern, bis Sie die Reaktion der Flugbegleiter entschlüsselt haben. Achten Sie aber trotzdem auf ihr Verhalten und hören Sie darauf, was sie Ihnen zu sagen haben. Ich verspreche Ihnen, sie werden Sie nicht im Stich lassen.

DIESE FLUGBEGLEITER KÖNNTEN AUF GEFAHREN HINWEISEN

- Das häufige Gefühl, verwirrt oder durcheinander zu sein
- Albträume oder aufwühlende Träume
- Die irritierende Unfähigkeit, sich im Zusammenhang mit dem Gaslighter an Einzelheiten zu erinnern
- Körperliche Symptome: flaues Gefühl im Magen, Brustenge, Heiserkeit, Verdauungsbeschwerden
- Ein Gefühl der Beklemmung oder der übermäßigen Wachsamkeit, wenn der Partner heimkommt
- Der krampfhafte Versuch, sich oder den Freundeskreis davon überzeugen zu wollen, wie gut die Beziehung mit dem Gaslighter läuft
- Das Gefühl, etwas hinzunehmen, was die eigene Würde kompromittiert
- Enge Freunde oder Verwandte, die häufig Besorgnis äußern
- Freunden aus dem Weg gehen oder sich weigern, mit ihnen über die Beziehung zu sprechen
- Verlust der Lebensfreude

Wenn Sie die Antwort immer noch nicht kennen, lassen Sie sich einfach noch mehr Zeit. Lassen Sie die Frage eine Zeit lang einsinken. Wie reagieren Sie? Vielleicht wachen Sie eines Morgens auf und wissen, was zu tun ist. Oder Sie hören sich über die Beziehung sprechen, als hätten Sie bereits eine Wahl getroffen. Oder aber Sie setzen sich eine Deadline und gewinnen so etwas Zeit, in der Sie in Ruhe über alles nachdenken können.

Um Ihnen bei der Entscheidungsfindung behilflich zu sein, möchte ich Ihnen zeigen, zu welchen Ergebnissen einige meiner Patienten gekommen sind.

AUS DIESEN GRÜNDEN HABEN PATIENTEN IHRE BEZIEHUNGEN WEITERGEFÜHRT

- »Ich genieße die Unterhaltungen mit meinem Partner einfach.«
- »Wenn diese Beziehung noch eine Chance hat, dann bin ich es meinen Kindern schuldig, es zu versuchen.«
- »Mir war nicht klar, wie sehr ich Teil des Problems bin. Mal sehen, was passiert, wenn ich mein Verhalten ändere.«
- »Wir haben schon so viel zusammen durchgemacht.«
- »Ich bewundere meine Freundin – sie hat eine ganz unverwechselbare Perspektive, auf die ich nicht verzichten möchte.«
- »Ich bin bereit, meine Mutter seltener zu sehen, aber sie würde mir fehlen, wenn ich sie gar nicht mehr sähe.«
- »Ich möchte, dass meine Kinder ihre Verwandten kennen. Dafür nehme ich auch viele Unannehmlichkeiten in Kauf.«

- »Diesen Job schaffe ich auch noch zwei Jahre. Dann wollte ich sowieso etwas anderes machen.«
- »Ich glaube, dass ich in diesem Job noch viel lernen kann. Also beiße ich die Zähne zusammen und versuche, mich zu arrangieren.«

AUS DIESEN GRÜNDEN HABEN PATIENTEN IHRE BEZIEHUNGEN BEENDET

- »Ich will keine Beziehung mit jemandem, über dessen Verhalten ich anderen gegenüber nicht ohne Scham reden kann.«
- »Eine Beziehung sollte das Leben bereichern, aber diese hat mein Leben belastet. Auch wenn ich selbst dafür verantwortlich war, bin ich es doch leid.«
- »Ich will nicht, dass meine Kinder mit der Vorstellung aufwachsen, dass eine Ehe so ist.«
- »Ich glaube nicht, dass meine Freunde mich noch erkennen würden.«
- »Wenn ich an ihn denke, habe ich immer Angst.«
- »Ich will einfach nicht beschimpft werden. Punkt.«
- »Ich war es leid, mich immer schlecht zu fühlen.«
- »Ich will mich einfach nicht mehr so fühlen.«
- »Ich habe die ganze Nacht geweint. Jetzt reicht's.«
- »Ich hab's satt, über diese Beziehung nachzudenken. Ich denke ja an nichts anderes mehr!«

Sind Sie immer noch unentschlossen? Dann möchte ich Ihnen einen letzten Vorschlag machen. Blättern Sie zu der Übung auf Seite 220 mit der Überschrift »Wem gewähren Sie Zutritt zu Ihrer Welt?«. Machen Sie die Übung noch einmal. Dann fragen Sie sich, ob Sie dem Gaslighter Zutritt zu dieser Welt gestatten würden. Macht Ihr Herz bei dieser Vorstellung einen Hüpfer, dann möchten Sie wohl eher bleiben. Wird Ihnen aber schwer ums Herz, kriegen Sie Magenkrämpfe oder fühlen Sie sich erschöpft oder wie betäubt, dann möchten Sie wohl eher gehen. Und wenn Sie sich wirklich gar nicht entscheiden können, ziehen Sie eine Trennung auf Probe in Betracht. Dann sehen Sie vielleicht beide klarer.

Hier Katies, Liz' und Sondras Antwort auf die Frage: *Wie stehen die Chancen, dass ich in dieser Beziehung glücklich werde, wenn ich mein Bestes gebe?*

KATIE: »Ich bin mir nicht sicher. Aber inzwischen denke ich, die Antwort lautet Nein. Ich weiß, dass unsere Beziehung besser werden könnte. Sie ist ja schon etwas besser. Aber Brian und ich bringen möglicherweise doch unsere schlechtesten Seiten zum Vorschein. Vielleicht muss ich doch loslassen. Ich werde ein paar Wochen darüber nachdenken. Mal sehen, wie ich mich dann fühle.«

LIZ: »Ich kann die Vorstellung einfach nicht ertragen, diesen Job aufzugeben. Aber ich sehe ja, dass es nicht besser wird. Und ich kann nicht so weiterleben. Mein Leben dreht sich nur noch darum. Ich wünschte, ich könnte das Ruder herumreißen. Aber ich kann nicht.«

SONDRA: »Ich glaube, die Chancen stehen gut, unsere Ehe zu retten. Und wenn es eine Möglichkeit gibt, die Familie zusammenzuhalten, dann will ich sie wahrnehmen. Also bleibe ich am Ball und versuche es weiter. Das ist anstren-

> gend, aber meine Bemühungen werden ja belohnt! Ich glaube, unterm Strich werde ich mit der Beziehung glücklich sein.«

Nachdem Sie nun entschieden haben, ob Sie gehen oder bleiben, stellt sich eine neue Herausforderung: Halten Sie Ihr Leben gaslight-frei. Ihnen steht einiges an Arbeit bevor, ob Sie nun versuchen, eine Gaslighting-Beziehung von innen zu ändern, sie zu begrenzen oder ganz zu beenden. In Kapitel 8 möchte ich Ihnen dabei helfen.

Kapitel 8

EIN GASLIGHT-FREIES LEBEN

Inzwischen haben Sie erkannt, welche Rolle Sie im Gaslight-Tango spielen. Und Sie haben einen Weg gefunden, um davon loszukommen. Sie haben gelernt, wie man das Gaslighting beenden kann. Und vielleicht haben Sie auch schon Taten folgen lassen. Und Sie haben entschieden, ob Sie die Gaslighting-Beziehung beenden, einschränken oder von innen heraus ändern wollen.

Ihre nächsten Schritte

Was ist Ihr Ziel? Versuchen Sie, Ihre Gaslighting-Beziehung zu ändern – in der Hoffnung, den Grad an Vertrautheit aufrechtzuerhalten oder sogar zu steigern? Versuchen Sie, die Vertrautheit in Ihrer Beziehung einzuschränken, um sich vom Gaslighting zu befreien? Oder bleiben Sie dabei, dass Sie die Beziehung ganz beenden wollen? Jede dieser Möglichkeiten erfordert eine bestimmte Geisteshaltung und ein bestimmtes Vorgehen.

Wenn Sie versuchen, eine Gaslighting-Beziehung von innen zu ändern

Eine Gaslighting-Beziehung von innen zu ändern ist sicher die größte Herausforderung – insbesondere wenn das Gaslighting schon einige Zeit anhält. Sie und der Gaslighter haben eine kraftvolle Dynamik erschaffen. Sie müssen sich auf eine Menge Arbeit und Engagement einstellen, wenn Sie wollen, dass diese Dynamik sich ändert. Wie Sie vorgehen müssen, um eine Gaslighting-Beziehung von innen zu ändern, erfahren Sie auf den folgenden Seiten.

Engagiert sein. Vergessen Sie nicht, dass die einzige Möglichkeit, die Dynamik des Gaslightings zu ändern, darin besteht, es selbst zu tun. Natürlich reichen Ihre eigenen Veränderungen nicht. Auch der Gaslighter muss bereit sein, sich anders zu verhalten. Aber wenn Sie Ihr Verhalten nicht ändern, ist es im nahezu unmöglich, seins zu ändern.

Aufmerksam sein. Die einzige Möglichkeit, sich in einer Gaslighting-Beziehung anders zu verhalten, besteht darin, mit den eigenen Gefühlen und Reaktionen in Kontakt zu bleiben. Das soll nicht heißen, dass Sie sich von Ihren Emotionen steuern lassen. Wir alle haben Zeiten, in denen Angst, Trauer, Wut oder Einsamkeit »nur ein Gefühl« sind, das unserer Lebenswirklichkeit nicht entspricht. Genauso gibt es Momente voller Hoffnung, Aufregung oder romantischer Ekstase, die unserer wahren Beziehung auch nicht so ganz entsprechen. Bleibt eine Emotion aber bestehen, ist es wichtig, darauf zu hören, was sie einem sagen will. Das ist besonders wichtig, wenn zwei diametral entgegengesetzte Emotionen nebeneinander bestehen – Hoffnung und Verzweiflung, Freude und Kummer, Angst und Erleichterung. Vor allem in Beziehungen, die wir nicht aufgeben wollen, neigen wir dazu, nur die gute zu beachten, die schlechte aber zu ignorieren. Um sein Leben aber gaslight-frei zu halten, muss man auf beide hören.

Aufrichtig sein. Manchmal werden wir uns eines Problems bewusst sein, während wir es zu lösen versuchen. Danach vergessen wir es praktischerweise. In manchen Fällen mag das ja der Schlüssel zu Gelassenheit und Freude sein. Aber wenn Sie versuchen, Ihr Leben gaslight-frei zu halten, sollten Sie eine langfristige Sichtweise beibehalten. Ich rate Ihnen dazu, einen Monat lang Buch zu führen. Notieren Sie jeden Abend einige Stichworte oder Sätze, die Ihre Erfahrungen des Tages zusammenfassen. Konzentrieren Sie sich dabei auf die Gaslighting-Beziehung. Übertragen Sie diese Notizen am Ende des Monats in eine Tabelle mit drei Spalten: »positiv«, »negativ« und »neutral«. Welche Spalte ist am längsten? Was sagt die Tabelle über den Grundtenor des Monats aus? Was können Sie ganz aufrichtig daraus folgern? Haben Sie Fort- oder Rückschritte bei der Veränderung Ihrer Beziehung gemacht?

Diszipliniert sein. Die Gaslighting-Dynamik reicht sehr tief, und sie übt großen Einfluss auf beide Beteiligten aus. Wenn Sie in einer Gaslighting-Beziehung stecken, insbesondere einer, die schon länger als ein paar Wochen geht, wird jeder von Ihnen viele Male versucht sein, in alte Muster zurückzufallen, das kann ich Ihnen garantieren. Voraussichtlich werden Sie nicht in der Lage sein, dieser Versuchung immer zu widerstehen. Das wäre geradezu übermenschlich. Aber Sie müssen immer auf Kurs bleiben und sich fest vornehmen, jede Gelegenheit zu ergreifen, um sich anders zu verhalten. (Und wenn das, wie wir in Kapitel 7 gesehen haben, zu schwierig erscheint, hat man jederzeit die Möglichkeit, die Gaslighting-Beziehung zu beenden und eine neue, unbelastete Beziehung anzufangen.)

Verantwortungsvoll sein. Damit will ich nicht sagen, dass Sie für das Verhalten des Gaslighters die Verantwortung übernehmen oder für den Ausgang Ihrer Beziehung. Das ist ja gerade eines der Probleme in einer Gaslighting-Beziehung: Beide Parteien stimmen oft darin überein, dass das Gaslighting-Opfer für alles verantwortlich ist, was passiert. Er hat drei Stunden Verspätung, aber Sie sollen schuld sein, weil Sie alles so »eng« sehen. Er will Ihnen nicht sagen, wie viel Geld er gerade für eine Anschaffung ausgegeben hat, aber Sie sollen schuld sein, weil sie so »fordernd« und »misstrauisch« sind. Er überhäuft sie mit Geschenken, auf die Sie gar keinen Wert legen, aber Sie sollen schuld sein, weil Sie nicht spontan genug sind. Also schlage ich nicht vor, dass Sie mit diesem Verhaltensmuster weitermachen – im Gegenteil! Übernehmen Sie die Verantwortung für Ihren Anteil an der Beziehung. Überlegen Sie sich, was Sie tun werden, wenn Sie nicht bekommen, was Sie wollen. Hat er Verspätung, ziehen Sie in Erwägung, nicht auf ihn zu warten. Will er mit Ihnen nicht über Geld sprechen, ziehen Sie in Erwägung, Ihr Geld vom gemeinsamen Konto abzuheben. Macht er Ihnen ungewollte Geschenke, geben Sie sie zurück, entweder an ihn oder gleich im Geschäft. Versuchen Sie nicht, sein Verhalten zu ändern, aber akzeptieren Sie es auch nicht, indem Sie passiv bleiben. Und wenn Sie dieses Vorgehen unbefriedigend finden, dann akzeptieren Sie, dass Sie eine Beziehung führen, die Ihnen nicht passt. Dann entscheiden Sie, was Sie deswegen unternehmen wollen.

Empathisch sein. Das gilt gegenüber dem Gaslighter genauso wie gegenüber der eigenen Person. Sie werden beide Fehler machen, Sie werden beide falsch handeln, zumindest manchmal. Sie müssen sich nicht damit abfinden, ständig schlecht behandelt zu werden. Aber wenn der Gaslighter sich wieder einmal aufs Gaslighting verlegt, können Sie sich ins Gedächtnis rufen, dass auch er leidet, möglicherweise sogar mehr als Sie. Schließlich ist er mit ziemlicher Sicherheit in einer Familie groß geworden, in der er selbst unter Gaslighting litt, ohne etwas dagegen tun zu können. Deshalb versteht er jetzt nicht wirklich, warum Sie die Macht haben, Nein zu sagen. Auch sich selbst sollten Sie mit Empathie begegnen und zulassen, dass Sie verletzlich, hilfsbedürftig und nicht fehlerfrei sind – menschlich eben. Diese Empathie ändert vielleicht nichts an Ihrer grundsätzlichen Entscheidung, zu gehen oder zu bleiben. Aber sie kann sicherlich etwas an dem Tonfall ändern, den Sie sich und dem Gaslighter gegenüber anschlagen.

Wenn Sie versuchen, eine Gaslighting-Beziehung einzuschränken

Manchmal fühlen Sie sich einfach verpflichtet, eine Beziehung aufrechtzuerhalten, obwohl Sie wissen, dass das Gaslighting wohl nicht aufhören wird. In diese Kategorie fallen wohl Gaslighting-Beziehungen zu Vorgesetzten, Kollegen, Verwandten, alten Freunden und zu Ehepartnern, von denen man sich nicht scheiden lassen will. Vielleicht sind Sie auch zu dem Schluss gekommen, dass bestimmte Beziehungen am ehesten gaslight-frei bleiben, wenn Sie auf Distanz gehen, aber das Gaslighting unweigerlich wieder einsetzt, wenn die Beziehung wieder enger wird. Wenn Sie eine Gaslighting-Beziehung einschränken, aber nicht beenden wollen, sollten Sie auf diese Eigenschaften achten:

Analytisch sein. Erstellen Sie eine Liste aller Situationen, in denen es sehr wahrscheinlich zu Gaslighting kommt: Familientreffen, Freizeit im Beisein des Gaslighters, Mitarbeitergespräche und so weiter. Verfassen Sie eine weitere Liste mit

Themen und vielleicht sogar Tages- oder Jahreszeiten, die Gaslighting auslösen. Finden Sie heraus, welche Aspekte der Beziehung am heikelsten sind und deshalb vermieden werden müssen. Wenn das nicht geht, überlegen Sie, wie Sie sich am besten verteidigen können.

Präzise sein. Analysieren Sie, welche Aspekte der Beziehung zurückgefahren werden müssen und welche Art Kontakt für Sie in Ordnung ist. Möchten Sie einfach weniger Zeit mit der betreffenden Person verbringen? Vertraute Kontakte meiden? Lieber flüchtige Treffen? Käme es Ihnen entgegen, bestimmte Gesprächsformen zu begrenzen – indem Sie zum Beispiel nicht zulassen, dass Ihr Chef persönliche Dinge anspricht, oder indem Sie langwierige Diskussionen mit einer Freundin vermeiden? Möchten Sie dieser Person lieber nur in großen Gruppen begegnen oder besser unter vier Augen? In der Familie laufen Situationen oft nach einem festen Muster ab, wenn bestimmte Familienmitglieder anwesend sind. Möchten Sie den Gaslighter unter diesen Umständen lieber nicht sehen? Manchmal ist es auch nützlich, jemanden zur Unterstützung bei sich zu haben, wenn Sie einem schwierigen Menschen gegenübertreten müssen. Wäre das für Sie hilfreich? Denken Sie genau darüber nach, was Ihnen helfen könnte, Ihre Grenzen zu wahren.

Kreativ sein. Wenn ich mit Patienten darüber diskutiere, Grenzen zu setzen, beharren Sie oft darauf, warum das und das vermutlich nicht funktionieren wird. Schlage ich dann eine Alternative vor, an die sie selbst noch nicht gedacht haben, sehen sie mich überrascht an – als hätte ich gerade ein weißes Kaninchen aus dem Hut gezaubert. Bemerkenswert, wie schnell unser Denken in feste Bahnen gelenkt wird. Wenn Sie immer wieder damit konfrontiert werden, dass Ihre Mutter Ihnen Essen anbietet, dass Sie nicht hinunterbekommen, dann treffen Sie sich halt im Museum, nicht bei ihr zu Hause. Wenn Ihre Freundin darauf besteht, immer schmerzhafte Themen anzuschneiden, Sie das aber nicht wollen, könnten Sie für sich beide Gutscheine für einen »entspannten Tag« herstellen und ihr beim nächsten Treffen spielerisch einen davon überreichen. Die können Sie dann einsetzen, wenn einer von Ihnen mal danach ist, aufgemuntert zu werden. Bevor Sie sich einreden, dass etwas unmöglich ist, suchen Sie nach einer kreativen Möglichkeit, das Problem zu umgehen, statt frontal damit zusammenzustoßen.

Freundlich sein, fest bleiben. Diese beiden Empfehlungen möchte ich zusammen aussprechen. Oft finden diejenigen unter uns, die nur schwer Grenzen aufzeigen können, dass diese Eigenschaften sich gegenseitig ausschließen, statt sich zu ergänzen. Wenn wir ein schlechtes Gewissen oder Bedenken haben, weil wir Grenzen aufzeigen, dann setzen wir unser Problem oft zu hoch an oder vergessen in unserer Verzweiflung, freundlich zu bleiben. Wer aber zuversichtlich zu diesen Grenzen steht, bleibt auch eher freundlich. Und wenn Ihnen diese Zuversicht fehlt, gilt hier »Augen zu und durch«. Bedenken Sie immer, dass Sie über Ihre Grenzen entscheiden. Dann stehen Sie in dem sicheren Wissen, diese auch beizubehalten, so ruhig und freundlich dazu, wie Sie nur können.

Engagiert sein. Vergessen Sie nicht: Sie sind es, die etwas ändern will. Dem Gaslighter wäre es vermutlich lieber, alles beim Alten zu belassen, zumindest erst einmal. Das bedeutet, dass Sie besonders viel Energie investieren müssen, um sicherzustellen, dass Sie das Gewünschte auch bekommen. Denn Ihnen ist bewusst, dass mit einer gewissen Gegenwehr zu rechnen ist.

Disipliniert sein. Es kann schwer werden, seinen Grundsätzen treu zu bleiben, vor allem dann, wenn der Gaslighter Widerstand leistet. Aber wenn Sie nicht konsequent und ausdauernd an den aufgezeigten Grenzen festhalten, können Sie sicher sein, dass die Beziehung innerhalb weniger Wochen wieder so wird, wie sie war. Wenn Sie Grenzen setzen, um die Beziehung zu bewahren, ist es ganz besonders wichtig, diszipliniert (und engagiert) zu bleiben. Andernfalls besteht die Gefahr, dass die Beziehung so degeneriert, dass sie wirklich nicht mehr zu retten ist.

Empathisch sein. Einmal mehr bitte ich Sie, Empathie zu zeigen – gegenüber dem Gaslighter und sich selbst. Keiner von Ihnen hat diese schwierige Situation absichtlich gewählt, und doch stecken Sie beide darin fest. Sie leiden beide, und beide werden Sie Fehler machen. Versuchen Sie deshalb, sich mit Empathie zu begegnen, auch wenn Sie die harten Entscheidungen durchsetzen, die Sie fällen mussten.

Wenn Sie versuchen, eine Gaslighting-Beziehung zu beenden

Vielleicht haben Sie ja auch entschieden, dass Sie das Gaslighting nur vermeiden können, indem Sie die Beziehung beenden. Oder aber das Gaslighting hat Ihre Gefühle für den Gaslighter so abgekühlt, dass Sie nicht länger an einem Zusammensein interessiert sind. Wenn Sie Ihre Gaslighting-Beziehung beenden wollen, sollten Sie auf diese Eigenschaften achten:

In der Gegenwart sein. Es tut weh, eine Beziehung zu beenden, auch wenn sie uns längst nicht mehr glücklich macht. Die Versuchung ist groß, diesen Schmerz auf die Zukunft zu projizieren. Unser Unglück fühlt sich so echt, so überwältigend und so greifbar an. Wir können uns nicht vorstellen, dass es jemals besser wird. Wenn man bereits mehrere gescheiterte Beziehungen hatte, ist man vielleicht noch stärker davon überzeugt, dass man nichts Gutes zu erwarten hat. Und wenn man sehr viel in den Gaslighter investiert hat, sieht man vielleicht nur den Verlust. Leider werden Sie um diese schmerzlichen Erfahrungen vermutlich nicht herumkommen – aber für die Zukunft heißt das nichts. Vergessen Sie nicht, dass Sie *jetzt* unglücklich sind – mehr wissen Sie nicht. Die Zukunft ist so rätselhaft und voller Möglichkeiten, wie sie es schon immer war. Bleiben Sie in der Gegenwart, leben Sie von Tag zu Tag und überlassen Sie die Zukunft der Zukunft.

Empfänglich für Hilfe sein. Versuchen Sie nicht, alles allein zu schaffen. Wenden Sie sich an Freunde, Angehörige, die Familie. Suchen Sie sich einen Therapeuten. Machen Sie Yoga. Meditieren Sie. Machen Sie, was Ihnen guttut. In unserer Gesellschaft ist es hoch angesehen, etwas allein durchzuziehen. Ich glaube nicht an diesen Ansatz. Meiner Meinung nach macht es uns stärker, um Hilfe zu bitten und sie auch anzunehmen, wenn man Probleme hat. Wenn Sie dabei sind, eine Gaslighting-Beziehung zu beenden, machen Sie eine sehr schwere Zeit durch. Ich ziehe meinen Hut vor Ihnen. Ziehen auch Sie den Hut vor sich – und dann lassen Sie sich helfen.

Geduldig sein. Wenn Sie diese große Veränderung auf privater, beruflicher oder familiärer Ebene vollziehen, möchten Sie vielleicht, dass sofort alles besser wird. Vielleicht erwarten Sie enorme Verbesserungen in Ihren Beziehungen oder im Beruf. Oder aber Sie rechnen mit großen Veränderungen bei sich selbst – Sie möchten jemand sein, der es nie wieder zulässt, zum Gaslighting-Opfer zu werden. Ich verspreche Ihnen, dass Sie einen Riesenschritt in Richtung der angestrebten Veränderungen gemacht haben. Aber Sie können auch davon ausgehen, dass sie nicht alle auf einmal eintreten. Und selbst wenn, dann werden Sie vor neuen Herausforderungen stehen. Also atmen Sie tief durch – denken Sie an den Yoga-Kurs! –, und haben Sie Geduld. Sie haben Ihr ganzes Leben gebraucht, um an diesen Punkt zu kommen. Lassen Sie sich deshalb auch ein bisschen Zeit, um den Prozess zu beenden.

Empathisch sein. *Ich* weiß, dass ich jede Aufzählung mit diesem Ratschlag beende. Das tue ich deshalb, weil ich ihn für so bedeutsam halte. Dabei ist es ganz egal, wofür Sie sich entscheiden. Es kann sehr heilsam sein, dem Gaslighter mit Empathie zu begegnen – und noch heilsamer, sich selbst Empathie entgegenzubringen. Lassen Sie es nicht zu, gemeine Sachen über sich zu sagen oder grausam, nachtragend oder verächtlich zu sein. Akzeptieren Sie, dass Sie Ihr Bestes gegeben haben. Bringen Sie sich das Mitgefühl entgegen, das Sie verdienen.

Schreiben Sie auf, wie Sie zukünftig reagieren wollen

Sie haben nun Maßnahmen gegen die drückendsten Gaslighting-Beziehungen ergriffen. Wie wollen Sie sicherstellen, dass sich die Erfahrung nicht wiederholt? *Wenn Sie gaslight-frei bleiben wollen, dürfen Sie nicht zulassen, dass Ihr Selbstwert von der Anerkennung eines anderen Menschen abhängt.* Das ist der entscheidende Punkt. Wenn auch nur ein klitzekleiner Teil von Ihnen nach Anerkennung durch einen anderen Menschen verlangt, um sich besser zu fühlen, Ihr Selbstvertrauen zu stärken oder den Sinn für Ihren eigenen Wert zu verbessern, dann sind Sie bereits wieder ein potenzielles Opfer. Deshalb ist es ganz wesentlich, ein eindeutiges Gefühl für sich und den eigenen Wert zu entwickeln, um vor weiteren Gaslighting-Beziehungen sicher zu sein.

Im Anschluss finden Sie weitere Vorschläge, wie Sie Ihr Leben langfristig gaslight-frei halten.

- Hören Sie auf Ihre innere Stimme (nehmen Sie sich Zeit zum Tagträumen, Spazieren gehen, Nachdenken).
- Führen Sie Tagebuch.
- Reden Sie mit Freunden, denen Sie vertrauen.
- Denken Sie darüber nach, was Ihr zuverlässiger Mentor oder Ihr Vorbild sagen würde, wenn Sie erneut versucht sind, eine Gaslighting-Beziehung einzugehen.
- Fragen Sie sich: Ist dieser Kerl gut genug für meine Tochter/Schwester/Mutter?
- Führen Sie positive Selbstgespräche. Sagen Sie sich ganz offen, was an Ihnen gut und bewunderungswürdig ist.
- Stärken Sie sich geistig. Nehmen Sie sich Zeit zum Beten oder Meditieren. Oder eine Zeit der Stille, um mit Ihrem Innersten Kontakt aufzunehmen.
- Rufen Sie sich Ihre Vorstellung davon in Erinnerung, wie Menschen Ihrer Meinung nach miteinander umgehen sollten.
- Verbringen Sie Zeit mit Leuten, die Ihnen Kraft geben.
- Halten Sie »Nein« ruhig für einen ganzen Satz und verwenden Sie ihn öfter.
- Suchen Sie sich eine Betätigung, die Sie körperlich stärkt.
- Belegen Sie einen Kurs, in dem Sie lernen, sich durchzusetzen, oder einen Workshop, in dem Sie üben, effektiv zu kommunizieren, für sich selbst einzutreten und zu verhandeln.
- Tun Sie nur, was Sie tun wollen. Im Zweifel sagen Sie Nein. Sie werden die Kraft Ihrer Überzeugungen spüren.

- Nutzen Sie die Übungen in diesem Buch, um sich geistig, emotional und spirituell zu stärken und klarzusehen. An dieser Stelle möchte ich Sie nochmals auffordern, sich das schöne Haus mit dem Tor vorzustellen, das nur Sie öffnen können (siehe Seite 220). Üben Sie immer, wenn Ihr Engagement nachlässt, die richtigen Leute hereinzulassen und die falschen abzuweisen. Vergessen Sie nicht, dass Sie die volle Kontrolle darüber haben, wer Ihr »Haus« betritt. Beschließen Sie noch einmal, niemanden hereinzulassen, wenn es sich für Sie nicht richtig anfühlt. Nehmen Sie sich fest vor, in diesem Haus nicht ein Gespräch zu führen, dass sich falsch anfühlt.

Die Zukunft bedenken

Im Hinblick auf eine gaslight-freie Zukunft gibt es meiner Meinung nach noch einen Punkt, der Ihnen helfen wird, das Gaslighting von sich fernzuhalten. Dafür sollten Sie sich die Aspekte genauer ansehen, die das Gaslighting so attraktiv machen. Fragen Sie sich, was daran so fesselnd ist.

Aufgrund meiner Erfahrungen mit meinen eigenen Gaslighting-Beziehungen und denen meiner Patienten, Freunde und Kollegen weiß ich, dass Gaslighting oft einen starken Reiz ausübt, der über das bereits Besprochene hinausgeht. Oft entsteht der Eindruck, Gaslighting-Beziehungen versprächen mehr Intensität, mehr Glamour, mehr »Besonders sein« als andere Bindungen. Dass sie so schwierig sind, macht sie so attraktiv.

Denken Sie noch einmal an den Film *Gaslight* – zu Deutsch *Das Haus der Lady Alquist*. Paula (Ingrid Bergmann) verliebt sich hoffnungslos in Gregory, weil sie glaubt, er werde ihr den

Schutz bieten, nach dem sie ihr ganzes Leben gesucht hat – und ihr voriges Leben war wahrlich kein Zuckerschlecken. Als kleine Waise kam Paula zu ihrer geliebten Tante und erlitt durch deren Ermordung noch im Kindesalter ein schreckliches Trauma. Nachdem sie alle Menschen verloren hatte, die sich um sie kümmern konnten, wurde sie zum Studium in ein fremdes Land mit einer fremden Sprache geschickt. Sie sehnt sich nach einer Beziehung, die ihr die verlorene Geborgenheit wiedergibt. Ihre Abhängigkeit von Gregory hat eine besondere Intensität, denn sie braucht nicht nur seine Liebe, sondern auch seinen Schutz.

Ich glaube, dass wir viele unserer Beziehungen – ob Liebesbeziehungen, Freundschaften, berufliche oder familiäre Kontakte – mit dem unterschwelligen Wunsch eingehen, damit auch vergangene Beziehungen zu reparieren. Es ist, als hungerten wir nach eine bestimmten Form von Fürsorge, Verständnis, Anerkennung. Und der Gaslighter verspricht, uns damit zu füttern. Nichts schmeckt so gut wie das, worauf wir gerade richtig Lust haben. Und dieser Hunger macht den Gaslighter zu einer Art Retter: Er ist derjenige, der uns vor der Einsamkeit rettet und uns versichert: Da ist jemand, der mich wirklich versteht. Oder er ist derjenige, der uns hilft, uns zu beweisen, dass wir als Erwachsene in der Welt bestehen können, dass wir liebenswert sind. Vielleicht ist er auch derjenige, der uns versichert, dass wir jemandem wichtig sind, dass wir doch gute Menschen sind. Was auch immer wir uns ersehnen, der Gaslighter scheint es uns zu geben. Das macht die guten Zeiten – oder auch nur die Aussicht auf gute Zeiten – wertvoller als alles andere auf der Welt. Möglicherweise gefällt uns auch die Vorstellung, für ihn das Gleiche tun zu können.

Wenn wir dann in Erwägung ziehen, die Gaslighting-Beziehung zu beenden und unser Leben gaslight-frei zu halten, sehnen wir uns nach diesem besonderen Gefühl und fragen uns, ob es sich je wieder einstellen wird. Werden wir unseren nächsten Partner genauso anziehend finden? Finden wir wieder solch eine verwandte Seele, wie es anscheinend beim letzten Mal der Fall war? Wird unsere nächste gute Freundin eine »beste Freundin«, so, wie die Gaslighter-Freundin es war? Werden wir je wieder einen Job haben, in dem wir uns so kompetent, erfolgreich und glamourös fühlen? Wie ist es, wenn wir die Verbindung zu einem Familienmitglied aufgeben, obwohl wir vielleicht noch lose Kontakt haben? Werden wir je wieder einen solchen Menschen in unserem Leben haben, der uns die Sicherheit und die grenzenlose Liebe schenkt, die wir immer bei ihm zu finden hofften und manchmal sogar zu finden meinten?

Die Antwort auf diese Fragen könnte durchaus Nein lauten. Wenn wir eine Beziehung nicht mehr aus diesem Verlangen heraus eingehen, fühlt sie sich auch nicht mehr so besonders und so befriedigend an. Die überwältigende Erleichterung, nicht mehr so ausgehungert zu sein, ist vermutlich größer als der schlichte Genuss, etwas Gutes zu essen. Wenn man in ständiger Kampfbereitschaft ist, wenn es um Leben und Tod geht, ist das ein Kick, der sicherlich stärker wirkt als die alltägliche Freude über einen neuen Tag. Wenn wir uns gezwungen sehen, unsere Gefühle zu riskieren, wenn wir uns mit unberechenbaren Menschen einlassen, wenn wir unsere privaten und beruflichen Beziehungen als Chance betrachten, die Vergangenheit wettzumachen, dann fühlt es sich sicherlich nicht so überwältigend, besonders oder großartig an, einfach in der Gegenwart zu leben, nette Menschen um sich zu haben und einer ansprechenden Arbeit nachzugehen.

Wenn Sie also nach vorn blicken und darüber nachdenken, Ihr Leben frei von Gaslighting zu halten, fragen Sie sich, ob Sie diesen Kick und dieses Verlangen wirklich aufgeben wollen. Falls nicht, fühlen Sie sich vielleicht immer noch zu Gaslighting-Situationen hingezogen. Aber möglicherweise können Sie ihnen jetzt widerstehen, denn Sie wissen nun mehr darüber und über sich selbst. Wenn Sie aber genug haben von diesen Situationen, in denen Ihre ganze Gefühlswelt in Gefahr ist, dann müssen Sie akzeptieren, dass Sie zukünftige Beziehungen nicht mehr so intensiv leben werden – obwohl sie Ihnen eine tiefere und dauerhaftere Befriedigung verschaffen könnten.

Das müssen Sie aber nicht sofort entscheiden, und vielleicht entscheiden Sie auch nicht bewusst darüber. Aber ich glaube, dass es wichtig ist, um Ihr Leben auf lange Sicht gaslight-frei zu halten. Behalten Sie diese Tatsache also im Kopf, wenn Sie eine neue Beziehung eingehen oder sich einer neuen beruflichen Herausforderung stellen.

Die richtige Perspektive wahren

Nachdem Sie nun eine Gaslighting-Beziehung verändert, eingeschränkt oder ganz beendet haben, zittern Sie vielleicht angesichts der Aussicht, sich wieder mit jemandem einzulassen, sei es nun ein neuer Partner, eine Freundin oder ein Chef oder Kollege. »Woher weiß ich denn«, werden Sie sich vielleicht denken, »wann ein Problem nur eine *Kleinigkeit* ist und wann ein Warnhinweis für erneutes Gaslighting?«

Natürlich hat jede Beziehung Höhen und Tiefen. Mal fühlen wir uns nicht verstanden, mal abgewiesen, abgewertet oder übersehen. Die Suche nach der perfekten Verbindung von Liebe und Verständnis ist mit dafür verantwortlich, dass wir in eine Gaslighting-Beziehung geschlittert sind. Wie also unterscheidet man zwischen gewöhnlichen Schwächen und ernsthaften Mängeln?

Ich habe zwei Ratschläge für diejenigen unter Ihnen, die sich diese Frage stellen. Betrachten Sie zuerst einmal die Beziehung in ihrer Gesamtheit. Fühlen Sie sich unterm Strich verstanden und wertgeschätzt? Haben Sie insgesamt den Eindruck zu bekommen, was Sie wollen? Ein einzelner Zwischenfall ist fürs große Ganze vielleicht nicht so ausschlaggebend. Zeigt sich ein Muster hinter der Abwertung und der Zurückweisung, oder würden Sie sagen, die Beziehung zeichnet sich dadurch aus, dass Sie verstanden und respektiert werden?

Achten Sie zweitens auf Ihre Flugbegleiter. Was empfinden Sie, wenn Sie über Ihre Beziehung nachdenken – Freude, Vergnügen, Zufriedenheit? Oder empfinden Sie Angst, Beklemmung, Unsicherheit? Spüren Sie eine wilde Mischung aus Höhen und Tiefen – die Aufregung, frisch verliebt zu sein, und gleichzeitig die Furcht davor, schlecht behandelt zu werden? Oder spüren Sie einen steten Strom aus Zufriedenheit und Vergnügen, auch wenn es einiges gibt, was Sie an Ihrem Partner/Ihrer Freundin/Ihrem Chef und seinem/ihrem Verhalten nicht mögen?

DIESE FLUGBEGLEITER KÖNNTEN AUF GEFAHREN HINWEISEN

- Das häufige Gefühl, verwirrt oder durcheinander zu sein
- Albträume oder aufwühlende Träume
- Die irritierende Unfähigkeit, sich im Zusammenhang mit dem Gaslighter an Einzelheiten zu erinnern
- Körperliche Symptome: flaues Gefühl im Magen, Brustenge, Heiserkeit, Verdauungsbeschwerden

- Ein Gefühl der Beklemmung oder der übermäßigen Wachsamkeit, wenn der Partner heimkommt
- Der krampfhafte Versuch, sich oder den Freundeskreis davon überzeugen zu wollen, wie gut die Beziehung mit dem Gaslighter läuft
- Das Gefühl, etwas hinzunehmen, was die eigene Würde kompromittiert
- Enge Freunde oder Verwandte, die häufig Besorgnis äußern
- Freunden aus dem Weg gehen oder sich weigern, mit ihnen über die Beziehung zu sprechen
- Verlust der Lebensfreude

Haben Sie beständig den Eindruck, die Interaktion mit einer bestimmten Person werte Sie und alles, was Ihnen wichtig ist, ab? Dann würde ich Ihnen raten, diesen Eindruck ernst zu nehmen und die Beziehung zu beenden. Selbst wenn Sie einfach »neurotisch« sind, was ja viele Menschen von sich glauben – selbst wenn in der Beziehung theoretisch alles in Ordnung ist, und Sie einfach zu ängstlich, kritisch oder fordernd sind, ist es vielleicht trotzdem die beste Lösung, eine Beziehung zu beenden.

Sie machen sich nur verrückt und fragen sich dann, was Sie davon abhält, die Beziehung zu genießen. Es ist keine gute Idee, die eigene Wahrnehmung manipulieren zu wollen, indem Sie sich ermuntern, etwas zu empfinden, das gar nicht da ist. Auch wenn das Problem bei Ihnen liegt, sind Sie besser dran, wenn Sie das Problem lösen, statt sich ausreden zu wollen, was Sie fühlen.

EIN ERFÜLLTES LEBEN

Um gaslight-frei zu bleiben, muss man auch darauf achten, wie man sein Leben im Allgemeinen lebt. Sind Sie in Gedanken ständig bei dem letzten Streit, den Sie mit Ihrem Freund, Ihrer Mutter oder Ihrem Chef hatten? Oder konzentrieren Sie sich auf das Leben, das Sie haben wollen – ein integeres, erfülltes und freudvolles Leben?

Gaslighting kostet uns einen Großteil unserer mentalen, emotionalen und spirituellen Energie. Bemüht man sich aber, diese Energie in die Erfüllung der wirklich wichtigen Träume und Ziele zu stecken, dann hilft uns das, gaslight-frei zu bleiben.

Auf zu neuen Ufern!

Meine Patientin Mariana, die in einer Gaslighting-Beziehung zu ihrer Freundin Sue steckte, arbeitete sehr hart daran, die Regeln für diese Freundschaft neu zu definieren. Nach ihrer einmonatigen Auszeit gegenüber Sue nahm sie die Freundschaft wieder auf – entschlossen, nun anders zu reagieren. Wollte Sue wieder einmal eine lange und schmerzliche Diskussion anfangen, entzog Mariana sich einfach, indem sie zum Beispiel sagte: »Ich habe deine Einwände gehört, und ich habe nicht das Gefühl, dass wir das vertiefen müssen.« Hatte sie selbst Bedenken, weil sie nicht mit Sue übereinstimmte oder anscheinend missverstanden wurde, dann ging sie lieber auf Abstand, statt Sue um Rückhalt zu bitten. Und wenn sie etwas tat, womit Sue nicht einverstanden war, analysierte Mariana ihr Verhalten rigoros, überlegte sich, was sie dachte, entschuldigte sich, falls nötig, und hakte die Sache dann ab.

Sie ließ nicht mehr zu, dass Sue sie verurteilte, und sie erwartete auch nicht mehr, dass Sue sie von ihrer Schuld freisprach.

Zu Marianas Überraschung konnten beide Frauen die Freundschaft daraufhin mehr genießen. Obwohl gelegentlich eine von ihnen versucht war, in die alten Muster zurückzufallen, blieb Mariana konsequent dabei, den Gaslight-Tango zu vermeiden. Und meistens gelang ihr das auch. Ihre Belohnung bestand in der Wiederbelebung einer langen, dauerhaften Freundschaft, die beiden Frauen viel bedeutete, auch wenn diese Freundschaft nicht mehr so intensiv und innig war.

Auch Sondra gelang es, die Beziehung zu ihrem Mann neu zu definieren. Sie verbrachte jetzt mehr Zeit mit Peter – Zeit, die sie auch beide genossen, statt sich von ihren Verpflichtungen aufzehren zu lassen. Sondra stellte fest, dass der Stress zum Großteil nachließ, als sie zustimmte, dass Peter nicht mehr so viel Zeit mit ihrer Familie verbringen würde. Aus irgendeinem Grund fiel Peter das sehr schwer. Als die gemeinsamen Besuche bei ihrer Familie weniger wurden, war es Peter auch möglich, weniger Zeit mit seiner Familie zu verbringen – woraufhin er glücklich und mit sich im Reinen zu sein schien. Sondra erkannte, dass bereits Peters Mutter Gaslighting angewendet hatte und dass Peter vermutlich genauso unter dem Gaslighting seiner Mutter gelitten hatte wie sie unter seinem. Die Bande etwas zu lockern war also gut für sie beide.

Sondra musste aber auch lernen, ihr eigenes Verhalten zu ändern. Sie musste aufhören, mit Peter darüber zu reden, wie sehr sie sich um die Kinder sorgte. Dadurch vermittelte sie ihm nämlich unabsichtlich, dass er kein guter Vater sei. Sie musste sich außerdem mehr Zeit für sich nehmen und ihr Interesse auf Ziele außerhalb der Familie richten: lange Spaziergänge in der Natur (mit oder ohne Peter), einen Yoga-Kurs, für den sie sich einschrieb, Zeit, um einen Kaffee mit ihren Freundinnen zu trinken. Ein größeres Netzwerk und mehr Unterstützung zu haben machte es Sondra leichter, sich aus dem Gaslighting auszuklinken. Das machte es wiederum ihm leichter, mit dem Gaslighting aufzuhören. Auch wenn sie noch einiges an Arbeit vor sich haben, ist Sondra doch sehr optimistisch, was ihre Ehe angeht. Und sie fühlt sich auch nicht mehr wie betäubt!

Katie hatte nicht so viel Glück. Als sie ihre Beziehung zu Brian genauer unter die Lupe nahm, wurde deutlich, dass sie beide tatsächlich die schlechtesten Seiten in sich zum Vorschein brachten. Brian war aggressiv und pessimistisch, Katie defensiv, ängstlich und bedürftig. Und genau darauf reagierte Brian mit noch größerer Unsicherheit und noch mehr Frust. Katie gelangte zu der Überzeugung, dass sie beide nie eine glückliche, liebevolle Partnerschaft haben würden und dass sie immer im Gaslight-Tango festsitzen würden, weil sie sich immer gegenseitig bis aufs Messer reizten. Sie erkannte, dass sie nie dauerhaft Freude am Leben haben würde, wenn sie bei Brian bliebe. Verließe sie ihn aber, bestünde wenigstens die Möglichkeit, doch noch Erfüllung zu finden.

Nachdem Katie mit Brian Schluss gemacht hatte, brauchte sie eine Weile, um wieder jemanden zu finden. Sie wollte unbedingt sicher sein, dass sie ihren Umgang mit Männern und Partnerschaften wirklich neu definiert hatte. Sie kam zu der Erkenntnis, dass sie sich immer nach dem gleichen Muster für schwierige Männer entschied, die in ihr den einzigen Menschen sahen, der sie verstand. Die Vorstellung hatte Katie gefallen, besonders zu sein und gebraucht zu werden. Jetzt erkannte sie, dass sie für diese Form der Nähe zahlen musste, indem die Männer ihr gegenüber besitzergreifend und oft wütend auftraten, Männer, die ihrerseits isoliert und verängstigt waren. Da niemand außer Katie sie verstehen konnte, war sie extrem wichtig für diese Männer, was Katie aber auch sehr unter Druck setzte.

»Wenn ich Erfolg hatte, war ich überglücklich«, sagte Katie mir eines Tages, als sie dieses Muster im Rückblick betrachtete. »Aber wenn ich versagte, habe ich mich wie der erbärmlichste Mensch auf Erden gefühlt. Warum konnte ich diesen Mann nicht glücklich machen? Er hatte mir vertraut, und ich hatte versagt. Wie konnte ich nur so ein schlechter Mensch sein? Aber weil sie alle solch unglückliche Jungs waren, musste ich ja versagen – es gab einen guten Grund, warum es noch nie jemandem gelungen war, sie glücklich zu machen. Wahrscheinlich hat mir die Vorstellung gefallen, dass ich dort Erfolg haben konnte, wo andere versagt hatten. Aber immer selbst zu versagen gefiel mir gar nicht.«

Schließlich ging Katie eine neue Beziehung ein, von der sie sagte, sie sei »nicht so intensiv«, aber letztlich befriedigender. »Ich muss nicht die ganze Zeit über Will nachdenken«, erklärte sie mir, »und das fehlt mir irgendwie. Mir gefällt die Vorstellung noch immer, *verliebt* zu sein – Sie wissen schon, diese Art Verliebtheit, bei der man an nichts anderes denken kann als an ihn und daran, was als Nächstes kommt. Bei Will muss ich darüber nicht nachdenken – ich weiß, er ist einfach für mich da. Manchmal habe ich das Gefühl, mir fehlt etwas. Meistens bin ich ziemlich glücklich.«

Auch Liz beschloss, die Gaslighting-Beziehung in ihrem Job zu beenden. Für Liz war dieser Wechsel extrem schmerzhaft. Weil sie die Spitzenposition aufgeben musste, für die sie so hart gearbeitet hatte, stellte sie ihren gesamten Werdegang infrage. Obwohl sie rationell nachvollziehen konnte, dass ihr Chef ein Gaslighter war, der sie manipuliert und in diesem beruflichen Konkurrenzkampf schlicht triumphiert hatte, wurde sie von dem Gefühl überwältigt, versagt zu haben und völlig wertlos zu sein. »Wozu habe ich so hart gearbeitet?«, fragte sie mich immer wieder. »Warum habe ich nicht die Kurve gekriegt?«

Nachdem sie sich monatelang den Kopf zerbrochen hatte, kam Liz zu der Einsicht, dass ihr Job bei der Agentur in vielerlei Hinsicht doch nicht so gut zu ihr gepasst hatte. Sie fragte sich, ob sie so hart an ihrer Karriere gearbeitet hatte, weil die Arbeit an sich gar nicht so befriedigend gewesen war. Je unzufriedener sie war, desto härter arbeitete sie, als versuche sie, ihrem Beruf die Befriedigung abzuringen, die für sie nicht greifbar war. Von ihrem Chef ausgebootet zu werden war der Tropfen, der das Fass zum Überlaufen brachte, die letzte Beleidigung in einer langen Reihe von Enttäuschungen.

Liz versucht immer noch, sich darüber klar zu werden, was sie tun will. Nachdem der Druck von ihr genommen ist, eine hoffnungslose Situation doch noch zu wenden, hat sie jetzt die Möglichkeit, sich umzusehen und sich zu überlegen, welche Arbeit besser zu ihren wahren Talenten und Wünschen passen könnte. »Ich weiß ja nicht, was als Nächstes kommt«, sagte sie mir kürzlich. »Aber was es auch ist, ich freue mich drauf.«

Mitchell beschloss irgendwann, seine Mutter doch nicht aus seinem Leben zu verbannen. Aber er wollte den Kontakt zu ihr deutlich einschränken. Er entschied sich, sie nur noch in Begleitung seiner Freundin oder eines anderen Freundes zu treffen. So hatte er wenigstens eine moralische Unterstützung, wenn seine Mutter wieder anfing, herablassend mit ihm zu reden. Er hörte auf, einmal pro Woche zum Abendessen ins Haus seiner Eltern zu kommen, fährt jedoch noch mindestens einmal im Monat hin. Und er kämpft nach wie vor mit der Trauer und der Wut, die er angesichts der Beziehung zu seinen Eltern empfindet.

Doch es gibt auch gute Neuigkeiten. Durch die Entscheidung im Hinblick auf seine Familie änderte sich nämlich sein Leben von Grund auf. Er begann, für sich einzutreten und aus sich herauszugehen. Dadurch vertiefte sich die Beziehung zu seiner Freundin. Und zum ersten Mal fühlte Mitchell sich in einer Beziehung außerhalb der Familie geborgen. Er fand einige neue Freunde und verspürte eine Zuversicht, die er vorher nicht gekannt hatte. Mit dem neuen Durchsetzungsvermögen lief es auch an der Universität besser. Seine Professoren schienen ihn mehr zu respektieren. Einer von ihnen wurde für Mitchell zu einer Art Mentor. Dadurch boten sich Mitchell berufliche Chancen, die ihm vorher entgangen wären. Obwohl Mitchells Beziehung zu seiner Mutter immer noch angespannt ist, hat es ihm viel gebracht, den Gashahn zuzudrehen.

Jetzt haben Sie die Chance, Ihr Leben gaslight-frei zu halten und in die Zukunft zu schauen. Sie haben die Möglichkeit, unbefriedigende Beziehungen zu verändern oder zu beenden. Sie können sich für neue Beziehungen entscheiden, die Ihnen Kraft, Vitalität und Freude schenken. Sie haben die Möglichkeit, zu einem starken, gefestigten Menschen zu werden, der seinen Weg geht und seine Werte lebt. Am wichtigsten aber ist, dass Sie jetzt die Chance haben zu entdecken, was Sie wirklich von sich wollen – im Beruf, im Privatleben, in Beziehungen. Sie haben sich vom Gaslight-Effekt befreit und können nun Entscheidungen treffen, Entscheidungen, die für Sie richtig sind. Beim Aufbruch in diesen neuen, aufregenden Lebensabschnitt wünsche ich Ihnen von Herzen Stärke und Glück.

Anhang A

LERNEN SIE IHRE GEFÜHLE KENNEN

Eine Liste mit »Gefühlswörtern« erstellen

Gaslighting führt oft dazu, dass Frauen ihre Gefühle unterdrücken oder keinen Zugang mehr zu ihnen haben. Aber wenn Sie gar nicht wissen, wie Sie sich fühlen, verlieren Sie auch den Zugang zu einer wichtigen Energiequelle. Diese Energie brauchen Sie, um für sich einzustehen und sich wie dem Gaslighter klarzumachen, wie Sie behandelt werden möchten. Die Kenntnis Ihrer Gefühle kann Ihnen helfen, in Kontakt mit der Energie zu kommen, die Sie brauchen, um die Gaslighting-Beziehung zu verbessern oder zu beenden.

Der erste Schritt in diese Richtung besteht darin, die richtigen Bezeichnungen zur Verfügung zu haben, um Ihre Gefühle ausdrücken zu können. Das Gefühlsvokabular kann Ihnen helfen, in Kontakt mit Ihren Gefühlen zu treten. Und wenn Sie dann bereit sind, dem Gaslighter zu sagen, was Sie fühlen und was Sie wollen, haben Sie auch die richtigen Worte zur Verfügung.

Lesen Sie die Liste der Wörter durch. Welche davon treffen auf Sie zu? Vielleicht finden Sie weitere, die Ihre Gefühle beschreiben?

verlassen	geschätzt	kreativ
passend	schlecht	seltsam
zärtlich	gelangweilt	unterlegen
hin- und hergerissen	behaglich	niedergeschlagen
ängstlich	zuversichtlich	abhängig
deprimiert	unfähig	nachdenklich
verzweifelt	unabhängig	zurückgewiesen
entschlossen	besessen	erleichtert
enttäuscht	minderwertig	zufrieden
unzufrieden	unsicher	entsetzt
verzückt	eingeschüchtert	schüchtern
verlegen	isoliert	albern
energiegeladen	eifersüchtig	träge
aufgeregt	voreingenommen	fassungslos
erschöpft	einsam	bedroht
aufgekratzt	liebenswert	ausgebremst
furchtsam	verliebt	müde
außer sich	elend	ergriffen
frustriert	missverstanden	aufgewühlt
froh	bedürftig	unsicher
gut	nervös	unbehaglich
dankbar	optimistisch	verkrampft
schuldbewusst	empört	aggressiv
glücklich	überwältigt	verletzlich
feindselig	paranoid	wunderbar
unzulänglich	freundlich	besorgt

Finden Sie Ihre Stimme wieder

Ihre Gefühle sind eine wichtige Energiequelle, wenn es darum geht, für sich selbst einzustehen und dem Gaslighter klarzumachen, wie Sie behandelt werden möchten. Aber es ist schwer, seine Gefühle zu kennen, wenn man gar nicht sagen kann, wie man sich fühlt, auch vor sich selbst nicht. Probieren Sie folgende Übung aus, um wieder in Kontakt mit Ihren Gefühlen und der Fähigkeit zu treten, sie auch zum Ausdruck zu bringen. Haben Sie Ihre Stimme erst einmal wiedergefunden, werden Sie auch in der Lage sein, dem Gaslighter unmissverständlich und mit neuer Kraft entgegenzutreten. Dadurch wandeln Sie Ihre Beziehung vielleicht – oder beenden sie, falls Sie das wünschen.

Erster Schritt

Lesen Sie sich die folgenden Aussagen durch. Welche beschreiben am besten, wie Sie sich fühlen?

- Ich weiß nicht, wie ich mich fühle.
- Ich fühle mich wie betäubt/erstarrt.
- Ich weiß nicht, was ich will.
- Ich weiß nicht, was mir helfen würde.
- Ich fühle mich irgendwie eigenartig.
- Ich fühle mich leer.
- Ich bin total down. Ich weiß auch nicht, warum.
- Ich habe einfach keine Lust mehr auf Sex.
- Ich möchte gar nicht mehr verheiratet sein.
- Mein Job erfüllt mich nicht gerade.
- Ich fühle mich irgendwie daneben.
- Ich bin die ganze Zeit wütend.
- Irgendwie geht mir alles auf die Nerven.

- Ich kann mich gar nicht mehr amüsieren.
- Ich bin deprimiert.

Zweiter Schritt

Schreiben Sie die zutreffendsten Aussagen auf ein Blatt Papier. Dann wählen Sie einen der folgenden Sätze:

- Ich fühle mich so, weil ...
- Das Gefühl fing an, als ...
- Das Gefühl hält an, weil ...
- Würde ich mich *nicht* so fühlen, würde ich ...
- Das Gefühl würde sich ändern oder aufhören, wenn ...
- Am meisten wünsche ich mir gerade ...

Dritter Schritt

Schreiben Sie den Satz, für den Sie sich entschieden haben, unter die Aussagen. Stellen Sie dann einen Wecker auf 15 Minuten. Zwingen Sie sich, die ganze Zeit ohne Pause zu schreiben. Sie können damit anfangen, dass Sie den Satz vervollständigen. Oder Sie schreiben, was Sie wollen. Hören Sie nur nicht auf zu schreiben. Wenn Sie nicht wissen, was Sie schreiben sollen, schreiben Sie einfach immer und immer wieder diesen – oder irgendeinen anderen – Satz auf. Über kurz oder lang wird sich etwas in Ihnen rühren.

Wenn Sie immer nur die gleichen Sätze wiederholen, versuchen Sie es am nächsten und übernächsten Tag noch einmal, und von da an immer wieder, bis etwas Neues kommt. (Sie können ruhig jedes Mal, wenn Sie üben, eine andere Aussage und/oder einen anderen Satz auswählen). Ihre Gefühle zu kennen und eindeutig benennen zu können wird Ihnen helfen, auf vernünftige und positive Weise für sich einzutreten.

Zeichnen oder malen Sie Ihre Gefühle

Ihre Gefühle laut auszusprechen hilft, Kontakt mit ihnen aufzunehmen – und mit der Energie, um für sich einzutreten. Sie können Ihre Gefühle aber auch auf anderem Wege ausdrücken. Wenn Ihnen Zeichnen oder Malen mehr liegt als Reden, versuchen Sie es mit folgender Übung, um sich über Ihre Gefühle klar zu werden. Das könnte Ihnen dabei helfen, gegen das Gaslighting zur Tat zu schreiten.

Erster Schritt

Schreiben Sie oben auf ein leeres Blatt Papier die Überschrift »Mein Standpunkt«. Malen oder zeichnen Sie dann, was Sie angesichts Ihrer Situation empfinden oder auch angesichts eines konkreten Problems mit dem Gaslighter. Auf ein zweites Blatt schreiben Sie »Sein Standpunkt«. Darauf kommt die Zeichnung aus seiner Perspektive.

Zweiter Schritt

Manchmal müssen Sie sich einfach Zeit für Ihre Gefühle nehmen, um zu sehen, wie sie auf Sie einwirken. Legen Sie also beide Zeichnungen für 24 Stunden zur Seite. Halten Sie ein weiteres Blatt Papier bereit, wenn Sie die Zeichnungen wieder hervorholen. Notieren Sie alle Gedanken und Gefühle, die Ihnen beim Betrachten kommen. Vielleicht entdecken Sie aufgrund dieses neuen Blickwinkels ganz unerwartet eine innere Entschlossenheit, zur Tat zu schreiten und für sich einzustehen.

Anhang B

MACHEN SIE SICH EIN BILD VON IHRER BEZIEHUNG

Diese Übung wird Ihnen dabei helfen, Ihre Beziehung besser zu verstehen. Dann wissen Sie auch eher, wie Sie weiter damit verfahren wollen. Wenn Sie sich ein genaues Bild davon machen können, was in Ihrer Beziehung vorgeht, können Sie auch entscheiden, ob Sie bleiben oder gehen möchten, oder ob Sie Maßnahmen ergreifen wollen, die das Gaslighting schließlich beenden. Um diese Entscheidungen treffen zu können, müssen Sie allerdings wissen, wie Sie sich angesichts Ihrer Beziehung fühlen. Sich ein Bild vom Stand Ihrer Beziehung zu machen, wird dabei hilfreich sein.

Wenn Sie Beziehungsprobleme haben, ist es wiederum hilfreich, sich die Vergangenheit dieser Beziehung vor Augen zu führen. Dadurch wird klar, wie ernst die Probleme sind. War Ihre Beziehung früher gut und hat sich seitdem verändert? Wie realistisch ist es, dass die guten Seiten zurückkommen und die schlechten sich ändern? Was, wenn Sie feststellen, dass Ihre Beziehung Sie schon immer aufgewühlt und frustriert hat, dass Sie sich schon immer einsam fühlten? Wie realistisch ist es, hier eine Verbesserung zu erwarten?

Sich ein Bild der zukünftigen Beziehung zu machen ist sicher hilfreich, um sich über seine wahren Gefühle klar zu werden. Wie schätzen Sie die Chancen für Ihre Beziehung wirklich ein? Besteht eine Möglichkeit, dass alles gut wird, oder können Sie sich nicht einmal vorstellen, glücklich zu werden? Diese Fragen werden Ihnen die Entscheidung darüber erleichtern, ob Sie gehen oder bleiben wollen. Auch die Vorstellung von einer Zukunft ohne die Gaslighting-Beziehung erleichtert diese Entscheidung. Wenn Ihnen diese Zukunft besser gefällt als die Alternative, ist es vielleicht Zeit zu gehen.

Natürlich kann die Bewertung Ihrer Beziehung Ihnen auch bei der Entscheidung helfen, wie Sie weiter verfahren möchten. Vielleicht müssen Sie zwischen Bleiben und Gehen wählen. Oder Sie würden gern versuchen, den Gashahn zuzudrehen. Vielleicht möchten Sie Ihrer Beziehung eine Frist setzen: Wenn Sie sich bis zu einem bestimmten Zeitpunkt nicht gebessert hat, werden Sie erneut darüber nachdenken und neue Schritte in die Wege leiten. Wie auch immer Sie sich entscheiden: Sich ein Bild von der Beziehung zu machen kann Ihnen zu der Entscheidung verhelfen, die richtig für Sie ist.

Wie steht es um Ihre gegenwärtige Beziehung?

Schließen Sie die Augen. Denken Sie an Ihre derzeitige Beziehung mit dem Gaslighter. Welche Bilder tauchen auf? Welche Gefühle machen sich bemerkbar? Wie sehen Sie sich? Wie sehen Sie ihn? Zensieren oder beurteilen Sie weder die Bilder noch Ihre Gedanken oder Gefühle. Erlauben Sie Ihren Gedanken einfach, frei umherzuschweifen, und registrieren Sie, wohin Sie das führt. Wenn Sie fertig sind, öffnen Sie die Augen, und beantworten Sie die folgenden Fragen. Schreiben Sie so viel oder so wenig, wie Sie wollen. Wenn es Ihnen lieber ist, können Sie auch eine Zeichnung oder ein Bild anfertigen, dass Ihre Antwort ausdrückt.

- Was mag ich (an meinem Gaslighter) am meisten?
- Was mag ich (an meinem Gaslighter) am wenigsten?
- Welche Eigenschaften schätze ich (an meinem Gaslighter)?
- Welche Eigenschaften schätze ich an mir, wenn ich (mit dem Gaslighter) zusammen bin?
- Was würde ich gern ändern, wenn mich (der Gaslighter) frustriert?
- Was sticht mir am meisten ins Auge, wenn ich uns zusammen sehe?
- Was sagen mir meine Flugbegleiter?
- Was empfinde ich beim Beantworten dieser Fragen?
- Wie fühle ich mich gerade körperlich?

Wie steht es um Ihre frühere Beziehung?

Schließen Sie erneut die Augen. Denken Sie an Ihre frühere Beziehung mit dem Gaslighter. Welche Bilder tauchen auf? Welche Gefühle machen sich bemerkbar? Wie sehen Sie sich? Wie sehen Sie ihn? Zensieren oder beurteilen Sie auch jetzt weder die Bilder noch Ihre Gedanken oder Gefühle. Erlauben Sie Ihren Gedanken einfach, frei umherzuschweifen, während Sie registrieren, wohin Sie das führt. Wenn Sie fertig sind, öffnen Sie die Augen, und beantworten Sie die folgenden Fragen.

- Was mag ich am meisten an meiner früheren Beziehung?
- Was mag ich am wenigsten an meiner früheren Beziehung?
- Was möchte ich aus dieser Zeit noch einmal erleben?
- Was möchte ich nie wieder erleben?
- Was für einen Menschen sehe ich, wenn ich (den Gaslighter) von damals vor mir sehe?
- Was für einen Menschen sehe ich, wenn ich mich sehe, wie ich damals war?
- Was sehe ich, wenn ich uns beide (mich und meine Freundin, mich und meinen Kollegen, mich und meine Mutter ...) sehe?
- Was sagen mir meine Flugbegleiter?
- Was empfinde ich beim Beantworten dieser Fragen?
- Wie fühle ich mich gerade körperlich?

Wie steht es um Ihre zukünftige Beziehung?

Schließen Sie ein weiteres Mal die Augen. Öffnen Sie sich in Ihren Gedanken. Denken Sie an eine zukünftige Beziehung mit dem Gaslighter. Stellen Sie sich vor, wie es in einem Monat, in einem Jahr oder in fünf Jahren um Ihre Partnerschaft bestellt ist. Was für Bilder tauchen auf? Was für Gefühle? Wollen Sie noch mit dem Gaslighter – als Partner, Freundin, Chef/Kollege oder Familienmitglied – zu tun haben? Am wichtigsten aber ist die Frage: Sind *Sie* so, wie Sie gern sein möchten? Sind Sie auf dem besten Weg, Ihr volles Potenzial auszuschöpfen, Ihre Träume zu verwirklichen, Ihr Leben zu genießen? Sehen Sie eine Zukunft voller Möglichkeiten und prickelnder Momente, oder empfinden Sie eher Furcht, Angst oder Bedauern? Zensieren oder beurteilen Sie auch jetzt nichts von dem, was Ihnen einfällt. Fahren Sie einfach damit fort, sich die Zukunft auszumalen. Warten Sie ab. Wenn Sie fertig sind, öffnen Sie die Augen, und beantworten Sie die folgenden Fragen.

- Was gefällt mir am meisten an der Zukunft, die ich mir vorstelle?
- Was bereitet mir Sorgen an dieser Vorstellung von der Zukunft?
- Was für ein Mensch will ich in Zukunft sein?
- Wie kann mir die künftige Beziehung dabei helfen?
- Inwieweit kann die künftige Beziehung verhindern, dass ich zu diesem Menschen werde?
- Was sagen mir meine Flugbegleiter?
- Was empfinde ich beim Beantworten dieser Fragen?
- Wie fühle ich mich gerade körperlich?

Wie steht es ohne die Gaslighting-Beziehung um Ihre Zukunft?

Schließen Sie nun zum letzten Mal die Augen und erlauben Sie Ihren Gedanken, auf Wanderschaft zu gehen. Richten Sie sie dieses Mal auf eine mögliche Zukunft ohne die Beziehung zu dem Gaslighter (oder auf eine stark eingeschränkte Version davon). Stellen Sie sich vor, wie es in einem Monat, in einem Jahr oder in fünf Jahren ohne diese Partnerschaft um Sie bestellt ist. Was für Bilder tauchen auf? Was für Gefühle? Wer sind die wichtigen Menschen in Ihrem Leben? Womit beschäftigen Sie sich? Wie fühlen Sie sich? Was machen Sie? Am wichtigsten aber ist die Frage: Sind *Sie* so, wie Sie gern sein möchten? Zensieren Sie sich nicht, urteilen Sie nicht.

Lassen Sie es einfach zu, sich eine mögliche Zukunft ohne die aktuelle Gaslighting-Beziehung vorzustellen. Wenn Sie fertig sind, öffnen Sie die Augen, und beantworten Sie die folgenden Fragen.

- Was gefällt mir am meisten an der Zukunft, die ich mir vorstelle?
- Was bereitet mir Sorgen an dieser Vorstellung von der Zukunft?
- Was für ein Mensch will ich in Zukunft sein?
- Wie kann mir die Tatsache, keine Gaslighting-Beziehung (oder eine stark eingeschränkte Version davon) mehr zu haben, mir dabei helfen, dieser Mensch zu werden?
- Inwieweit kann die Tatsache, keine Gaslighting-Beziehung mehr zu haben, verhindern, dass ich zu diesem Menschen werde?
- Was sagen mir meine Flugbegleiter?
- Was empfinde ich beim Beantworten dieser Fragen?
- Wie fühle ich mich gerade körperlich?

Wie bewerten Sie Ihre Beziehung?

Nachdem Sie über die Vergangenheit, die Gegenwart und die Zukunft Ihrer Gaslighting-Beziehung nachgedacht haben, sollten wir nun eine mögliche Bewertung ins Auge fassen. Wie gut funktioniert die Beziehung? Wie wird sie Ihrer Meinung nach in Zukunft funktionieren? Greifen Sie erneut zu Stift und Papier und beantworten Sie auch die folgenden Fragen. Vergessen Sie nicht: Sie dürfen so viel oder so wenig schreiben, wie Sie wollen.

- Wenn ich mir vorstelle, dass ich meinen Flugbegleitern – meinen verlässlichsten Ratgebern – von dieser Beziehung erzähle, was sage ich dann wohl?
- Wenn ich mir vorstelle, dass die Flugbegleiter Zeugen meiner Beziehung werden, was sehen sie dann wohl?
- Ich stelle mir ein Kind vor, etwa ein jüngeres Geschwisterteil oder ein anderes Kind, dem ich nahestehe. Das Kind wächst heran und führt eine Beziehung, die genau wie meine ist. Wenn ich mir das vorstelle, was empfinde ich?
- Was ist bei mir ausgeprägter, seit ich diese Beziehung führe?
- Was ist bei mir weniger geworden, seit ich diese Beziehung führe?
- Wie hat sich diese Beziehung auf mich ausgewirkt?

Nehmen Sie ein neues Blatt Papier, und ziehen Sie in der Mitte einen vertikalen Strich. In die linke Spalte schreiben Sie oben: »Warum möchte ich diese Beziehung weiterführen?« Rechts schreiben Sie: »Warum sollte ich diese Beziehung sein lassen?« Füllen Sie beide Spalten aus. Wenn Sie möchten, können Sie in den nächsten Tagen zu diesem Teil der Übung zurückkehren – vielleicht fallen Ihnen weitere Punkte zum Für und Wider ein.

Wenn Sie damit fertig sind, nehmen Sie ein letztes Blatt Papier. Schreiben Sie oben die Frage hin: »Will ich bleiben oder will ich gehen?« Füllen Sie die Seite – mit Worten, Bildern, Sätzen oder Symbolen. Oder die Seite bleibt leer, und Sie schauen eine Zeit lang einfach auf die Frage. Gestatten Sie sich, einige Zeit mit dieser Frage zu leben, bis sich eine Antwort einstellt, die zu Ihnen passt.

Anhang C

GEBEN SIE AUF SICH ACHT

Welche Ernährung bei Stress und Depressionen?

Menschen, die unter einer Gaslighting-Beziehung leiden, sind auch oft von Stress und/oder Depressionen betroffen. Sie werden darüber nachdenken wollen, was vor sich geht und was Sie dagegen tun können. Jetzt ist es ganz wichtig, dass Sie auf sich achtgeben. Gehen Sie zu einer Ernährungsberatung, oder versuchen Sie es mit folgender Diät. Sie soll Ihnen zu mehr Klarheit und Selbstbestimmung verhelfen.

- Nehmen Sie am Tag drei Hauptmahlzeiten und zwei Zwischenmahlzeiten zu sich. Sinkt der Blutzucker ab, fühlt man sich schnell verwirrt und hoffnungslos. Essen Sie deshalb mindestens alle drei Stunden etwas. Achten Sie darauf, dass jede Mahlzeit hochwertige Proteine enthält: mageres Fleisch, Fisch, Eier, fettarme Milchprodukte oder Tofu.

- Essen Sie viel Vollkorn, Hülsenfrüchte, fettarme Milchprodukte, frisches Obst und Gemüse. Getreide, Hülsenfrüchte und fettarme Milchprodukte unterstützen Ihr Gehirn bei der Produktion von Serotonin und anderen wichtigen Hormonen, die Depressionen bekämpfen und Selbstwertgefühl und Selbstermächtigung steigern. Frisches Obst und Gemüse versorgen Sie mit Vitaminen und Mineralstoffen, die Ihr Gehirn zum Arbeiten braucht.
- Achten Sie auf eine ausreichende Versorgung mit Omega-3-Fettsäuren, die man in Fisch und Leinsaat findet. Studien haben gezeigt, dass Omega-3-Fettsäuren eine entscheidende Rolle bei der Bekämpfung von Depressionen spielen. Die Hormone, die mit ihrer Hilfe produziert werden, fördern Selbstwertgefühl, eine positive Einstellung und das Gefühl der Selbstermächtigung.

Nahrungsergänzungen bei Stress und Depressionen

Die folgenden Nahrungsergänzungen sollen Ihr Gehirn dabei unterstützen, die Botenstoffe und Hormone herzustellen, die es braucht, um auf Stress zu reagieren, Depressionen zu widerstehen und klar zu denken.

- eine tägliche Dosis B-Vitamine mit mindestens
  - 10 bis 15 mg B_6
  - 400 µg Folsäure
  - 20 bis 100 µg B_{12}
- täglich 1000 bis 3000 mg Fischöl

- zweimal täglich 120 bis 250 mg Vitamin C
- täglich einmal 400 mg Vitamin E zu einer Mahlzeit
- täglich 25.000 IE Betacarotin aus verschiedenen Carotinoiden
- täglich 200 µg Selen

Wenn Sie keine Antidepressiva einnehmen, können Sie abends noch 50 mg 5-HTP hinzufügen. Dieses Mittel wird Ihr Gehirn bei der Herstellung von Serotonin unterstützen. Serotonin ist ein Hormon, das den Schlaf fördert, das Selbstwertgefühl stärkt und Ängste nimmt. Wenn Sie nach einigen Tagen keine Nebenwirkungen spüren, können Sie die abendliche Dosis auf 150 mg steigern. Oder Sie nehmen dreimal täglich 50 bis 100 mg.

ACHTUNG: Nehmen Sie 5-HTP nicht ein, wenn Sie ein verschreibungspflichtiges Antidepressivum nehmen. Setzen Sie auch das verschreibungspflichtige Medikament nicht ab, um dann 5-HTP zu nehmen. Wenn Sie wegen Depressionen in ärztlicher Behandlung sind, informieren Sie Ihren Arzt, dass Sie 5-HTP nehmen.

Schlafen gibt Kraft und hebt die Stimmung

Ausreichend Schlaf ist wichtig, insbesondere wenn man unter großem Stress leidet. Sie brauchen all Ihre Kraft, um das Gaslighting zu bekämpfen. Achten Sie also darauf, dass Sie jede Nacht mindestens acht Stunden schlafen. Wenn Sie Probleme mit dem Ein- oder Durchschlafen haben, legen Sie sich ein beruhigendes Ritual vor dem Zubettgehen zu. Verzichten Sie auf Koffein, Aufputschmittel und Alkohol, auch tagsüber. Nehmen Sie etwa eine Stunde vor dem Zubettgehen eine leichte Mahlzeit zu sich, die Kohlenhydrate enthält (Milch, Obst, Nüsse, Getreideflocken, Vollkornbrot oder Vollkornreis). Nehmen Sie eventuell ein pflanzliches Beruhigungsmittel wie Baldrian oder Melatonin.

Viele Menschen bekommen nicht genügend Schlaf, sie schlafen etwa eine Stunde weniger pro Nacht, als sie sollen. Durch eine Änderung Ihrer Schlafgewohnheiten können Sie viel erreichen. Ausreichender Schlaf gibt Ihnen die nötige Kraft, um klar denken und handeln zu können. Schlafen Sie aber jeden Tag mehr als zehn oder elf Stunden, sollten Sie den Schlaf auf acht bis neun Stunden beschränken. In manchen Fällen verstärkt zu viel Schlaf die Depressionen und führt zu einem Gefühl der Trägheit und der Niedergeschlagenheit.

Bewegung gibt Kraft und hebt die Stimmung

Regelmäßige Bewegung ist von großem Vorteil. Durch Bewegung können Sie Stress abbauen, Hormone ausschütten, die gut für das Gehirn sind, den Schlaf verbessern und sich ganz allgemein stärker und selbstbewusster fühlen. Versuchen Sie es mit einem täglichen viertelstündigen, leichten Training – ein flotter Spaziergang reicht schon. Steigern Sie sich, falls möglich, auf eine halbe Stunde pro Tag, und zwar fünfmal pro Woche. Ist Ihnen dieses Ziel zu hoch angesetzt, fangen Sie klein an. Auch wenn Sie nur fünf Minuten am Tag spazieren gehen, werden Sie sich besser fühlen als jetzt. Und wenn Sie sich bereits regelmäßig bewegen? Gut für Sie! Das ist ein wichtiger Schritt, um Ihr Gehirn, Ihre emotionale Ausgeglichenheit und Ihr Selbstwertgefühl zu unterstützen.

Hormonelle Schwankungen und Antidepressiva

Körper und Gehirn haben großen Einfluss darauf, wie wir uns fühlen. Deshalb rate ich auch dazu, auf die Ernährung, ausreichend Schlaf und Bewegung und andere körperliche Faktoren zu achten, die für unsere Stimmung eine Rolle spielen. Doch Sie sollten auch beachten, dass die Hormone unser mentales und emotionales Wohlbefinden beeinflussen. Manche Frauen sind in den Tagen vor der Menstruation oder während des Eisprungs besonders empfindsam – Zeiten, in denen Sie vielleicht daran zweifeln, ob Sie an Ihrer Situation etwas ändern können, oder in denen Sie sich verzweifelt nach einer Veränderung sehnen. Im Lauf eines Zyklus könnte es sein, dass Sie Ihre Meinung darüber ändern, ob Sie überhaupt etwas verändern wollen – und ob Sie die Kraft für diese Veränderungen haben. Viele Frauen reagieren außerdem mit heftigen Stimmungsschwankungen auf die hormonelle Umstellung in den Wechseljahren.

Wenn Sie das Gefühl haben, dass ein hormonelles Ungleichgewicht es Ihnen erschwert, Ihre Situation klar zu beurteilen, sollten Sie vielleicht einen Arzt oder Heilpraktiker aufsuchen. Ärzte können eine Hormonersatztherapie oder andere Medikamente verschreiben. Naturheilkundler, Ernährungsberater oder Heilpraktiker (zu denen auch viele Akupunkteure und Spezialisten für traditionelle chinesische Medizin TCM und ayurvedische Medizin gehören) bieten pflanzliche Mittel an, um den Hormonhaushalt ins Gleichgewicht zu bringen. (Lapacho ist ein besonders potentes Mittel, erhältlich in Form von Kapseln, Tabletten oder Tee. Ich habe Freunde, die darauf schwören!)

DANKSAGUNG

Ich bin vielen Menschen aus den verschiedenen Abschnitten meines Lebens zutiefst dankbar. Sie waren mir Freunde, Inspiration, Gesprächspartner, Hilfe und Kollegen. Sie bilden das Fundament meiner Arbeit ... und haben dieses Buch ermöglicht.

Ich empfinde meinen umwerfenden Agenten Richard Pine als einen wahren Segen. Herzlichen Dank auch meiner Mitarbeiterin Rachel Kranz, weil sie immer daran glaubte, dass diese Arbeit es wert war, an die Öffentlichkeit zu gelangen. Und weil sie so originell, begabt und weise ist! Und meinen umwerfenden Verlegern, die mit den Jahren zu wahren Freunden geworden sind, Amy Hertz und Kris Puopolo – danke, dass ihr schon so früh an dieses Werk geglaubt habt ...

Danke auch an Diana Baroni von Random House, die den Bedarf erkannte, das Buch neu aufzulegen – und es dann auch getan hat. Genauso gilt mein Dank Les Lenoff – seine großartigen Erkenntnisse und seine Anleitung halfen mir, psychoanalytische Konzepte einem größeren Publikum zugänglich zu machen. Und Frank Lachmann, der mir half zu verstehen, welche Macht wir in Wahrheit haben, um das Gaslighting aus unserem Leben fernzuhalten.

Meinen Lehrern und Mentoren am Postgraduate Center for Mental Health (dem Graduierten-Zentrum für mentale Gesundheit): ganz besonders Manny Shapiro, meinem langjährigen Mentor und Freund (und natürlich auch Barbara), und Marty Livingston, Jeffrey Kleinberg, Al Brok.

Dank an all die Frauen vom Woodhull Institute: besonders an meine lieben Freundinnen Wende Jager Hyman und Helen Churko, an Joan Finsilver für die Frühstückstreffen in der West Side, an Naomi Wolff, die mich ermutigt hat, dieses Buch zu schreiben, und die sich für Frauen einsetzt, damit sie sich in psychologischer Hinsicht frei fühlen.

Ich danke Erica Jong, Karla Jackson Brewer, Tara Bracco, Jennifer Jones, Leeat Granek, Melissa Bradley, Gina Amaro und Susan Cain ... und all den jungen Frauen, die bei uns zur Tür hereinkamen, den Weg auf unser schönes Grundstück fanden und dann auszogen, um ihre Träume zu verwirklichen – danke, dass Sie alle einen Teil Ihrer Reise mit uns verbracht haben.

Seit der Erstveröffentlichung sind viele wunderbare Menschen in mein Leben getreten und zu bleibenden Freunden und Kollegen geworden – zutiefst dankbar bin ich allen am Yale Center for Emotional Intelligence, deren Spiritualität, Weitsicht und Leidenschaft es jeden Tag aufs Neue zu einer Freude machen, die Welt zu verändern: ganz besonders unserem Direktor Marc Brackett, der auch mein Kollege und ein lieber Freund ist, und seiner Familie – meiner »anderen« Familie, Horacio Marquinez und Irene Crespi.

Unserer Yale-Center-Gemeinschaft im engeren und im weiteren Sinn: Meine tief empfundene Dankbarkeit gilt meiner Schreibpartnerin und lieben Freundin Diana Divecha, unserer Mentorin und Freundin Charlie Ellis, dem Gründer der Einrichtung,

Peter Salovey, dem verstorbenen Marvin Maurer, der uns Inspiration war, und unseren vielen Freunden und Förderern: ganz besonders Andy Faas und Patrick Mundt. Vielen Dank auch an unsere Kollegen aus Forschung und Lehre rund um emotionale Intelligenz und SEL (soziales und emotionales Lernen), die dieses Forschungsgebiet so bereichern: Dan Goleman, Richard Boyatzis, Cary Cherniss, Maurice Elias, Tom Roderick, Pam Sielge, Mark Greenberg, John Pelliterri.

Meine Dankbarkeit gilt den vielen Menschen, mit denen ich arbeite und die mein Leben nach wie vor bereichern – ganz besonders Kathryn Lee, Bonnie Brown, Charlene Voyce –, und vielen anderen wundervollen Kollegen und Freunden, die durch die Arbeit am Yale Center in mein Leben getreten sind: Wendy Baron, Jim Hagen, Kathy Higgins, Alice Forrester, Elaine Zimmerman, Steven Hernandez, Vipin Thek, Allison Holzer, Michelle Lugo, Dena Simmons, Danica Kelly, Claudia Fernandez, Wendy Baron, Jim Hagen, Nikki Elbertson, Madeline Chafee, Craig Bailey, Jessica Hoffman, Seth Wallace, Grace Carroll, Mela Waters, Elisabeth O'Bryon, Dan Cordero, Lisa Flynn, Justin Milano und Susan Rivers. Ein besonderer Dank geht an meine Kollegen und lieben Freunde Andres und Richner und Mariam Korangy, die all die Jahre die losen Enden miteinander verbunden haben. Und an Laura Artusio und Andre Portero, meine lieben Freunde und Kollegen, die unsere Arbeit in Italien bekannt gemacht haben. Sowie an Amitabh und Rashmi Shah in Indien und Yanki Yagzan und Ceyda Dedeoglu in der Türkei.

Vielen Dank an Katie Orenstein und die Teilnehmerinnen an der Yale Public Voices Fellowship 2014. Dank ihnen hatte ich die Möglichkeit zu lernen, wie man die Ergebnisse aus den Besprechungszimmern und der Welt der Forschung dem Publikum nahebringt.

Ich danke meinen Kollegen am Smilow Cancer Hospital und am Yale New Haven Hospital, weil sie zu der Vision gestanden haben, dass Emotionen wichtig sind und dass ein mitfühlender Umgang wichtig ist für das Wohlergehen – insbesondere Cathy Lyons, Roy Herbst, Kathleen Moseman, dem Pflegepersonal der Station 8 im Smilow Hospital und den Ärzten und Onkologen.

Mein Dank gilt Kollegen und Freunden, mit denen ich bei Facebook gearbeitet habe, um emotionale Intelligenz und Empathie in unsere digitalisierte Welt zu bringen: vor allem Arturo Bejar, Jamie Lockwood, Nikki Staubli, Kelly Winters, Emily Vacher und Antigone Davis und am Greater Good Science Center Dacher Keltner und Emiliana Simon Thomas.

Vielen Dank an alle Betreuer, auch an die Betreuer von Star Factory Coaching – Ihr verändert die Stadtteile und Schulen mit Eurer Hingabe und Dank Eurer Inspiration. Danke auch – an dieser Stelle geht ein Gruß an Dolores Esposito – dafür, diese Arbeit bis nach New York gebracht zu haben. Und natürlich danke ich meiner guten Freundin Janet Patti – dafür, dass sie unsere Vision aufrechterhalten hat, und für vieles andere mehr …

Meine Dankbarkeit gilt allen, die bei Project Rebirth mitmachen, insbesondere Brian und Helen Rafferty und Jack De Goia. Und meiner einfühlsamen und eloquenten Coautorin Courtney Martin sowie allen, die uns ihr Herz geöffnet und ihre Geschichten erzählt haben.

Jeden Tag bin ich dankbar für die Jahre, in denen wir gemeinsam unsere innere Stärke gefördert haben – danke an unser Trainer-Team vom Inner Resilience Program, Carmella B'han,

Lynne Hurdle Price, Martha Eddy, und natürlich danke ich meiner Freundin und Mentorin Linda Lantieri – ihrer Vision verdanken wir diese Gruppe und die Heilung für Tausende …

Danke an Craig Richards, weil du mich an deiner Vision hast teilhaben lassen. Und an Nicole Limperopulos, Donna Gray und alle von der Summer Principals Academy, vor allem unsere tolle Frauen-Freitags-Gruppe: Dawn Decosta, Ife Lenard, Kelly Lennon, Sarah Sherman, Asheena Baez.

Dankbarkeit und Anerkennung empfinde ich auch gegenüber all den wunderbaren Freunden und Angehörigen, die ich von Frank »geerbt« habe: Cousins, Tanten, Onkel, Midge und Lou Miele Lisa und Bill Lahey, Mary und John Dluhy, Luyen Rachel Chou, Tucker Harding, Sibyl Golden und Chip White, Kevin Griffin, Bill und Francie Schuster, Gardner Dunnan und Francee Sugar, Mike und Tiiu Frankfurst, Peter Awn, Jewelnel Davis und insbesondere: Teresa Gonzalez. Und natürlich unsere Familie: Nicco Moretti, Antonio Moretti, Kiki Mwaria.

Meinen vielen Freunden, die ich über die Jahre kennengelernt habe: Auf unsere tiefsinnigen und oft gefühlvollen Gespräche! Sie haben mein Verständnis für Selbsterkenntnis und Beziehungsdynamik vertieft: Jan Rosenberg, Joan Finkelstein, Janet Patti, Linda Lantieri, Beryl Snyder Trost, Madaleine Berley, Suzi Epstein, Robin Bernstein, Kenny Becker, Donna Klein, Marilyn Goldstein, Julie Appel, Sheila Katz, Sheila Erlich, Tripp und Patti Evans, Robert Sherman, Madeleine Berley, Pamela Carter, Yael Wender, Elana Roberts, Jolie Roberts, Julien Isaacs, Jim Fyfe, Bill Zito, Stephen Rudin. Danken möchte ich auch meinen Cousinen für ein Leben voller Gespräche: der verstorbenen Mona Van Cleef, Cheryl Filler, Lesli Sporn und Terri Yagoda.

Würdigen möchte ich auch viele weitere Kollegen, die sich die Welt als einen besseren Ort vorstellen – sie alle inspirieren mich jeden Tag –, insbesondere: Nancy Lublin von Crisis Text Line, Jessica Minhas von I'll go First, Leslee Udwin von Think Equal, Denise Daniels von Jelly Jam Entertainment, Naomi Katz von Her Wisdom und Janine Francolini von der Flawless Foundation.

Zutiefst dankbar bin ich all meinen Patienten und Schülern – ich danke ihnen dafür, dass sie ihre Gefühle, Gedanken, Träume und Probleme mit mir geteilt haben. Auch von ihnen habe ich viel gelernt.

Von Herzen danken möchte ich Larry Hirsch und Bertie Bregman, weil sie sich so gut um meine Familie gekümmert haben. Allen bei CURE danke ich dafür, da zu sein – insbesondere Susan Kaufman und Lisa Siegle. Vielen Dank auch an Enrique Michel.

Meinen wunderbaren Eltern: Roz und Dave Stern, die mich geliebt haben, mich aufgezogen haben, an mich geglaubt haben und mich unterstützt haben – es würde sie so glücklich machen zu wissen, dass so vielen Menschen die Lektüre von *Nie wieder Opfer sein!* geholfen hat. Meinem verstorbenen Ehemann Frank: Danke dafür, dass du mein begeisterter Held und meine Stütze beim Schreiben warst ... und für alles andere auch.

Und natürlich gilt meine tief empfundene Dankbarkeit wie immer meiner geliebten, lustigen Familie: Eric, Jacquie, Justin und Chelsea, Daniel, Julia. Und noch mehr Familie: Lainey, Jan und Billy und natürlich Lena und Lisa. Und am allermeisten gilt diese Dankbarkeit meinen wunderbaren Kindern, Scott und Melissa, die mein Leben jeden Tag aufs Neue aufleuchten lassen.